U0120114

華志文化

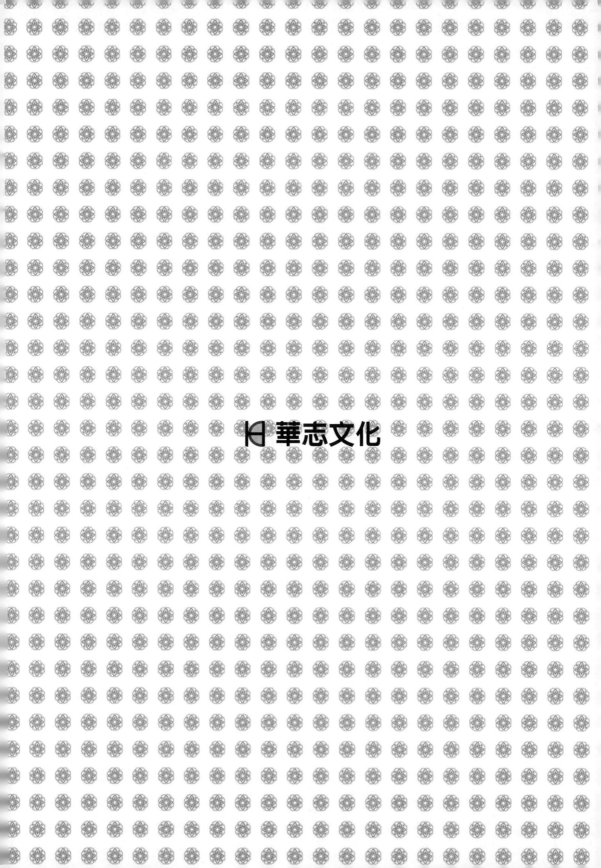

華志文化

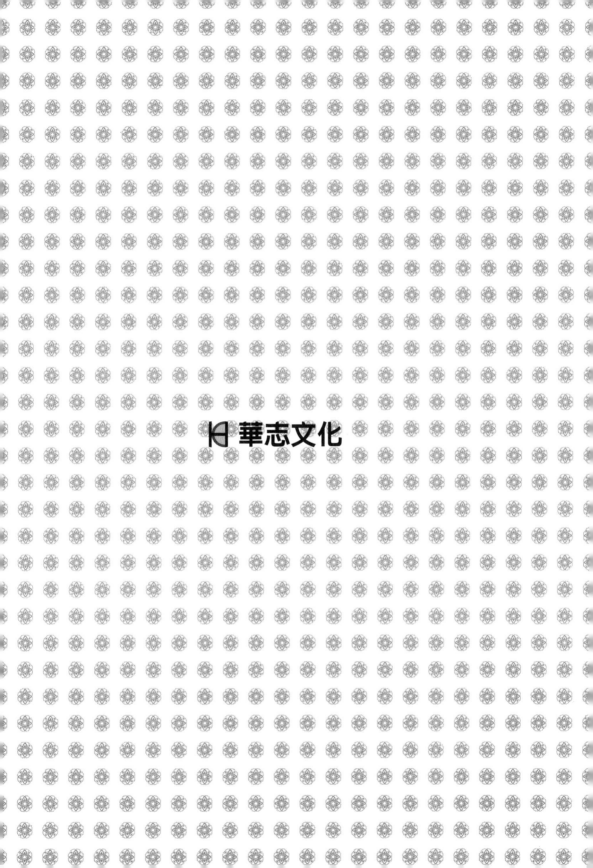

華志文化

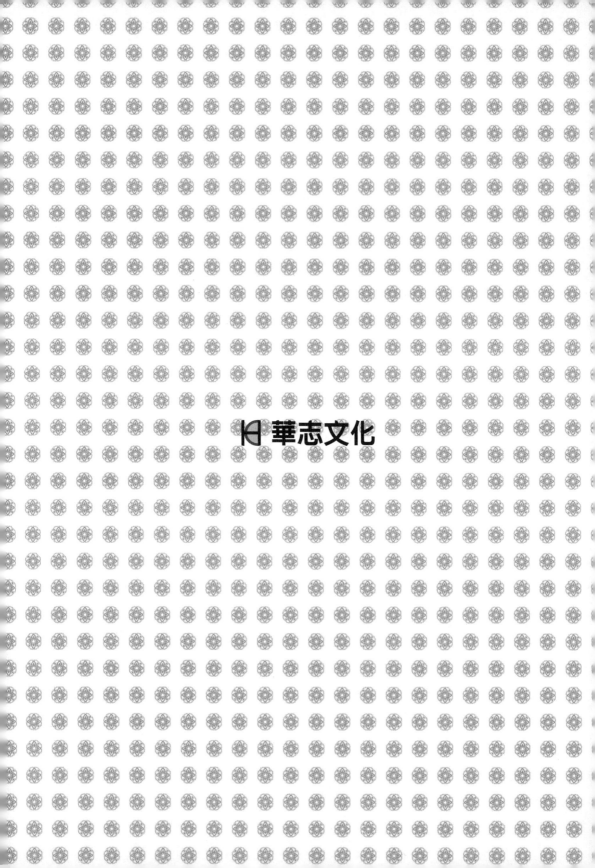

華志文化

莊子

全書

前言

　　莊子，名周，字子休（一說子沐），是我國先秦時期偉大的思想家、哲學家和文學家。戰國時期宋國蒙（今安徽蒙城縣，也有說是河南省商丘市東北民權縣）人，是道家學說的主要創始人之一。莊子的代表作是《莊子》，被唐明皇敕封為《南華經》，莊子本人也被尊封為「南華真人」。

　　莊子曾經做過漆園吏。生活十分窮困，卻不慕名利，力圖在亂世中保持獨立的人格，追求逍遙無羈的精神自由。莊子的學說涵蓋著當時社會生活的各個層面，但根本精神還是緣於老子的哲學。後世將他與道家始祖老子並稱為「老莊」，他們的哲學思想體系，被思想學術界尊稱為「老莊哲學」。

　　莊子在哲學上繼承發揚了老子和道家的思想，形成了獨具特色的哲學思想體系。他認為「道」是客觀真實的存在，把「道」視為宇宙萬物的本源，講天道自然無為。在政治上主張無為而治，在人類生存方式上主張返璞歸真、崇尚自然，提倡「天地與我並生，萬物與我為一」的精神境界，並且認為，人生的至高境界是逍遙自得，是完全的精神自由，而不是物質享受與虛偽的名利。莊子這些思想和主張，對後世影響深遠，是人類思想史上一筆寶貴的精神財富。

　　莊子的文章，想像力極為豐富，具有濃厚的浪漫主義色彩，多採用寓言故事形式，富有幽默諷刺的意味，對後世文學語言具有極

大的影響。莊子和他的門人以及後代學者著有《莊子》一書,為道家經典之一。《漢書・藝文志》著錄《莊子》五十二篇,但留下來的只有三十三篇。其中內篇七篇,外篇十五篇,雜篇十一篇。內篇一般認為是莊子所著作,外篇一般認為是莊子的弟子們所撰寫,或者說是莊子與他的弟子一起合作寫成的。內篇和外篇反映的是莊子真實的思想。雜篇的情形就要複雜一些,應當是莊子學派或者後來的學者所寫,而且有一些章節內容明顯不屬於莊子學派的思想,如〈盜跖〉、〈說劍〉等。

《莊子》在哲學、文學上都具有較高的研究價值。研究中國哲學,不能不讀《莊子》;研究中國文學,也不能不讀《莊子》。魯迅先生在《漢文學史綱要》中評價《莊子》說:「其文汪洋辟闔,儀態萬方,晚周諸子之作,莫能先也。」

《莊子》的名篇有〈逍遙遊〉、〈齊物論〉、〈養生主〉等。

《莊子》這部文獻的出現,代表著在戰國時代,我國的哲學思想和文學語言,已經發展到極其玄遠、高深的水準,是我國古代典籍中的瑰寶。因此,莊子不僅是我國哲學史上一位著名的思想家,同時也是我國文學史上一位傑出的文學家。

本書總共分為六十二章,深刻挖掘和汲取了《莊子》中的精髓,並且緊密聯繫實際,真正做到了去粗取精,去偽存真,古為今用。

本書除了介紹《莊子》原文中的一些經典寓言故事,還列舉了古今中外很多富有寓意的小故事或人生實例,幾乎涵蓋了職場、行銷、教育、友情、愛情、婚姻、生命的價值和意義等方方面面,具有很強的趣味性和可讀性,讓您在輕鬆中獲得智慧,愉悅中體認哲理!

目錄

第一章　鵬程萬里

【原文】

　　有鳥焉，其名為鵬，背若太山①，翼若垂天之雲；摶扶搖羊角而上者九萬里②，絕雲氣③，負青天，然後圖南，且適南冥也。斥鷃笑之曰④：「彼且奚適也⑤？我騰躍而上，不過數仞而下⑥，翱翔蓬蒿之間，此亦飛之至也⑦。而彼且奚適也？」此大小之辨也

　　　　　　　　　　　　　　　　　　　　——〈逍遙遊〉

【注釋】

　　①太山：即泰山。太，通「泰」。
　　②扶搖：自下而上的旋風。羊角：旋風，迴旋向上如羊角狀。
　　③絕：穿過。
　　④斥鷃（一ㄢˋ）：一種小鳥。
　　⑤奚：何。奚適：去何處，去哪裡。
　　⑥仞：古代長度單位，周制為八尺，漢制為七尺；這裡應從周
　　　制。
　　⑦至：極點。

【譯文】

　　遠古的時候，有一種鳥，名字叫作鵬。大鵬鳥的背像泰山一樣高大，飛起來的時候，牠的翅膀就彷彿遮天蔽日的雲彩。

　　有一次，大鵬鳥向南海飛去。牠在南海海面上用翅膀擊水而行，扇一下就是三千里。牠向高空飛去，捲起一股大旋風，一下子

就飛上九萬里高空。牠飛出去一次，要過半年才飛回南海休息。當牠飛向高空的時候，牠的背靠著青天，而雲層卻在牠的下邊。

生活在窪地裡的小鴳雀，看見大鵬鳥飛得那麼高，那麼遠，很不理解，於是就問：「他還想飛到哪裡去呢？我們往上飛，不過幾丈高就落下來了，我們在蓬蒿間飛來飛去，也算是飛到邊了。大鵬鳥究竟想飛到什麼地方去呢？」

【延伸閱讀】

北海裡有一隻鳥，名字叫作鵬，牠的脊背像泰山。當海風吹起的時候，鵬就往南極飛去。牠乘著旋風直飛上九霄雲外，鼓動雙翅，彷彿是遮住天空的雲彩，濺起的水花，就有三千多里。

大鵬擁有一副令百鳥羨慕的巨大軀體和翅膀，這是大自然賦予牠的優厚的生理基礎，在此基礎上，大鵬樹立了更高更遠的目標和理想，飛上九天，飛向南海。

我們人類更應如此，既然自然賦予了我們超群的智慧，我們就應該志存高遠、高瞻遠矚，有一番大作為，不要空有一副臭皮囊。世界上除了傻子，恐怕再也不存在沒有夢想的人了。我國歷史上，就曾出現過三位擁有遠大理想的人，秦末的陳勝、項羽、劉邦都是。

秦朝末年，陽城（今河南商水縣）有一個叫陳勝（名勝，字涉）的人，年輕時曾跟著別人一起受雇給富人家種地。有一天，他在田埂上休息，對秦王朝無休無止的徵調勞役、不斷加重對老百姓的壓迫和剝削的社會現況忿恨不平，並且決心擺脫壓迫和剝削，改變目前的社會地位。他對他的同伴們說：「假如將來我們中間有誰發跡富貴了，可不能相

互忘記啊！」同伴們譏笑他說：「受雇給人家種地，怎麼可能發家富貴呢？」陳勝長長地嘆了一口氣道：「燕雀哪裡會懂得鴻鵠的凌雲壯志呢！」

　　秦二世（胡亥）元年（西元前209年）七月，陳勝與吳廣發動農民起義，建立了中國歷史上第一個農民政權。這個政權雖然持續時間很短，但卻終於推翻了秦朝的殘暴統治。

　　項羽初見秦始皇時，就曾指著耀武揚威的秦始皇說：「吾可取而代之！」果然，經過連年征戰，項羽做了霸主。

　　西漢高祖劉邦卑微時，別人曾經取笑他的努力。他也曾說過：「燕雀安知鴻鵠之志？」後來，劉邦憑藉自己的一番努力和眾多有才之士的輔助，最終登上了皇帝的寶座，開創了西漢王朝。

　　「鴻鵠之志」的故事源自於陳勝，此後無數英雄豪傑皆將其引為激勵自己的典故。陳勝、劉邦、項羽三人，只有劉邦與夢想實現了零距離接觸，他做了皇帝以後，曾經大聲高唱：「大風起兮雲飛揚，威加海內兮歸故鄉！」榮耀之情溢於言表。陳勝後來被車夫所殺，項羽自刎於烏江，止步於夢想一步之遙！然其「鴻鵠之志」卻足以令後人敬佩不已——項羽被後世尊為英雄和霸王，陳勝被稱作開農民起義之先河，僅僅這些，也足以令那些燕雀之輩高山仰止了。倘若苟安於現狀，不思進取，他們直到老死的那一天，恐怕也只能是個原地踏步的小人物。

　　有了理想，只是為自己樹立了奮鬥的方向。而夢想到底能不能成真，關鍵還在於我們是否腳踏實地地去奮鬥、去拚搏、去爭取。

　　托爾斯泰曾經說過：「理想是照亮方向的路燈，沒有理想，就沒有堅定的方向，沒有方向，就沒有生活，堅定的理想信念是我們青年人投身事業的精神支柱和動力泉源，每個人都有自己的理想抱負，這是我們的共性和特點。」

　　然而，成就夢想的路是崎嶇而充滿艱難的，但只要付出行動，

夢想就會離我們越來越近。每一個今天都不是結束，而是每一個明天的開始，今天的鼓勵是明天的動力，今天的付出是明天的收穫。

　　來到這個世界，誰都希望有所作為，誰都希望自己能為後人留下典範。既然如此，那就要樹立「鴻鵠之志」，樹立自己奮鬥的目標，並且沿著目標勇敢地行動下去。當你獲得成功的時候，你就可以無悔無憾地對自己大聲說：「我沒有白活一輩子！」

　　人生大智慧：樹立遠大理想。只有不甘於平凡，才能成就不平凡。

第二章　不龜手之藥

【原文】

　　惠子謂莊子曰①：「魏王貽我大瓠之種②，我樹之成③，而實五石④。以盛水漿，其堅不能自舉也⑤。剖之以為瓢，則瓠落無所容⑥。非不呺然大也⑦，吾為其無用而掊之⑧。」

　　莊子曰：「夫子固拙於用大矣⑨！宋人有善為不龜手之藥者⑩，世世以洴澼絖為事⑪。客聞之，請買其方百金⑫。聚族而謀曰：「我世世為洴澼絖，不過數金；今一朝而鬻技百金⑬，請與之。」客得之，以說吳王⑭。越有難⑮，吳王使之將⑯，冬與越人水戰，大敗越人，裂地而封之⑰。能不龜手一也⑱，或以封，或不免於洴澼絖⑲，則所用之異也。今子有五石之瓠，何不慮以為大樽⑳，而浮於江湖，而憂其瓠落無所容？則夫子猶有蓬之心也夫㉑！」

——〈逍遙遊〉

【注釋】

①惠子：宋國人，姓惠名施，做過梁惠王的宰相。惠施本是莊子的朋友，為先秦名家代表，但本篇及以下許多篇章中所寫惠施與莊子的故事，多為寓言性質，並不真正代表惠施的思想。

②魏王：即梁惠王。貽：贈送。瓠：葫蘆。

③樹：種植、培育。

④實：結的葫蘆。石（ㄉㄢˋ）：容量單位，十斗為一石。

⑤舉：拿起來。

⑥瓠落：又寫作「廓落」，很大很大的樣子。

⑦呺（ㄒㄧㄠ）然：龐大而又中空的樣子。

⑧為：因為。掊（ㄆㄡˇ）：砸破。

⑨固：實在，確實。

⑩龜：通作「皸」，皮膚受凍開裂。

⑪洴（ㄆㄧㄥˊ）：浮。澼（ㄆㄧˋ）：在水中漂洗。絖（ㄎㄨㄤˋ）：絲絮。

⑫方：藥方。

⑬鬻：賣，出售。

⑭說：勸說，遊說。

⑮難：發難，這裡指越國對吳國有軍事行動。

⑯將：統帥部隊。

⑰裂：劃分出。

⑱一也：同一，一樣的。

⑲或：無定代詞，這裡指有的人。以：憑藉，其後省去賓語「不龜手之藥」。

⑳慮：考慮。一說通作「攄」，用繩絡綴結。樽：本為酒器，這裡指形似酒樽，可以拴在身上的一種凫水工具，俗稱腰舟。

㉑蓬：草名，其狀彎曲不直。「有蓬之心」喻指見識淺薄不能通曉大道理。

【譯文】

惠子對莊子說：「魏王賜給我一種大葫蘆的種籽。我把它種活了，果然結了一只大葫蘆，能容五石。我想用它盛水，但它的堅硬程度又無法承受；把它割開做了很多瓢，一個個又平又淺，不能舀水。您看，這只葫蘆不能不算容積很大的龐然大物了，但是卻沒有

一點實際用處，我索性把它打碎了。」

　　莊子聽了，說：「先生，您真是不會利用大的東西啊！宋國有個人善於配製防治凍瘡的藥，他家祖先們都用這種藥塗抹在手上，靠漂洗棉絮過日子。有一個外鄉人聽說了，為了購買他的藥方，情願出一百金。宋人便把全家人聚集到一起商量說：『我們家祖先們做漂洗棉絮的工作，能夠得到的不過幾金；現在出售這個藥方，一下子就可以賺取一百金，就賣給他吧！』那個外鄉人得到了藥方之後，便拿去獻給了吳王，並向吳王誇耀這種藥的用處。這時，越國正在攻打吳國，吳王便派他領兵去作戰。冬天，他們和越國軍隊進行水戰，把越國軍隊打得大敗。吳王非常高興，就割出一塊土地來封賞給了他。這藥可以使手不皸裂，功用是一樣的。但是，有的用它得到封賞，有的有了藥仍然免不了做漂洗棉絮之類的苦力，這都是由於用法不同的緣故啊！現在您有五石容積的大葫蘆，為什麼不考慮把它做成腰舟，漂游江河湖海，作渡江之用，而只考慮盛東西呢？您真是個心眼不開竅的人呀！」

【延伸閱讀】

　　惠子覺得那只葫蘆既不能用來盛水，也不能用來舀水，所以認為它根本就是個毫無用處的廢物，索性把它砸碎扔掉了。很明顯，惠子沒有做到物盡其用，把一個大有用處的「寶貝」當成垃圾扔掉了。這樣的現象在當今的社會更是司空見慣、屢見不鮮了。

　　這或許是我們很多人所想像不到的。無獨有偶，在這一期的《讀者文摘》上還有一則消息：一位學者訪問日本，在箱型車上，接待小姐給大家送水喝，大家原以為像我們國內似的每人發一瓶礦泉水，實際上沒有，只給每人發一只紙杯，然後分一大瓶水。之後接待員告訴大家，用過的紙杯千萬不要扔掉，路上還要繼續使用。在這一天的行程中，所有的人就各用了一個紙杯。

中國有句古老的成語，叫作「物盡其用」，然而在這方面，我們做得遠遠不及已開發國家。仔細想來，這也非常符合常理，無論是一個國家還是一個家庭，如果沒有這樣克勤克儉、細大不捐的生活態度，哪裡來的富裕？哪裡來的幸福？

中國還有一個成語叫「開源節流」，開源即發展、創造、增收；節流即儉用、不鋪張、不浪費。這屬於一個問題的兩個方面。如果不是這樣，大進大出，甚至少進多出，什麼東西還沒用盡就扔掉，吃了一半就倒掉，長此以往，開再大的「源」，恐怕也擋不住無節制的「流」。

然而在我們的日常生活中，這樣的情況卻比比皆是。飯店、餐館的後門整車整車地往外載運剩魚剩肉，已經是司空見慣的事了，還有很多物品的使用都是「一次性」的：一次性手巾，一次性鐘錶，一次性相機，一次性包裝罐。使用紙張，我們很多時候都是只用一面；郵寄的賀卡大多是高纖維紙製造的；電腦的使用，有了「八核心」就想淘汰「六核心」……

總之，實際上很多東西我們都用得過於浪費，沒有最大限度地發揮它們的價值和效用。物盡其用只停留在了書面和口頭上，而沒有落實到實踐中。物盡其用不只是聚積財富的問題，更是一種環保意識。地球資源畢竟有限，多一分奢侈就對資源多一分掠奪，多一分浪費就對環境多一分蹧蹋。一款手機如果能使用10年，但實際只用了3年，那麼7年的可利用價值就被浪費了，同時這10年間還多了3倍多的手機垃圾。假如你想到了這一點，那麼在生活上就不要那麼追求時髦了吧？為此，我們應盡力做到物盡其用。

節儉和環保只是物盡其用的一個方面。真正的物盡

其用還在於落實到「人盡其才，物盡其用」上，而要實現「盡其才」、「盡其用」，關鍵在於把人擺在適當的職位，把物放在恰當的地方。小材大用不僅會貽誤了工作，更可能給工作造成巨大的損失。

　　現在有一些企業，徵聘員工的時候一味講究高學歷。有的公司用大學生端茶倒水，也有銀行用研究生當門衛。儘管我們說人沒有三六九等之分，職業沒有高低貴賤之分，但仔細一想，卻根本不是那麼回事，總有點大材小用、用牛刀殺雞的味道。

　　儘管目前大學生的就業形勢確實非常嚴峻，但並不意味著台灣已經人才過剩。對大部分企業來說，人才依然是制約其發展的最大瓶頸。因此，如何愛護人才、如何珍惜人才、如何合理使用人才，便成了企業的當務之急。

　　一個人如果沒有受過高等教育，沒有能力從事腦力工作，那麼他做門衛是利用了有效的社會資源。但是讓一個研究生去做這種根本就不需要有很高學識程度的工作，這不僅是對當事人的不尊重，更是對知識的不尊重，根本是在浪費國家有限的教育資源。而對於企業來說，也增加了用人成本。因為這樣的員工很難專心於本職工作，一有機會就會立即跳槽。這樣的用人方式，無疑給公司帶來的不是福音而是「禍患」。

　　做管理講究「才能與職業相符」，就是按照「人適其事，事宜其人」的原則，根據個體間不同的素質將其安排到各自最合適的職位上，即保持個體能力與工作職位的同質性，從而做到「人盡其才，物盡其用」。某公司有一位諮詢師，在工作中被老闆發現很有管理潛質，在和他溝通後，老闆決定讓他給自己做助理，果然，他在新的職位上做得非常出色。

員工適合做什麼，管理者就應該盡可能地讓他們做什麼，讓他們的才能得到最充分的發揮。這樣，既對員工的職業發展有莫大的好處，對公司而言，也把人才的作用最大化了，公司自然會得到相應的回報。

聰明的管理者和無能的管理者的最大區別就在於，能不能發現並最大程度地利用員工的優點，把合適的人放在合適的位置上。

唐太宗李世民就是一個聰明的管理者，他善於發現每個人的特長，從而做到了人盡其才。房玄齡不善於處理雜務，但卻善於謀劃和決定國家大事，所以太宗把他任為宰相；戴冑不通經史，但做事正直，所以太宗讓他做大理寺少卿，負責審理案件；而勇於直言不諱的魏徵，太宗則讓他做了諫官。

在李世民的團隊中，每個人各有所長，各有所短。但最重要的是唐太宗對他們的長短優劣瞭若指掌，並能將這些人依其專長運用到最適當的職位，使其能夠發揮所長。在唐太宗的管理下，每個人都找到了自己的位置，君臣共同締造了「貞觀之治」的大唐盛世。

管理學上有這樣一條定律：「沒有平庸的人，只有平庸的管理」。每個人都有自己的特點和特長，知人善任，讓自己的下屬去做適合他們的事情，這樣才能充分發揮他們的工作潛能，實現人才的有效利用。很多領導者常常感嘆手下無人可用，其實在很多時候不是手下沒人，而是沒有把人放在適當的位置上。

很多成功的管理者都善於識人，並把人才放在適當的位置上。「昔漢祖以知人善任，克平宇宙，推述勳勞，歸美三俊」，就是善任的巨大作用。作為一名管理者，首先要對員工的才能、興趣等了然於胸，只有在具備了透徹的瞭解後，才能針對某項特定的工作選擇適當的人選，讓適當的人去做合適的事，這樣才能「人得其位，

位得其人」，達到人事相宜的效果。當然，善任不是管理者的隨心所欲，而必須按規矩辦事，在最適合的時機把最適合的工作分配給最適合的人，達到「人盡其才，物盡其用」。因此，管理者在用人的時候，應該多一些理性，少一些盲目；多一些人盡其才的意識，少一些大材小用的虛榮。管理者必須以每個員工的專長為思考點，安排適當的位置，並依照員工的優缺點，做機動性的調整，這樣才能「人盡其才，物盡其用」，達到人與事的統一，讓團隊發揮最大的效能。

人生大智慧：人盡其才，物盡其用。

第三章　偃鼠飲河

【原文】

堯讓天下於許由①，曰：「日月出矣，而爝火不息②；其於光也，不亦難乎？時雨降矣③，而猶浸灌④；其於澤也⑤，不亦勞乎⑥？夫子立而天下治⑦，而我猶尸之⑧；吾自視缺然⑨請致天下⑩。」

許由曰：「子治天下⑪，天下既已治也；而我猶代子，吾將為名乎？名者，實之賓也⑫；吾將為賓乎？鷦鷯巢於深林⑬，不過一枝；偃鼠飲河⑭，不過滿腹。歸休乎君⑮，予無所用天下為⑯！庖人雖不治庖⑰，尸祝不越樽俎而代之矣⑱！」

——〈逍遙遊〉

【注釋】

①堯：我國歷史上傳說時代的聖明君主。許由：古代傳說中的高士，字仲武，隱於箕山。相傳堯要讓天下給他，他自命高潔而不受。

②爝火：炬火，木材上蘸上油脂燃起的火把。

③時雨：按時令季節及時降下的雨。

④浸灌：灌溉。

⑤澤：潤澤。

⑥勞：這裡含有徒勞的意思。

⑦立：位，在位。

⑧尸：廟中的神主，這裡用其空居其位，虛有其名之義。

⑨缺然：不足的樣子。

⑩致：給與。

⑪子：對人的尊稱。

⑫賓：次要的、衍生的東西。

⑬鷦鷯（ㄐㄧㄠ ㄌㄧㄠˊ）：一種善於築巢的小鳥，又名「巧婦」。

⑭偃鼠：鼹鼠。

⑮休：止，這裡是算了的意思。

⑯為：句末疑問語氣詞。

⑰庖人：廚師。

⑱尸祝：祭祀時主持祭祀的人。樽：酒器。俎：盛肉的器皿。「樽俎」這裡代指各種廚事。成語「越俎代庖」出於此。

【寓意】

做任何事都要掌握一個節度，即恰到好處，適可而止，過猶不及。

【譯文】

　　堯打算把天下讓給許由，說：「太陽月亮出來了，而小火把還不熄滅，它的亮度，要和日月相比豈不是相差太多了嗎？及時雨已經降下來了，還要取水灌溉田地，對於滋潤禾苗，不是徒勞，多此一舉嗎？你如果成了君王，天下一定大治，而我還忝居其位，我自己都感到慚愧極了，請允許我把天下交給你。」

　　許由說：「你治理天下，天下已經治理好了，而我再接替你，我豈不是為名而來嗎？名，乃是依附於實的客體，我難道要做有名無實的客體嗎？鷦鷯在深林裡築巢，只要一根樹枝；鼹鼠飲河水，只要肚子喝飽。請你回去吧，天下對於我有什麼用！廚子在廚房雖然未必事事躬親，主祭的人卻不應該超越許可權而代行廚子的職事。」

【延伸閱讀】

鼴鼠飲河水，只要肚子喝飽就行了，如果喝多了，很可能就會撐著甚至撐死。這就告訴我們一個為人處事的最重要原則——把握好尺度。

把握好尺度，用儒家思想來概括，即是中庸之道。過猶不及是中庸之道最好的注腳和最重要的原則，朱熹曾把「中庸」二字的涵義界定為「無過不及」，即既沒有過，也沒有不及。過和不及，都沒有達到中庸的要求。

有一天，孔子的弟子子夏問孔子：「顏回這個人怎麼樣啊？」孔子說：「顏回呀，他在誠信上超過我。」

子夏又問：「子貢這個人怎麼樣啊？」孔子回答說：「子貢在敏捷上超過我。」

子夏又問：「子路這個人怎麼樣啊？」孔子回答說：「子路在勇敢上超過我。」

子夏又問：「子張這個人怎麼樣啊？」孔子回答說：「子張在莊重上超過我。」

子夏站起身，問孔子說：「那他們為什麼都拜您為師呢？」

孔子說：「坐下吧，我告訴你。顏回雖然誠信，卻不知道還有不能講誠信的時候；子貢雖然敏捷，卻不知道還有說話不能太伶牙俐齒的時候；子路雖然勇敢，卻不知道還有應該害怕的時候；子張雖然莊重，卻不知道還有應該詼諧親密的時候。所以他們才認我做老師啊！」

孔老夫子的話多經典啊！誠信過了頭，就變成了迂腐；敏捷過了頭，就變成了圓滑；勇敢過了頭，就變成了魯莽；莊重過了頭，就變成了呆板。

同樣的道理，禮貌過了頭，就變成了別有用心。俗話說：「禮

多人不怪」！在現代社會裡，很多人都奉之為處世的金科玉律，待人總是一副笑臉，客氣有加，然而卻忽視了尺度的把握，結果客氣有禮反而變成了「拍馬屁」，變成了別有用心。

其實這就是過猶不及的道理，過於熱情有禮了，會被人認為是有所圖謀。因此，做得過分了，就跟做得不夠、不及是一樣的，甚至有時候還不如做得不夠、不及呢！

不及的害處，人人都可以理解；但過的害處，就不那麼容易看到了。宋代的洪邁在《容齋隨筆》裡曾經這樣談論「萬事不可過」的道理：「天下萬事不可過，豈特此也？雖造化陰陽亦然。雨澤所以膏潤四海，然過則為霖淫；陽舒所以發育萬物，然過則為燠㐫。賞以勸善，過則為僭；刑以懲惡，過則為濫。仁之過，則為兼愛無父；義之過，則為為我無君。執禮之過，反鄰於諂；尚信之過，至於證父。是皆偏而不舉之弊，所謂過猶不及者。」

大意是說：天下的萬事都不可過分，就連萬物演化和陰陽都是如此。例如，雨水可以濕潤天地，但是過分了就會變成澇災；陽光舒緩可以促進萬物生長，但是過分了就會變成乾旱；賞賜是為了勸人向善，過分了就是僭越；刑罰是為了懲治惡行，過分了就是濫用；仁慈做過了頭，對所有的人都是同等對待，就展現不出父親的重要性；義做過了頭，一心只想著對別人負責，就容易忘記忠君的責任。太過於禮貌，別人會覺得你在討好他；太過於誠信，以至於指證父親的過錯。這些都是執著於一偏之見，把好事做得過分了。

其實，中庸思想的全部要義，都可以用「過猶不及」這四個字來概括。這在現實生活中具有非常重要的意義：

服藥或吃補藥有限度。量不足達不到治療效果，過量則容易造成藥物中毒，危害更大。現代人生活條件好了，人們都追求生活品質，聽說吃什麼對身體好，就趕快買來吃，往往導致適得其反。比如中醫上說過中年人大部分都腎虛，吃了黑豆補腎，然而吃多了反

而會傷腎。

親密有間。人與人之間的感情有親疏遠近之分，再親密的關係，如母子、夫妻也該有點距離，各自有所保留，既不因距離偏大而疏遠，也不因距離過小而壓抑，要保持個人空間不被剝奪侵佔。誰也不是誰的附庸，「我就是我」，同樣必須正視「他就是他」，要想讓對方尊重自己，必須首先做到尊重對方。給他人空間，他人同樣會給你空間。

勤儉有度。勤儉是中華民族的傳統美德，人要勤儉，過度大方不可取，但是過於節儉就成了吝嗇。

勤奮有度。在現代社會裡，人人都希望好好工作，取得好成績，多賺錢養家，過好日子，然而有些人為了比別人多賺錢，就不擇手段。這是不可取的。有些人為了比別人多賺錢，付出比常人多幾倍甚至幾十倍的汗水，結果把身體搞壞了，這也是不可取的。畢竟人的精力是有限的，身體不能透支。不是不應該有上進心和進取心，而是要把握好度。

做事有度。做事一定要把握分寸，否則就會傷害雙方。哪怕是好事，也不能過量，否則好事就會變成壞事。比如誇獎別人是好事，如果誇得太離譜就會變成肉麻；指出他人缺失是好事，但過多的批評就會變成挑剔。

管教孩子要適度。管得太嚴了他就沒有自由，壓力太大；太鬆了又容易出問題。外面的世界對他吸引力很大，不放手不行，放了怕他出事。他正處於不能分辨是非的年齡，學好快，學壞也快，家長一定要多關心，不能完全放手。因此，教育孩子更要把握好尺度。

做人做事千萬不可「過度」！當然，一般人不可能把事做得像「黃金切割」那樣讓人賞心悅目，但在分寸上有所節制總歸不是壞事。做人做事要有尺度，把握好就是一門藝術。

人生大智慧：過猶不及，物極必反，適可而止！

第四章　宋人資章甫

【原文】

　　宋人資章甫而適諸越①，越人斷髮文身②，無所用之。堯治天下之民，平海內之政，往見四子藐姑射之山，汾水之陽③，窅然喪其天下焉④。

　　　　　　　　　　　　　　　　　　　——〈逍遙遊〉

【注釋】

①資：販賣。章甫：古代殷地人的一種禮帽。適：往。

②斷髮：不蓄頭髮。文身：在身上刺滿花紋。越國處南方，習俗與中原的宋國不同。

③四子：舊注指王倪、齧缺、被衣、許由四人，實為虛構的人物。陽：山的南面或水流的北面。

④窅（一ㄠ∨）然：悵然若失的樣子。喪：喪失、忘掉。

【譯文】

　　北方的宋國有個人到南方的越國去販賣帽子，而越國人的風俗是不蓄頭髮，滿身刺著花紋，帽子對他們毫無用處。堯治理好天下的百姓，安定了海內的政局，到姑射山上、汾水北面，去拜見四位得道的高士，不禁悵然若失，忘記了自己居於治理天下的地位。

【延伸閱讀】

　　有一個宋國人到越國販賣帽子，不料到了越國才發現，越國

人的風俗和他們宋國人不太一樣，人家流行把頭髮剃光，一根都不留，身上刺滿了花紋，根本就用不著他的帽子。更甭提去買了。

上面講述的就是宋人賣帽的故事。他之所以賣帽失敗，最首要的一點原因是他沒有調查過越國的市場需求，因而不瞭解越國人真正需要什麼。

不瞭解市場需求，自然任何行銷都不會成功。而要瞭解市場，就必須身體力行地去進行一番實地考察，只有經過調查，才能發掘到潛在的市場所在。

《論語》中有「子入太廟，每事問」的記述，這不僅展現孔子十分敬謹於禮的態度，同時也表現了他「重聞見」的觀點。

孔夫子的這種「每事問」精神在今天依然非常實用，尤其適用於市場行銷領域。「沒有調查就沒有發言權」——市場行銷不能「閉門造車」，必須洞察消費者的真實需求。

現代行銷是基於需求的目標市場行銷。行銷者要想取得成功，必須洞察消費者的真實需求，才能事半功倍，贏得市場。而對消費者需求的瞭解，必須經過大量的市場調查。

透過調查瞭解了市場需求，並不意味著萬事大吉了，還要進一步抓住市場運作方式，把市場需求轉化為自己的「財富」。而要成功做到這一點，就要學會靈活思考，學會站在消費者的立場上思考、說話和行事。

對於靈活思考的重要性，我國古代早已有之。戰國時期，蘇秦的弟弟蘇代就曾經運用這種靈活的方式說服西周，順利解決了東西周之間的水利糾紛，並且拿到了雙份獎金。

當時，東周為了發展農業，提高農作物的產量，準備改種水稻。而西周在高處掌握著水利資源，他們知道東周改種水稻的消息後，堅持不給東周放水。東周為此非常著急，於是發出文告來，誰

能去說服西周放水，國家就給予重賞。這時，蘇秦的弟弟蘇代就自告奮勇去說服西周。

蘇代到了西周之後，對西周人說：「我聽說你們不給東周放水，這個決定可不高明啊！」西周人問：「怎麼不高明呢？」蘇代說：「你們不給東周放水，他們就沒有辦法改種水稻。只能改種小麥。這樣，他們就再也不用求你們了。你們和東周打交道也就沒有主動權了。」西周人問：「蘇先生，以您的高見應該怎麼辦好呢？」蘇代說：「要聽我的意見，你們就給東周放水。讓他們順利地改種水稻。改種水稻就常年都需要水，這樣，東周的經濟命脈就操控在你們手裡了。你們一斷水他們就完蛋。他們時刻都得仰仗你們，巴結你們啊！」西周人聽了覺得有道理。不但同意給東周放水，還重重獎勵了蘇代。

「知己知彼，百戰百勝」，蘇代巧妙地「把我的說成是你的」，讓對方心甘情願地答應了自己的要求。

因此，要想讓對方相信你是對的，並且按照你的意見去行事，你就必須設身處地站在對方的角度，找對他的需求點，才能取得成功。

卡內基曾租用某旅館大禮堂講課。有一天，他突然接到通知，租金要提高3倍。於是卡內基前去與經理交涉。他說：「我接到通知後有點震驚，不過這也不能怪您。如果我是您，我也會這麼做。因為您是旅館的經理，職責就是使旅館盡可能獲利。」緊接著，卡內基為他算了一筆賬，將禮堂用於辦舞會、晚會，當然會獲得很高的利潤。「但你趕走了我，也等於攆走了成千上萬有文化的中層管理人員，而他們

【寓意】

沒有調查就沒有發言權，沒有調查就沒有市場，並且要善於轉換思維，設身處地為他人著想，站在對方的立場上說話辦事才能獲得成功。

光顧貴旅館，是您花再多的錢也買不到的活廣告。那麼，哪樣更有利呢？」結果可想而知，經理被卡內基說服了。

卡內基之所以成功地說服了經理，就在於當他說「如果我是您，我也會這麼做」的一瞬間，已經完全站到了對方的角度。接著，他站在對方的角度上算了一筆賬，抓住了對方的著重點——獲利，使對方心甘情願地把天秤砝碼加到了自己這一邊。

總而言之，只有調查才能瞭解市場需求，只有靈活思考才能搶先贏得市場。因此，一個成功的行銷人員必須學會進行市場調查，更要學會站在客戶的立場上思考和行事。

人生大智慧：沒有調查就沒有發言權；轉換思考方式，站在對方的立場上說話或行事。

第五章　莊周夢蝶

【原文】

　　昔者莊周夢為蝴蝶①，栩栩然蝴蝶也②，自喻適志與③！不知周
也。俄然覺④，則蘧蘧然周也⑤。不知周之夢為蝴蝶與，蝴蝶之夢
為周與？周與蝴蝶，則必有分矣。此之謂物化⑥。

──〈齊物論〉

【注釋】

　　①蝴蝶：即蝴蝶。
　　②栩栩然：欣然自得的樣子。
　　③喻：覺得，感到。適志：合乎心意，心情愉快。
　　④俄然：突然。
　　⑤蘧（ㄑㄩˊ）蘧然：驚惶的樣子。
　　⑥物化：事物相互的變化。根據本段文意，所謂變化即外物與
　　　自我的互相轉化，推進一步，一切事物也都將渾而為一。

【譯文】

　　過去莊周夢見自己變成蝴蝶，蝴蝶欣然自得地飛舞著，感到多
麼愉快和愜意啊！不知道自己原本是莊周。突然間醒過來，驚惶不
定之際方知自己原來就是莊周。不知是莊周夢中變成蝴蝶呢？還是
蝴蝶夢見自己變成莊周呢？莊周與蝴蝶必定是有區別的。這就可以
叫作物我的相互變化。

【延伸閱讀】

莊周夢蝶，不知是莊周做夢變成了蝴蝶，還是蝴蝶做夢變成了莊周。在這裡，莊子提出了一個哲學問題——人如何認識真實與夢境。

有一位詩人曾經說過：「夢裡走了許多路，醒來還是在床上。」這句話形象地告訴了我們這樣一個道理：人不能躺在夢幻式的理想中生活。不錯，人不僅要有理想，還要能夠大膽幻想，但更要回到現實中，以現實為基礎，為了實現理想而努力去做。在理想中躺著等待新的開始，不僅你的夢想遙遙無期，甚至連目前已經擁有的，也會失去。

眾所周知，拘於理想而不去努力奮鬥的人，只能成為一個平庸無志的人，因為理想雖然是美好的，但卻虛無飄渺，要使之成為現實，就必須付出艱辛的工作。前人說得好：「有志之人立長志，無志之人常立志！」那些無志之人的「志」就是白日夢，夢境再美好再完善，也只不過是水中望月、鏡裡看花、海市蜃樓罷了。

人生是一個過程和體驗，人生中的每一場風霜雨雪，都能磨練我們的身體，鍛鍊我們的意志。每個人對人生都有自己獨特的詮釋，是追求，是執著……但有一點永遠不會改變：人生是成敗交替的合體，是得失相容的五味瓶，想要真正讀懂人生的人，必須先讀懂失敗、不幸、挫折和痛苦。

勇敢面對現實。擁有它，你將擁有超然豁達的人生；擁有它，你就不會在苦悶失落中迷失自我；擁有它，你就不會在燈紅酒綠、五光十色的社會中迷失方向；擁有它，你會擁有陽光般的笑容……。

面對現實並非要你屈從於殘酷的現實，無條件地向現

實妥協甚至逆來順受，而是要透過改變現實中的不利因素而使它更符合自己的生存條件，即努力去改造不利的環境，甚至於改造周圍的人。當然，大的社會環境是我們普通百姓所無法改變的，我們能做到的只有改變自己身邊的小的生存環境。一個人不應該只去一味的適應，不主動改變環境的人會變得被動不思進取。當我們具備一定能力之後一定要改變環境。努力改變環境，使之適合我們能力和欲望的發展需要，則是最為難能可貴的。

　　坦然面對現實環境，善於適應變遷，善於改變對自己不利的環境，與現實環境保持良好的接觸，以客觀的態度面對現實，冷靜地判斷事實，理性地處理問題，隨時調整，保持良好的適應狀態，這樣你才能獲得最大的快樂和幸福！

　　人生大智慧：有夢想固然可貴，但更可貴的是以現實為基礎，讓美夢成真。

第六章　朝三暮四

【原文】

　　狙①公賦芧②，曰：「朝三而暮四。」眾狙皆怒。曰：「然則朝四而暮三。」眾狙皆悅。名實未虧，而喜怒為用，亦因是也。

　　　　　　　　　　　　　　　　　　　　　——〈齊物論〉

【注釋】

　　①狙（ㄐㄩ）：猴子。
　　②芧（ㄓㄨˋ）：橡實，橡子。

【譯文】

　　養猴人給猴子分橡子，說：「早上分給三個，晚上分給四個。」猴子們聽了非常憤怒。養猴人便改口說：「那麼就早上四個，晚上三個吧。」猴子們聽了都高興起來。

　　名義和實際都沒有虧損，喜與怒卻名為所用而有了變化，也就是因為這樣的道理

【延伸閱讀】

　　這個故事原本的意義是述說狙公愚弄猴子的騙術，其實橡實的總數量並沒有改變，只是分配方式發生了變化，猴子們就轉怒為喜。

　　有些追求名和實的理論家，總是試圖區分事物的不同性質，而不知道事物本身就有同一性。最後不免像猴子一樣，被朝三暮四和

朝四暮三所蒙蔽。這則故事告誡人們要注重實際，不要被花言巧語所矇騙。因為不管形式有多少種，本質與真相只有一個。

　　故事講的道理的確適用於當時的情況，但是用我們已經發展了千年的眼光再來看問題，可能得出的結論會大不一樣，古人們沒有時間成本的概念，因此覺得早上三個晚上四個和早上四個晚上三個是完全一樣的。其實不然，「朝三暮四」和「朝四暮三」還是有一定區別的，任何一家企業在收預付款和定金的時候都希望自己多收一些，未來要收的餘款越少越好，為什麼會這樣呢？因為未來是個未知數，這個未知數會帶來不可預知的風險。

　　對於猴子而言，早晨是一天的開始，為了保證一天的活動有足夠的能量，進食的多與少是有明顯區別的。在猴子的世界裡，只有「朝四」才可以保證一天的能量需求。而到了晚上，是以休息為主，所以「暮三」就夠了。如果硬要讓牠們在晚上接受「四」，牠們就會覺得是浪費。從這個角度來說，猴子們堅持了實事求是、按需分配的原則。而這兩個原則正是我們需要宣導和學習的。

　　「朝四暮三」優於「朝三暮四」的更重要意義還在於：早上得到的是在眼前的，而晚上是十二個小時之後的事。儘管總數都是七個，但是先得到四個，就相當於先得到了「大份」。「大份」在自己手裡與「大份」在他人手裡顯然是兩個不同的概念。如果猴子們任由養猴人「朝三暮四」，就等於是把潛在的不確定因素和風險的「大份」加到了自己的身上，可能要付出更多才能得到本已屬於自己的橡子。聰明的猴子當然不會同意。因此牠們要透過抗爭獲得養猴人的妥協讓步。從這層意義上講，這則故事展現了猴子的

【寓意】

把握本質，不要被表象所迷惑。形式的改變也是創新，也可以帶來翻天覆地的變化。

智慧、遠見和憂患意識。

　　儘管3＋4和4＋3的結果是一樣的，但如果環境和背景發生了變化，其效果就會截然不同。很多時候，過程和方法決定了成敗。

　　這則故事不僅展現了猴子的聰明、「遠見」以及憂患意識，更展現了狙公的智慧和機變。

　　中國有句俗話「窮則變、變則通」。故事中從「朝三暮四」到「朝四暮三」的變化，從分配總量上並沒有變化，卻產生了截然不同的效果，而且，切合時宜的分配方案變化，還有效地防止了一次猴子的「內亂」。其主要原因是分配方法的變化滿足了猴子們的需求，達到了猴子們認為的「公平」。

　　因此，管理者在處理問題時，儘管把握原則是必須的，但如果生搬硬套、墨守陳規則是不可取的。這一點反映到管理中則是資源運用有效性的表現，同等資源不同的分配可能產生不同的效果，例如在企業員工的薪酬分配方面，可能很多員工會對自己的收入不滿，這種不滿可能來自於同事之間的比較。其實仔細分析後也不難理解，所謂的多或少，都只是相對的而不是絕對的。從這個角度來看，員工不滿情緒的產生很多是覺得自己付出的比別人多，而收入卻比別人少而引起的。

　　如果管理者能結合職位設置、職能特性等因素對薪酬方案進行整體規劃，並與員工工作績效結果聯繫起來，這樣做可能薪酬總量並沒有產生變化，卻能達到資源合理分配並有效運用的目的，這樣一來，便做到了從「朝三暮四」到「朝四暮三」的變化，何樂而不呢？

　　從經濟學的角度來說，如果「朝三暮四」是一種常態，那麼，「朝四暮三」就是一種創新。當猴子們不喜歡「朝三暮四」時，你改為「朝四暮三」，就會令猴子們高興。儘管實質並沒變，每顆七顆橡實，但這種形式的變動和早晚分配不同，就是一種創

新。例如，同樣的原料，你可以做成芭比娃娃，但當你把這些同樣的原料做成太空人娃娃時，就是一種創新。其實質並沒變，僅僅是形式的改變就創造了一個新的商機。

「創新」這個概念是20世紀著名美國經濟學家熊彼特提出來的，原意是指「生產要素的重新組合」，包括引入一種新產品，開闢一個新市場，開發一種原料的新來源，採用一種新技術，或者採用一種新的組織形式。熊彼特特別強調，創新是一種推動社會進步的動力。但是大多數人卻都習慣於把創新理解為重大的技術突破，例如，歷史上產業革命中的技術創新或現代的電腦革命，這些影響歷史發展的技術突破當然屬於創新，但創新絕不僅僅限於這個範疇，只要改變產品的形式或其他細枝末節，例如，把做芭比娃娃的材料做成太空人娃娃，同樣也是創新。因此在這種意義上我們說，把「朝三暮四」變為「朝四暮三」就是一種創新。

變「朝三暮四」為「朝四暮三」幾乎不需要付出什麼代價，但卻贏得了猴子們的歡迎。同樣，在產品差別上進行創新也不需要投入大筆資金或冒什麼大風險，只要善於觀察消費者的消費時尚及變動，對原有產品略加變動就可以。每年推出的新時裝其實就屬於這種創新，但這種創新創造了多麼廣大的市場和財富啊！

人生大智慧：不要被變化多端的美麗假象所迷惑，學會透過假象掌握本質；從一定意義上說，由「朝三暮四」到「朝四暮三」也是一種創新。

第七章　庖丁解牛

【原文】

庖丁為文惠君解牛①，手之所觸，肩之所倚，足之所履，膝之所踦②，砉然響然③，奏刀騞然④，莫不中音。合於《桑林》之舞⑤，乃中《經首》之會⑥。

文惠君曰：「嘻⑦，善哉！技蓋至此乎⑧？」

庖丁釋刀對曰：「臣之所好者道也，進乎技矣⑨。始臣之解牛之時，所見無非牛者。三年之後，未嘗見全牛也。方今之時，臣以神遇而不以目視⑩，官知止而神欲行⑪。依乎天理⑫，批大郤⑬，導大窾⑭，因其固然⑮，技經肯綮之未嘗⑯，而況大軱乎⑰！良庖歲更刀，割也⑱；族庖月更刀⑲，折也⑳。今臣之刀十九年矣，所解數千牛矣，而刀刃若新發於硎㉑。彼節者有間㉒，而刀刃者無厚；以無厚入有間，恢恢乎其於游刃必有餘地矣㉓，是以十九年而刀刃若新發於硎。雖然，每至於族㉔，吾見其難為，怵然為戒㉕，視為止，行為遲。動刀甚微，謋然已解㉖，如土委地㉗。提刀而立，為之四顧，為之躊躇滿志，善刀而藏之㉘。」

文惠君曰：「善哉，吾聞庖丁之言，得養生焉㉙。」

——〈養生主〉

【注釋】

①庖（ㄆㄠˊ）丁：名丁的廚工。先秦古書往往以職業放在人名前。文惠君：即梁惠王，也稱魏惠王。解牛：宰牛，這裡指把整個牛體開剝分剖。

②踦（一ˇ）：支撐，接觸。這裡的意思是宰牛時抬起一條
　腿，用膝蓋抵住牛。

③砉（ㄏㄨㄛˋ）然：象聲詞，形容皮骨相離聲。響然：《經
　典釋文》云，或無「然」字。今一本無「然」字。

④騞（ㄏㄨㄛˋ）然：象聲詞，形容比砉然更大的進刀解牛
　聲。

⑤《桑林》：傳說中商湯時的樂曲名。

⑥《經首》：傳說中堯樂曲《咸池》中的一章。會：音節。以
　上兩句互文，即「乃合於桑林、經首之舞之會」之意。

⑦嘻：也作「譆」，通「啊」，讚嘆聲。

⑧蓋：通「盍」，何，怎樣。

⑨進：超過。

⑩遇：會合，接觸

⑪官知：這裡指視覺。神欲：指精神活動。

⑫天理：指牛體的自然的肌理結構。

⑬批：擊，劈開。郤（ㄒㄧˋ）：空隙。

⑭導：順著，循著，這裡有導入的意思。窾（ㄎㄨㄢˇ）：
　空。

⑮因：依。固然：指牛體本來的結構。

⑯技經：猶言經絡。技，據清俞樾考證，當是「枝」字之誤，
　指支脈。經，經脈。肯：緊附在骨上的肉。綮（ㄑㄧㄥˋ）：
　筋肉聚結處。技經肯綮之未嘗，即「未嘗技經肯綮」的賓語
　前置。

⑰軱（ㄍㄨ）：腿部的大骨。

⑱割：這裡指生割硬砍。

⑲族：眾，指一般的。

⑳折：斷，指用刀折骨。

㉑發：磨出。硎（ㄒㄧㄥˊ）：磨刀石。

㉒節：關節。間：間隙。

㉓恢恢乎：寬綽的樣子。

㉔族：指筋骨交錯聚結處。

㉕怵（ㄔㄨˋ）然：警惕的樣子。

㉖謋（ㄏㄨㄛˋ）：骨肉分離的聲音

㉗委地：委：卸落，墜下。散落在地上

㉘善刀：善通「繕」。擦拭刀。

㉙養生：指養生之道。

【譯文】

一位姓丁的廚師給文惠君殺牛，分解牛體時手接觸的地方，肩靠著的地方，腳踩踏的地方，膝抵住的地方，都發出砉砉的聲響，快速進刀時的聲音，無不像美妙的音樂旋律，符合《桑林》舞曲的節奏，又合於《經首》樂曲的樂律。

文惠君說：「嘻，妙啊！你的技術怎麼達到如此高超的地步呢？」

廚師放下刀回答說：「我所喜好的是探索事物的規律，與一般的技術、技巧相比又進了一層。我開始分解牛體的時候，所看見的沒有不是一整頭牛的。幾年之後，就再也看不到整體的牛了。現在，我只用心神去接觸而不必用眼睛去觀察，眼睛的官能似乎停了下來，而精神世界還在不停地運行。依照牛體自然的生理結構，劈擊肌肉骨骼間大的縫隙，把刀導向那些骨節間大的空處，順著牛體的天然結構去解剖；從不曾碰撞過經絡結聚的部位和骨肉緊密連接的地方，更不用說那些大骨頭了！優秀的廚師一年更換一把刀，因為他們是在用刀割肉；普通的廚師一個月就更換一把刀，因為他們是在用刀砍骨頭。如今我使用的這把刀已經十九年了，所宰殺的牛

牲已經有上千頭了，而刀刃鋒利得就像剛從磨刀石上磨過一樣。牛的骨節乃至各個組合部位之間是有空隙的，而刀刃幾乎沒有什麼厚度，用薄薄的刀刃插入有空隙的骨節和組合部位間，對於刀刃的運轉和迴旋來說那是多麼寬綽而有餘地啊！所以我的刀使用了十九年，刀鋒仍像剛從磨刀石上磨過一樣。儘管如此，每當遇上筋腱、骨節聚結交錯的地方，我看到難於下刀，為此而格外謹慎不敢大意，目光專注，動作遲緩，動刀十分輕微。牛體霍霍地全部分解開來，就像是一堆泥土堆放在地上。我於是提著刀站在那兒，為此而環顧四周，為此而躊躇滿志，這才擦拭好刀收藏起來。」

文惠君說：「妙啊，我聽了廚師這一番話，從中得到養生的道理了。」

【延伸閱讀】

庖丁解牛，牛無疑是非常複雜的，那麼庖丁為什麼能一刀下去，刀刀正確，輕鬆自如呢？是因為他掌握了牛的機理。牛與牛當然各不相同，但不管是什麼牛，牠們的生理結構都是一致的。每個人的生活也各有各的面貌，其基本原理也是大同小異的。庖丁因為熟悉了牛的機理，自然懂得在何處下刀，如何下刀。生活也是一樣，如果能透徹了、領悟了生活的道理，摸準了其中的規律，就能和庖丁一樣，做到目中有牛又無牛，就能化繁為簡，真正獲得輕鬆。

世界上的萬事萬物，都有它自身的規律，掌握了事物的規律，辦事才可以得心應手，游刃有餘，事半功倍。

《世說新語》記載有這樣一個故事：王戎7歲時，有一天和一些小朋友在一起遊戲。路邊有一棵李樹，結了很多李子，把樹枝都壓彎了。朋友們都跑過去摘李子，只有王戎站著不動。別人問他為

什麼不去摘李子，他回答說：「樹長在路邊，卻結了這麼多李子，那一定是苦的。」那人摘了一顆來嘗，果然是苦的。

這就是善於發現和總結規律的結果。王戎的想法其實很簡單：李子樹長在大路邊，如果這些李子是甜的，應該早被別人摘光了。人同此心，心同此理。

阿拉伯詩人紀伯倫也講過一個類似的故事：有個人種了石榴樹，到了秋收季節，摘了一盤石榴放在家門外，掛著「免費，歡迎自取」的牌子。但是沒有一個過路人停下腳步取走石榴。第二年秋天來臨時，他換了另一面牌子，上寫：「上等石榴，有意購買請付高價。」結果附近的人爭先恐後來向他買石榴。

【寓意】

經過反覆實踐，掌握了事物的客觀規律，做事就能得心應手，運用自如。

這就是典型的對人的心理規律的利用。賣石榴的人就是因為深諳人們的心理規律，並根據這一規律做了相應的策略調整，所以達到了獲利的目的。

其實對於規律的利用，在日常生活中比比皆是，並不一定要做大事的時候才有用，一些生活中的細節，也可以展現出規律的妙用。

做事不僅要掌握規律，還要始終保持一種謹慎小心的態度，收斂鋒芒，並且在懂得利用規律的同時，更要去反覆實踐，像庖丁「所解數千牛矣」一樣，不停地重複實踐，終究會悟出事物的真理所在，從而獲得成功。

六十多歲的博恩·崔西頭髮已經全白，但身材依然像年輕人一樣挺拔，這得益於他長期的身體鍛鍊。在聆聽別人

說話的時候，他的神情非常專注，同時面帶微笑，一旦開口說話，他就善於營造一種磁場，而這種磁場能夠吸引在場所有人的注意力。

博恩·崔西曾經是比爾·蓋茲的業務導師，巴菲特、麥克·戴爾和傑克·韋爾奇都曾聽過他的演講。他是全美最具影響力的演說家和成功學講師。

與大多數講成功學的講師不同的是，博恩·崔西習慣於講他自己的故事，這一方面源於他本人就是一個活生生的成功學教材，「我的人生道路並非從一開始就是平坦順遂的。」博恩·崔西經常說這句話，因為他曾經是一個出身貧寒，高中都沒畢業的輟學生。

博恩·崔西說：「只有3%的人為未來做詳細的規劃，而有97%的人不為未來做什麼規劃。通常來說，做規劃的人有自己的事業，而沒有規劃的人則為那些有規劃的人工作。」

他在自己長期的實踐和觀察中發現，頂尖的人總是著想未來，而平庸的人總是著想過去。博恩·崔西說：「那些最優秀的人在行動之前已經設立了一個未來的遠景目標，然後倒推回現在應該做什麼，從而邁出第一步。大多數人對生活都有自己的想法，但卻從來沒有邁出第一步。」

「大自然就像一個魔術師，它在你的面前設定了一個帷幕，你每走一步，帷幕就會自動往回退一步。」博恩·崔西說，「所以如果你走不到這一步，你是看不清未來的情形的。不要對未來有太周詳的規劃，關鍵在於邁開那一步。」

博恩·崔西是一個崇尚行動的人。他說：「成功的關鍵在於行動，成功的人都是行動導向的人。一旦他們有了什麼想法，就立即去實踐，實踐的結果有兩種：一是可能成功，一是可能失敗，成功總是伴隨著一串失敗，是失敗的累計，所以只要你去試，就不會輸。」

「不要怕失敗，關鍵在於行動。」博恩‧崔西說，「從中國到美國的航班，飛機在99%的時間都會偏離預定的航道，但這些飛機大都會準時到達，就是因為他們會在行動過程中不斷修正自己的錯誤，人生的旅程也是如此。」

成功源自於反覆不斷地實踐，實踐過程中會有很多挫折甚至失敗，在經歷了這些挫折和失敗的洗禮後，勝利的彩虹總會出現在你眼中。

掌握規律，事半功倍，用眼用心去發現規律，其實產生的就是磨刀不誤砍柴工的效果，學學庖丁吧，這樣一來，工作就會更順手、更高效，生活也會更美好、更幸福。

人生大智慧：反覆實踐，熟能生巧。

第八章　獨腳之道

【原文】

　　公文軒見右師而驚曰①：「是何人也？惡乎介也②？天與，其人與？」曰：「天也，非人也。天之生是使獨也③，人之貌有與也④。以是知其天也，非人也」。澤雉十步一啄⑤，百步一飲，不蘄畜乎樊中⑥。神雖王⑦，不善也。

　　　　　　　　　　　　　　　　　　——〈養生主〉

【注釋】

　　①公文軒：相傳為宋國人，複姓公文，名軒。右師：官名，古人常有藉某人之官名稱謂其人的習慣。

　　②介：獨，只有一隻腳。一說「介」當作「兀」，失去一足的意思。

　　③是：此，指代形體上只有一隻腳的情況。獨：只有一隻腳。

　　④與：舊註解釋為「共」，所謂「有與」即兩足共行。一說「與」當講作賦與，意思是人的外形當是自然的賦與。

　　⑤雉：雉鳥，俗稱野雞。

　　⑥蘄（ㄑㄧˊ）：祈求，希望。畜：養。樊：籠。

　　⑦王：旺盛，這個意義後代寫作「旺」。

【譯文】

　　公文軒見到右師大吃一驚，說：「這是什麼人？怎麼只有一隻腳呢？是天生只有一隻腳，還是人為地失去一隻腳呢？」右師說：

「天生成的，不是人為的。老天爺生就了我這樣一副形體讓我只有一隻腳，人的外觀完全是上天所賦予的。所以知道是天生的，不是人為的。」沼澤邊的野雞走上十步才能啄到一口食物，走上百步才能喝到一口水，可是牠絲毫也不會祈求畜養在籠子裡。生活在樊籠裡雖然不必費力尋食，但精力即使十分旺盛，那也是很不快樂的。

【延伸閱讀】

遇到事情的時候先要弄清楚，千萬不要盲目從眾。有些人一看到別人在做什麼，就會不問原因地盲目跟從，這些人都是一些不善於思考的人。要知道，一個人要做某件事情的時候一定有一些個人原因，而那些原因可能根本就和別人沒有關係。因此，當我們看到別人在做某件事情的時候，要先思考一下，這件事情和自己有沒有關係。想好了再去做。

【寓意】

人生要有自己獨立的生命價值判斷，而非庸庸碌碌，追求大眾化。

一天，有隻大狼坐在山崗上，正在思考著如何度過牠的一生。突然，一隻兔子飛快地朝牠跑來。

「你幹麼跑得這麼急？」大狼問兔子。

「我得盡快地逃跑，越快越好。」兔子上氣不接下氣地邊說邊跑，轉眼間已跑得無影無蹤了。

大狼抓了一下後腦袋，心想：「兔子那麼拚命地逃跑，一定有牠的原因。我最好也趕快逃跑。」想到這裡，牠也趕快撒開腿，跟在兔子後面跑了。

正當大狼過河時，又遇到一隻小狼。小狼問道：「你這麼急急忙忙地上哪兒去呀？」「我得盡快逃跑，越快越好！」大狼邊說邊跑。轉眼已跑到大草原那邊了。

「唔，這可有點不對勁！」小狼想，「那狡猾的傢伙

也會這樣拚命地逃跑，一定是哪裡出了什麼事情，我還是跟著趕快逃跑為好。想到這裡，小狼也拔腿就跑，緊緊地跟著前面那隻大狼。小狼跑了一段路，又遇到一隻熊。

這隻熊正在捕魚，牠見到小狼正拚命地奔跑過來，便吃驚地抬起頭來問道：「喂，狼兄弟，幹麼如此慌張？」

「我得盡快逃跑……」後面的話，熊再也聽不清，因為小狼早已跑遠了。

「啊呀！」熊想，「我這位狼兄弟都如此慌張，那一定是已經到了不得不逃跑的最後時刻了。快，得趕快回家，萬分火急！」想到這裡，牠立即搖搖晃晃地跟在小狼後面跑了起來。

跑了一陣兒，熊才追上小狼，只見小狼正蹲坐在草原中央；離牠不遠，坐著那隻大狼；再過去一點坐著的是那隻氣喘吁吁的兔子。熊跑上前去，萬分驚訝地問道：「你們怎麼都坐在這裡不動了？我還以為，你一定有什麼急事呢！為了什麼，狼兄弟？你幹麼這麼拚命地跑？」

「呵！」小狼答道，「我是看到狼大哥從我身邊跑過。當時我便想，小心為妙，快跑！於是，我也就跟著逃跑起來了。如果你想確切地知道究竟發生了什麼事情，那我們還得問問狼大哥。」

「喂，你幹麼那麼拚命地跑？」「我也不知道。」大狼答道，「我看到兔子從邊上跑過，為了謹慎起見，我也就跟在牠後面跑了。你們去問問兔子吧，為什麼牠那麼急急忙忙地奔跑？」

三位朋友來到兔子面前，只見兔子還上氣不接下氣地直喘。

「剛才你幹嘛如此拚命地跑？」熊問道。牠對這件事非常惱火。

「唔，」兔子答道，「剛才我正在啃柳樹葉的嫩芽，突然轟地一聲，一大團雪從棕樹上掉下來。當時，可把我嚇了一大跳，我就趕快逃跑了。那團雪差一點打在我的頭上。想到此事，我現在還嚇

得要命。」

熊、小狼和大狼一聽，不禁捧腹大笑起來，那笑聲連幾里以外都能聽到。而兔子卻懊惱地晃晃腦袋，牠還想著那柳樹嫩芽，想著自己的肚子，便慢慢地站起身來，回去吃牠的柳樹葉了。

雖然只是個笑話，卻蘊含了深刻的道理：盲目從眾的結局往往是可笑或者可悲的。這在當今社會裡具有很強的現實意義，比如，考大學、選科系、找工作或者出國留學等，都不能盲目從眾，去追求那些已經被很多人炒作得滾燙的熱門，所謂的熱門，很可能是曇花一現，也可能是表面膨脹的一片泡沫，更可能只是可望而不可即的海市蜃樓。

在留學日益大眾化的今天，媒體上關於留學國家、留學政策、海外學校分類、留學好處等報導比比皆是，大家對於熱門留學國家、名牌大學已經耳熟能詳了。但是，沒有去之前，總會有或這或那的擔心；真正輪到自己辦理留學的時候，卻往往出現各式各樣的問題；去到留學國家後，又發現總有種種不如意。所以，留學切忌盲目從眾，盲目追求大多數人熱中的熱門。

留學選科系不要盲目追隨熱門，不一定非要選熱門科系，熱門的不一定最合適自己，而要選自己感興趣的，這樣學起來才會有動力，以後工作才會有成就感，這樣一來，你的生命價值才能真正得以展現。

人如果想實現自己的人生價值，就必須摒棄從眾心理，從自身實際出發，走有自己特色的人生之路，按照自己的生活方式去展示真實的自我。

人生大智慧：不要盲目從眾，走自己的路，做真實的自己。

第九章　形莫若就，心莫若和

【原文】

　　顏闔將傅衛靈公大子①，而問於蘧伯玉曰②：「有人於此，其德天殺③。與之為無方④，則危吾國；與之為有方，則危吾身。其知適足以知人之過⑤，而不知其所以過⑥。若然者，吾奈之何？」

　　蘧伯玉曰：「善哉問乎！戒之慎之，正女身也哉⑦！形莫若就⑧，心莫若和。雖然，之二者有患⑨。就不欲入⑩，和不欲出⑪。形就而入，且為顛為滅⑫，為崩為蹶⑬。心和而出，且為聲為名⑭，為妖為孽⑮。彼且為嬰兒，亦與之為嬰兒；彼且為無町畦⑯，亦與之為無町畦；彼且為無崖，亦與之為無崖⑰。達之⑱，入於無疵⑲。」

　　　　　　　　　　　　　　　　　　　　　　　　——〈人間世〉

【注釋】

　①顏闔：魯國的賢人。將傅衛靈公大子：給衛靈公太子做師傅。大（ㄊㄞˋ）子：太子。

　②蘧（ㄑㄩˊ）伯玉：衛國的賢大夫，名瑗，字伯玉。

　③天殺：生就的兇殘嗜殺。

　④與之：朝夕與共的意思。方：法度、規範。

　⑤其知：知，通「智」，他們的智慧。

　⑥其：「其」字的指代含意舊注指前句之有過者，認為公子自身無道，致使百姓有過，全句意思是，卻不知道人們為什麼出現過錯。「其」字一說作反身自代講，全句意思則是，卻不知道自己為什麼會出現過錯。

⑦女（ㄖㄨˇ）：通汝，你。

⑧形：外表；與下句「心」相對文。就：靠近，親近。

⑨之：這。

⑩入：關係太深。

⑪出：超出，過於顯露，與上句「入」字對文。

⑫顛：仆倒，墜落。

⑬崩：毀壞。蹶：失敗，挫折。聯繫前一句，「顛」、「滅」、「崩」、「蹶」均用指「形就而入」可能造成的惡果。

⑭為：為了。本句兩個「為」字跟上下三句的另六個「為」字含意不同，其他六個「為」字均是造成、招致的意思。

⑮孽：災害。

⑯町（ㄊㄧㄥˇ）畦（ㄒㄧ）：田間的界路，喻指分界、界線。

⑰崖：山邊或岸邊，「無崖」喻指無邊，沒有約束。

⑱達：通達，指透過疏導與衛太子思想相通，逐步地使他走上正途。

⑲疵（ㄘ）：病，這裡指行動上的過失。

【譯文】

　　顏闔即將被請去做衛國太子的師傅，他向衛國賢大夫蘧伯玉求教：「如今有這樣一個人，他的德性天生就兇殘嗜殺。跟他朝夕與共如果不符合法度與規範，勢必危害自己的國家；如果合乎法度和規範，那又將危害自身。他的智慧足以瞭解別人的過失，卻不瞭解別人為什麼會出現過錯。像這樣的情況，我該怎麼辦呢？」

　　蘧伯玉說：「問得好啊！要警惕，要謹慎，首先要端正你自己！表面上不如順從以示親近，內心裡不如順其秉性暗暗疏導。即

使這樣，這兩種態度仍然存在隱患。親附他不要關係過密，疏導他不要心意太露。外表親附到關係過密，會招致顛仆毀滅，招致崩潰失敗。內心順性疏導顯得心意太露，將被認為是為了名聲，同樣會招致禍害。他如果像個天真的孩子一樣，你也姑且跟他一樣像個無知無識的孩子；他如果與你不分界線，那你也就跟他不分界線。他如果跟你無拘無束，那麼你也姑且跟他一樣無拘無束。慢慢地將他的思想疏通引入正軌，便可進一步達到沒有過錯的地步。」

【延伸閱讀】

　　一個人在外在上，要懂得去遷就，去妥協，大家怎麼做的時候，你也跟著做就是了，不要從一開始就拍案而起，特立獨行，獨樹一幟，或者覺得「眾人皆醉我獨醒」，自己不能與眾人同流合污，於是掉頭而走，久而久之，你就會被大家排斥了，但是你的心「莫若和」，即你在內心裡不要失掉自己的原則，先把你的心放得寬和一點，寬和而清明地去看著這一切。這也就是我們常說的外圓而內方，外化而內化。

　　倘若無論表裡都一味堅持自我，勢必不被大眾所接受，因而很難獲得成功。倘若懂得了「形莫若就，心莫若和」的道理，做起事來就容易得多了。

　　這就如同生活中的你我一樣，如果言行舉止太過特立獨行，或許你我身邊的朋友也就越來越少了，某些時候也是需要去隨隨大流的。

　　我們都是凡夫俗子，既不可能取悅所有人，同樣也達不到對所有的人和事都甘之如飴的境界。解讀《莊子》時，所謂外化，就是為人表面上應該隨和，一切皆可以放下來與

【寓意】
外化而內不化，外圓內方，本著內心的寬容和洞察的清明，在外在上隨遇而安，不與世爭，如此才能既不失原則，又能得到眾人的歡迎。

人融通。說的就是這個道理。

　　人生本著內心的寬容和洞察的清明，在外在上隨遇而安，不與世爭，這樣的話，我們才能把每一個當下活得更好，才能把人生整個的流光以一種從容的姿態安詳走過，才能減少很多紛爭，減少很多矛盾，最終才能獲得一個圓融的、合乎道的、合乎天地自然的自己的生命境界。

　　生活中，有太多的人我們無法瞭解其內心，有太多的事我們無法洞悉其緣由。那就記住莊子他老人家這句話：「形莫若就，心莫若和，就不欲入，而和不欲出」！不能認同的，嘗試著去理解；不能理解的，嘗試著去包容；不能包容的，嘗試著視而不見。那麼，能令我們怒髮衝冠的，恐怕只剩下天理難容的惡人和壞事了；能令我們耿耿於懷的，恐怕只剩下不共戴天的國仇和家恨了。而天理難容和不共戴天，於我們生活在清平治世的普通人，通常是少見甚至不見的。此消彼長，我們就會有心境和更多的精力去品味生活中那些於細微之中展現的美好了。如此一來，我們才能生活得更輕鬆、更快樂！

　　人生大智慧：外圓而內方，外化而內不化。

第十章　螳臂擋車

【原文】

　　汝不知夫螳蜋乎？怒其臂以當車轍①，不知其不勝任也，是其才之美者也②。戒之，慎之！積伐而美者以犯之③，幾矣④。汝不知夫養虎者乎？不敢以生物與之⑤，為其殺之之怒也⑥；不敢以全物與之，為其決之之怒也⑦。時其饑飽，達其怒心⑧。虎之與人異類而媚養己者⑨，順也；故其殺者，逆也⑩。

　　　　　　　　　　　　　　　　　　——〈人間世〉

【注釋】

①怒：奮起。當：後寫為「擋」，阻擋。轍：車輪行過的印記。「車轍」猶言「車輪」。
②是其才之美：即「以其才之美為是」，即自恃才能太高。
③積：長期不斷地。伐：誇耀。而：即「爾」，你。
④幾：危險。
⑤生物：活物。
⑥為其殺之之怒也：唯恐牠撲殺活物時而誘發殘殺生物的怒氣。
⑦決：裂，撕開。
⑧達：通曉、瞭解。
⑨異類：不同類。媚：喜愛。
⑩逆：反，觸犯。

【譯文】

你難道不知道那螳螂嗎？奮起牠的臂膀去阻擋滾動的車輪，不明白自己的力量全然不能勝任，還自以為才高智盛很有力量。警惕呀，謹慎呀！經常誇耀自己的才智而觸犯了他人，就危險了！你難道不知道那養虎的人嗎？他從不敢用活物去餵養老虎，因為他擔心撲殺活物會激起老虎兇殘的怒氣；他也從不敢用整隻動物去餵養老虎，因為他擔心撕裂動物也會誘發老虎兇殘的怒氣。知道老虎饑飽的時刻，通曉老虎暴戾兇殘的秉性。老虎與人不同類卻向飼養人搖尾乞憐，原因就在於養老虎的人能順應老虎的脾性；而那些遭到虐殺的人，是因為觸犯了老虎的性情。

【寓意】

人必須要有自知之明，做事情要量力而行。

【延伸閱讀】

說起「螳臂擋車」，歷史上有這樣一個傳說故事：

春秋時期，齊國的國君齊莊公，有一次坐著車子出外打獵，忽然看到路旁有一隻小小的蟲子，伸出兩條臂膀似的前腿，想要來阻擋前進中的車輪。莊公問駕車的人：「這是一隻什麼蟲子？」駕車的人答道：「這是一隻螳螂，牠見車子來了，不知趕快退避，卻還要來阻擋，真是不自量力！」莊公笑道：「好一個出色的勇士，我們別傷害牠吧！」說著，就命駕車的人車子靠邊，避開牠，從路旁走過去。這件事情，很快就傳開了。人們都說莊公敬愛勇士。於是有很多勇敢的武士紛紛前去投奔他。

在這則故事中，「螳臂擋車」反映的是螳螂奮起抵

抗、敢向強大勢力挑戰的大無畏精神。然而時至今日，「螳臂擋車」作為一個成語，不再用來比喻出色的勇士，而是比作自不量力的可笑人物。

這個成語告訴我們，無論做什麼事情都要根據自己的能力而定，不要做自己力不能及的事，否則只能讓自己頭破血流，或者誤入歧途。

有一隻烏鴉，經常看到鷹從懸崖上俯衝下來，叼走一隻小羊羔。於是，志向高遠的烏鴉開始學習老鷹的姿態：展翅、俯衝、急轉、騰空……終於練得差不多了。

有一天，牠看準一隻小羊羔，呼啦啦地從山崖上俯衝下來，猛撲到牠身上，拼命地想叼起來，但爪子卻被羊毛纏住了。牧羊人隨手抓住牠，大笑道：「就你這烏樣兒，也想充老鷹！」

烏鴉仿效老鷹，不僅沒有抓到羊羔，反而被牧羊人抓住，並且挨了一頓臭罵。烏鴉之所以失敗，主要原因就在於牠不自量力。

因此，我們在做事情的時候，要時時刻刻思量思量自己，時時刻刻要知道自己是誰？自己到底有多少能力？不要過高估計自己的德性和自己的力量，更不可過低估計對方的德性和力量，一定要量力而行，量體裁衣，既要有自知之明，又要知己知彼，只有這樣，才能有更多勝算。

常言道：「物極必反」，「水滿則溢」。當我們在處理問題時，一定要留下一點迴旋的餘地，掌握「留下一點空白」這個處理問題的技巧。一根鐵絲做成的彈簧是有彈性的，但是，如果我們不顧及彈簧彈性的最大承受力，過於用力拉拽它，那麼最終的結果只能是彈簧的彈性削弱乃至消失。所以我們做事情要考慮自己的能力所及，做到量力而行，留有空白，留有餘地。

在日常生活中，這種拿雞蛋碰石頭的事也是屢見不鮮。誰都知道雞蛋碰不過石頭，可有人偏要碰碰，因為他們覺得，不為別的，只為爭口氣，為了爭這口氣，別說是「頭破血流」，就是「粉身碎骨」也值得！

人生旅途上，每個人都應當正確估量自己的能力，千萬別只顧眼前利益，尋捷徑走歪路，要知道量力而行，憑自己的真本事吃飯，才是合情合理的正道。

總而言之，做事情一定要量力而行，一個人不能去做超出他能力範圍之外的事，更重要的是成功了不能驕傲，失敗了也不能氣餒，保持一顆平常心才是最重要的。

人生大智慧：要有自知之明，量力而行。

第十一章　意有所至而愛有所亡

【原文】

　　夫愛馬者，以筐盛矢①，以蜃盛溺②。適有蚉蝱僕緣③，而拊之不時④，則缺銜毀首碎胸⑤。意有所至而愛有所亡⑥，可不慎邪！

　　　　　　　　　　　　　　　　　　　　——〈人間世〉

【注釋】

　①矢：屎，糞便。
　②蜃（ㄓㄣˋ）：大蛤，這裡指蛤殼。溺：尿。
　③蚉：通「蚊」、「蝱」（ㄇㄥˊ），即牛蝱。僕緣：附著，
　　　指叮在馬身上。
　④拊：拍擊。
　⑤銜：馬勒口，「缺銜」指咬斷了勒口。首：轡頭，「毀首」
　　　指掙斷了轡頭。胸：胸飾，「碎胸」指弄壞了絡飾。
　⑥亡：失。「意有所至」是說本意在於愛馬；「愛有所亡」是
　　　說失其所愛，適得其反。

【譯文】

　　愛馬的人，以製作精細的竹筐裝馬糞，用珍貴的蛤殼接馬尿。剛巧一隻牛蝱叮在馬身上，愛馬之人出於愛惜隨手拍擊，沒想到馬兒受驚便咬斷勒口、掙斷轡頭、弄壞胸絡。意在愛馬卻失其所愛，能夠不謹慎嗎？

【延伸閱讀】

在這個世界上，人的情感是最複雜的。每個人都在努力建立一個堅固的自我，以掌握對自己心靈的自主權，並經由外在的行為來檢驗。世間最難揣摩的就是人心，人性中有許多忌諱，一不小心便會使人跌入失敗的陷阱。

一隻老山羊在小河邊碰到一隻小鳥在飲水，便說：「你只顧在這裡喝水，卻完全不知道提高警惕。如果狐狸過來，你的小命兒就會丟掉了！」然後，又嚴肅地講了許多道理。小鳥笑著表示接受。但老山羊一走開，小鳥就對身邊的螞蟻說：「依仗鬍子長冒充懂道理，去年，牠的孩子還不是在這裡讓狼給吃了嗎？」

【寓意】

愛和善良都沒有錯，但都要把握好尺度，給對方一個接受的空間。

老山羊的好心並沒有得到好報。某些時候，不管你出於何種心態，也不管你提的意見是對是錯、是好是壞，一旦你主動提出來，就會侵犯對方的忌諱。

南懷瑾先生在講解《莊子》時，著重強調了「意有所至而愛有所亡」的道理。任何一個人都有自己的意志，有自己的愛好，當他專注在那一點的時候，任何人任何事都無法改變他。所以，他明知道你是為了他好，但有時候他出於自己的利益需要，就忘記你是為他著想了。南先生最後總結道：因此人與人之間很難相處，無論是夫妻、父母、兄弟還是朋友，總是「意有所至而愛有所亡」。

倘若你不瞭解此點，認為為了對方好就可以指正他的錯誤，那麼他就會明顯地感覺自我受到了侵犯，可能不但不接受你的好意，反而還會採取不友善的態度。這個道理在職

場中，就是如何對待上司或同事的錯誤的處理方式。

　　豪豬生長在非洲，身上的毛硬而尖。冬天到了，天氣寒冷的時候，牠們就聚在一起，互相依靠，借用彼此的身體取暖。但是當牠們靠近時，身上的毛尖會刺痛對方，牠們立刻分開，分開後因為寒冷牠們又聚在一起，因為被刺痛又分開。這樣反覆數次，最後牠們終於找到了彼此間的最佳距離——在最輕的疼痛下得到最大的溫暖。

　　其實，豪豬找到的最佳距離對於友情也有所啟示，過於親近，有時會被刺傷，過於疏遠，又感受不到友情的溫暖，只有把握好相處的距離，才能讓友誼之樹常青。

　　朋友關係的存續是以相互尊重為前提的，容不得半點強求、干涉和控制。彼此之間情趣相投、脾氣對味則和、則交；反之，則離、則絕。朋友之間再熟悉、再親密，也不能隨便過頭、不恭不敬，否則，默契和平衡就將被打破，友好關係將不復存在。因為每個人都希望擁有自己的私密空間，朋友之間過於隨便，就容易侵入這片禁區，從而引起衝突，造成隔閡。待友不敬，或許只是一件小事，卻可能已經埋下了破壞性的種子。因此，維持朋友親密關係的最好辦法就是往來有節，互不干涉，「久而敬之」才能天長地久。

　　中國文化中友道的精神，主張「規過勸善」，這是朋友的真正價值所在。有錯誤互相糾正，彼此向好的方向勉勵，這就是真正的朋友。但規過勸善，也要有一定的限度。孔夫子就曾告戒弟子子貢「忠告而善道之，不可則止，毋自辱焉」。朋友的過錯要及時指出，「忠告而善道之」，盡力勸勉他，讓他改正錯誤。但實在沒有辦法時，「不可則止」，就不要再勉強了。自古忠言逆耳，假如忠諫過分了，朋友反而會與你慢慢疏遠，甚至與你變成陌路冤家。

　　從「以筐盛矢，以蜃盛溺」的描述中，我們可以想見馬兒所享受到的優厚待遇了，所以當看到有蚊子，虻蠅等附著在馬身上吸

食馬血的時候，出於愛馬兒，用手去揮打就是一件很自然的事情，但是馬兒與人想的不一樣，牠或許會把這一舉動誤認為是對牠的襲擊，因此異常生氣，牠會掙脫限制了牠的銜勒和轡頭，發動反擊。

在常人看來，愛總是美好的。愛是對對象的一種主動的施予，是推己及人的，但是愛同樣要講究分寸，把握尺度，即你和你所愛的人之間應該保持距離，畢竟兩個完全不同的思想系統不能完全統一價值觀。給對方自由，給對方空間，不必強迫對方瞭解自己的快樂，也沒有必要強迫自己去讓對方快樂。彼此都快樂才是雙方關係的和諧點。相處不是全然佔領也不是全然奉獻。

生存在這個世界上，人人都離不開愛。但如果你想把愛牢牢地抓在自己手裡，它卻終將從你的指縫中悄悄地溜走。所以，與其將愛牢牢把握，不如對愛堅持！

愛就彷彿水池中的水藻，你越是急於去撈取，它就越是分散，你越是渴求索取，它就越是逃避。不如停止攪動那一池春水，愛的浮萍就會慢慢地聚攏起來，靜靜地集合成一個整體，呵護在你的周圍了。

其實，何止是友情和愛情，生活的各個層面都是如此：人與人之間的交往，「君子之交淡如水」，有一點親密，有彼此的關心，但又不會太近，不會妨礙他人的私密空間；對事業的追求，努力爭取，全力拚搏，但又不急功近利，不奢求強求；對情感的嚮往，應該懂得珍惜，好好把握，但不束縛他人，給對方足夠的自由快樂；對待婚姻的態度，應該常常在一起，但又要懂得親密有間的道理。

人生大智慧：人際交往，要懂得給彼此適度的獨立空間。

第十二章　兀者王駘

【原文】

　　魯有兀者王駘①，從之遊者與仲尼相若。常季問於仲尼曰②：
「王駘，兀者也。從之遊者與夫子中分魯③。立不教，坐不議；虛
而往，實而歸。固有不言之教，無形而心成者邪④？是何人也？」
仲尼曰：「夫子，聖人也，丘也直後而未往耳⑤。丘將以為師，而
況不若丘者乎！奚假魯國⑥！丘將引天下而與從之。」

──〈德充符〉

【注釋】

①兀：通作「跀」（ㄩㄝˋ）或「刖」（ㄩㄝˋ），斷足的
　刑法。「兀者」指受過跀刑只有一隻腳的人。王駘（ㄊㄞ
　ˊ）：假託的人名。

②常季：魯國賢人，傳說為孔子弟子。

③中分魯：在魯國平分，意思是在魯國彼此間差不多，不分上
　下。

④無形：不具有完整的形體。心成：內心世界達到成熟的境
　界。一說「無形」指不須用形表，「心成」指潛移默化。

⑤直：通作「特」，僅只的意思。後：意思是落在對方的後
　面。

⑥奚：何。假：已，只。

【譯文】

魯國有個被砍掉一隻腳的人，名叫王駘，師從他學習的人跟孔子的門徒一樣多。孔子的學生常季向孔子問道：「王駘是個被砍去了一隻腳的人，跟從他學習的人在魯國卻和先生的弟子相當。他站著不能給人教誨，坐著不曾談論國家大事；弟子們卻空懷而來，學滿而歸。難道確有不用言表的教導，身殘體穢內心世界也能達到成熟的境界嗎？這又是什麼樣的人呢？」孔子回答說：「王駘先生是一位聖人，我的學識和品行都比不上他，只是還沒有前去請教他罷了。我將把他當做老師，何況學識和品行都不如我孔丘的人呢！何止魯國，我將引領天下的人跟從他學習。」

【寓意】

永遠不要以貌取人。

【延伸閱讀】

這一段故事似乎很簡單，其實包含了一個非常重要的論點：永遠不要以貌取人。

所謂兀者，就是受了刖刑的人，即被砍去雙腳、一隻腳或被抽掉腳筋的人。在我國古代，受到這種刑罰的人，一般都被人視為惡人，即觸犯了法律、罪有應得的人。然而，在那種時代，事實並非如此，很多人都是被冤枉的，比如：大軍事家孫臏。他的同窗好友龐涓，由於學問本領不如孫臏，就陰謀設計害他，讓他受了刖刑，孫臏因此成了終生殘廢。孫臏是個足智多謀的好人，因此，受刖刑的人，不見得都是壞人。

孔子的學生常季，口口聲聲說王駘是個受過刖（ㄩㄝ
ˋ）刑的人，言外之意大有鄙視之意。古今中外，確有很多人都犯這種毛病；而孔子卻不做此想，他不但誇獎王駘的才

識勝過自己，而且說自己也要去拜他做老師，並且願意把天下的學生都帶去給王駘。這才是我們應該持有的態度。

雖然孔子是一代聖人，卻也曾經犯過這樣的錯誤，即「以貌取人，失之子羽」的故事。

孔子有很多弟子，其中有一個名叫宰予的，能說會道，利口善辯。他一開始給孔子的印象不錯，但後來漸漸地露出了本性：既無仁德又十分懶惰；大白天不讀書向學，躺在床上睡大覺。為此，孔子罵他是「朽木不可雕也」！

孔子還有一個弟子，名叫澹台滅明，字子羽，是魯國人，比孔子小三十九歲。子羽的體態和相貌十分醜陋，想要侍奉孔子。孔子一開始認為他資質低下，不會成才。但他從師學習後，回去就致力於修身實踐，處事光明正大，不走邪路；不是為了公事，從不去會見公卿大夫。後來，子羽遊歷到長江，跟隨他的弟子有三百人，聲譽和名望甚高，各諸侯國都傳誦他的名字。孔子聽說了這件事，感慨地說：「我只憑言辭判斷人品質能力的好壞，結果對宰予的判斷就錯了；我只憑相貌判斷人品質能力的好壞，結果對子羽的判斷也錯了。」

一代聖人孔子尚且會犯這樣的錯，因此，我們更應該時時刻刻警惕自己。

說到以貌取人，大家肯定還會想到三國時期，與「臥龍」孔明齊名的「鳳雛」龐統。

當時，龐統隱居在江東。魯肅慧眼識英才，周瑜死後，魯肅就向孫權極力推薦龐統。可是孫權見龐統「濃眉掀鼻，黑面短髯，形容古怪，心裡十分不喜歡，又嫌龐統輕視周瑜，出言不遜，便拒而不用，輕易地將他放走了。於是，魯肅只好將龐統推薦給了劉備。

　　龐統雖然早亡，但是從當事人對他的評價，以及他生前所做的事情來看，他確實是一個不可多得的人才。而孫權因為以貌取人，所以失去了這樣一個人才，不能不說是一個愚蠢的決定和天大的遺憾。而司馬懿則比孫權聰明多了。他任用的名將鄧艾在小時候就常常被人瞧不起。

　　鄧艾從小是個孤兒，做過放牛童，犯有口吃的毛病，說起話來結結巴巴，常常憋得臉紅脖子粗。像他那樣的人，想要做官是沒有什麼機會的。但他從小喜好武藝，愛看兵書、每見高山大河、形勢險要的地方，他總要指指點點，結結巴巴對人說：「這……這裡屯駐兵……兵馬，敵……敵人就打不進來。」人們都笑他人小心大，做不成文官還想當武將。

　　然而就是這樣的一個人，居然被司馬懿看中了，並且做了尚書郎。後來，鄧艾帶兵消滅了蜀國，打破了「三分天下」的格局。

　　唐朝時期，韋詵擇婿的故事更是為以貌取人的人上了一課。

　　唐玄宗時，裴寬曾在潤州地方官手下做事。當時潤州刺史韋詵正在為女兒挑選丈夫，很長時間也沒有遇到合適的。一天，他在家裡休息，登樓遠望，看見花園裡有個人往土堆裡埋東西，於是向家人打聽那是誰，家人回答說：「是裴寬。他為人清廉，不願意接受人家的賄賂、生怕玷污了自己的家門。有人送給他一大塊鹿肉乾放下東西就走了，他沒法退還給那個人，又不敢自欺欺人，所以就把它埋起來了。」韋詵聽罷，對裴寬的人品讚嘆不已，決定把女兒許配給他。結婚那天，韋詵讓女兒躲到帷帳後偷偷看裴寬。裴寬又高又瘦，穿著一件碧綠的衣服，族人都取笑他，叫他「碧鶴」。韋詵嚴肅地說：「父母愛惜自己的女兒，一定要讓她嫁給賢良的公侯做

妻子，怎麼能夠以貌取人呢！」果然，裴寬不負岳父的厚望，後來當了禮部尚書，頗具聲望。

韋詵選中了裴寬，著眼點不是放在此時此地，而是放在了彼時彼地。韋詵沒有以衣貌取人，不以貧賤取人，是因為他從裴寬埋肉乾的行為看出裴寬清正廉潔的人品，由此斷定裴寬以後必定可以飛黃騰達。而後來裴寬當上了禮部尚書的事實也證明了他的眼光果然沒有錯。

人都是在不斷變化著的，某個人現在很貧賤不一定證明他日後就不能富貴。反之，某個人目前很風光不一定證明他以後就不會窘迫。關鍵在於要學會識人，從這個人的本質出發，看出他日後的情形如何。

不以貌取人，對於今天的企業用人之道，尤其具有重要意義。

楊朱和弟子在宋國邊境的一個小客棧裡休息，發現店主的兩個老婆長相與身分地位相差極大，忍不住向店主人問是什麼原因，主人回答說：「長得漂亮的自以為漂亮，所以舉止傲慢，可是我卻不認為她漂亮，所以我讓她做粗重工作；另一個認為自己不美麗，凡事都很謙虛，我卻不認為她醜，所以就讓她管錢財。」

回頭想想，現代企業有多少主管，用人能像這位旅店的老闆一樣公允分明呢？如果老闆一看見美麗漂亮的女孩子，不管她才能如何，都要盡收門下，給她們最輕鬆的工作和最優厚的待遇，而能幹、謙遜，但長相平凡的員工，卻讓她們做粗重工作，薪資也不高。這樣的老闆，怎能不讓人很心寒啊？

以貌取人的主管，最終會傷透下屬的心，久而久之，務實之人必然會悄然離別，而花瓶也不可能為你帶來效益！

作為一個企業的領導者，必須懂得以貌取人的危害，要力爭擺脫這種以貌取人的傳統方式，對人才的甄別，應該從本質上去認識。這樣，你才不會錯失千里馬，更不會將朽木當瑰寶。

任何人和事物都是處在不斷的變化之中的，既可能向著好的方向發展，也可能向著壞的趨勢轉化，所以我們在對待人和事物的時候，絕不能僅僅盯住眼前的這麼一點點表象，因為它只反映了這個人或者這件事目前的狀態。我們要懂得美麗的天鵝是從醜小鴨變來的，美麗的蝴蝶是從醜陋的毛毛蟲變來的道理，不要以貌取人，應該將目光放得長遠些，對人和事從本質上進行分析、判斷，只有掌握了這種能力，才可能做出正確的、符合自己利益的決策。

人生大智慧：不論在什麼時間，什麼場合，切記不要以貌取人！

第十三章　申徒嘉

【原文】

　　申徒嘉，兀者也，而與鄭子產同師於伯昏無人①。子產謂申徒嘉曰：「我先出則子止②，子先出則我止。」其明日，又與合堂同席而坐。子產謂申徒嘉曰：「我先出則子止，子先出則我止。今我將出，子可以止乎，其未邪③？且子見執政而不違④，子齊執政乎⑤？」申徒嘉曰：「先生之門，固有執政焉如此哉⑥？子而說子之執政而後人者也⑦？聞之曰：「鑑明則塵垢不止⑧，止則不明也。久與賢人處則無過。」今子之所取大者⑨，先生也，而猶出言若是，不亦過乎？」子產曰：「子即若是矣，猶與堯爭善，計子之德不足以自反邪⑩？」申徒嘉曰：「自狀其過以不當亡者眾⑪，不狀其過以不當存者寡。知不可奈何而安之若命，唯有德者能之。遊於羿之彀中⑫，中央者，中地也⑬，然而不中者，命也。人以其全足笑吾不全足者多矣，我怫然而怒⑭；而適先生之所⑮，則廢然而反⑯。不知先生之洗我以善邪⑰？吾與夫子遊十九年矣⑱，而未嘗知吾兀者也。今子與我遊於形骸之內⑲，而子索我於形骸之外⑳，不亦過乎？」子產蹴然改容更貌曰㉑：「子無乃稱！」㉒

　　　　　　　　　　　　　　　　——〈德充符〉

【注釋】

　　①鄭子產：鄭國的大政治家。伯昏無人：假託的人名。

　　②止：停止，留下。

　　③其：還是、抑或。

④執政：子產曾是鄭國執政大臣，故有此說。違：迴避。申徒
嘉為一兀者，地位低下而子產位尊，不願與之同步，故有先
出、留止的一段話。

⑤齊：跟……齊一、一樣，向……看齊；「齊執政」意思是跟
執政大臣齊一，即把自己看得跟執政大臣一樣。

⑥固：豈。全句大意是，哪有執掌政務的大臣如此拜師從學的
呢？言外之意是，伯昏無人門下沒有貴賤之分，要分貴賤就
不會到這裡來拜師從學。

⑦說（ㄩㄝˋ）通作「悅，」喜悅。後人：以別人為後，含有
瞧不起別人的意思。

⑧鑑：鏡子。

⑨大者：這裡指廣博精深的見識。

⑩計：計算，估量。反：反省。這句語意有所隱含，好像是說
受過刑斷還不足以使自己有所反省嗎？

⑪狀：陳述，含有為自己的過失辯解的意思。其過：自己的過
失。以：認為。亡：丟失、失去，這裡指使身體殘缺，與下
句「存」字表示保全的涵義相對應。

⑫羿：古代神話傳說中的善射者。彀（ㄍㄡˋ）：張滿弓弩。
「彀中」指弓箭射程範圍之內，喻指人們生活的社會範圍。

⑬中地：最易射中的地方。

⑭怫（ㄈㄨˊ）然：勃然，發怒時盛氣的樣子。

⑮先生：指伯昏無人。所：寓所。

⑯廢然：怒氣消失的樣子。反：返，指回復到原有的正常神
態。

⑰洗我以善：即以善洗我，用善道來教誨我。

⑱夫子：指伯昏無人。

⑲形骸之內：指人的精神世界。「遊於形骸之內」即以德相

交，精神世界相通。

⑳形骸之外：指人的外在形體。索：要求。

㉑蹴（ㄘㄨˋ）然：恭敬不安的樣子。更：更改。

㉒乃：仍。稱：說。

【譯文】

申徒嘉是一個被砍掉了一隻腳的人，跟鄭國的子產同拜伯昏無人為師。子產對申徒嘉說：「我先出去那麼你就留下，你先出去那麼我就留下。」到了第二天，子產和申徒嘉同在一個屋子裡、同在一條席子上坐著。又對申徒嘉說：「我先出去那麼你就留下，你先出去那麼我就留下。現在我將出去，你可以留下嗎？抑或是不留下呢？你見了我這執掌政務的大官卻不知道迴避，你把自己看得跟我這個執政的大臣一樣重要嗎？」

申徒嘉說：「伯昏無人先生的門下，哪有執政大臣拜師從學的呢？你津津樂道執政大臣的地位把別人都不放在眼裡嗎？我聽說過這樣的話：『鏡子明亮，塵垢就不會停留在上面；塵垢落在上面，鏡子也就不會明亮。長久地跟賢人相處便會沒有過錯』。你拜師從學追求廣博精深的見識，正是先生所宣導的大道。而你竟說出這樣的話，不是完全錯了嗎！」

子產說：「你已經如此形殘體缺，還要跟唐堯爭比善心，你估量你的德性，受過斷足之刑還不足以使你有所反省嗎？」申徒嘉說：「自個兒陳述或辯解自己的過錯，認為自己不應當形殘體缺的人很多；不陳述或辯解自己的過錯，認為自己不應當形整體全的人很少。懂得事物之無可奈何，安於自己的境遇並視如命運安排的那樣，只有有德的人才能做到這一點。一個人來到世上就像來到善射的后羿張弓搭箭的射程之內，中央的地方也就是最容易中靶的地方，然而卻沒有射中，這就是命。用完整的雙腳笑話我殘缺不全的

人很多，我常常臉色陡變怒氣填胸；可是只要來到伯昏無人先生的寓所，我便怒氣消失回到正常的神態。真不知道先生用什麼善道來洗刷我的呢？我跟隨先生十九年了，可是先生從不曾感到我是個斷了腳的人。如今你跟我心靈相通、以德相交，而你卻用外在的形體來要求我，這不又完全錯了嗎？」子產聽了申徒嘉一席話深感慚愧，臉色頓改而恭敬地說：「你不要再說下去了！」

【延伸閱讀】

【寓意】

不要看不起那些表面上看起來不如自己的人，或許他們在內在裡要比你強千百倍。

　　子產因為自己的地位比申徒嘉高，而申徒嘉又身帶殘疾，所以子產很看不起申徒嘉，這是一種極其錯誤的人生觀和價值觀。

　　佛洛伊德說過，人性深處最渴望的就是自尊，人與人相處，最重要的是給對方自尊。

　　如果一個人隨便踐踏別人的自尊，那他就是這個世界上最悲哀的人，因為沒有人會看得起不尊重別人的人，除非他是個不明是非者！

　　世界上所有的人，都是帶著自尊來到這個世界上的，沒有高低貴賤之分。你為什麼看不起別人？憑什麼看不起別人？你比他強？比他壯？比他高貴？你在踐踏他人的自尊時，是否會想到他們的感受？如果有一天世界顛倒，你被別人踐踏自尊時，會是什麼感受？

　　人生大智慧：每個人都是獨立的、有自尊的，不要看不起任何人，即使他不如你。

第十四章　相濡以沫

【原文】

　　泉涸①，魚相與處於陸，相呴以濕②，相濡以沫③，不如相忘於江湖。與其譽堯而非桀也，不如兩忘而化其道④。

　　　　　　　　　　　　　　　　　　　　——〈大宗師〉

【注釋】

　　①涸（ㄏㄜˊ）：水乾。
　　②呴（ㄒㄩˇ）：張口出氣。
　　③濡（ㄖㄨˊ）：沾濕的意思。沫：唾沫，即口水。
　　④化：這裡是融解、混合的意思。

【譯文】

　　泉水乾涸了，兩條魚一起擱淺在陸地上，互相呼氣、互相吐沫來潤濕對方，顯得患難與共而仁慈守義，倒不如湖水漲滿時，各自游回江河湖海，從此相忘，來得悠閒自在；與其稱譽堯而譴責桀，不如把兩者都忘掉而把他們的作為都歸於事物的本來規律。

【延伸閱讀】

　　戰國時期，莊子家境貧寒，經常吃了上頓沒下頓。妻子叫他外出借糧食，他去找監河侯借糧。監河侯許諾秋後再借，莊子說這是遠水解不了近渴，於是只好回家。妻子讓他再去別的地方借，他說夫妻倆與其像車轍裡的鯽魚一樣相濡以沫過日子，「不如兩忘而化

其道。」

　　妻子聽後只好偷偷地流淚，領取休書。不久後嫁給一個富人，過著寬裕富足的生活。

　　「相濡以沫」多用於老夫老妻之間互相關心，但現在已經引申到了朋友和親戚之間的互相關心。相濡以沫原本是指並沒有感情色彩的本能性求生行為：第一、魚的記憶時間極短；第二、魚是無法自我濕潤的；第三、魚擁有最原始也最單純的善良本性和求生本能。莊子提及這一自然現象是將牠作為一個動物的行為來陳述，以平靜淡定的口吻來藉以喻人，表達他一種無心、無情緒、無牽扯的心靈境界。

　　兩條魚被困在車轍裡面，為了生存，兩條小魚彼此用嘴裡的濕氣來溼潤對方，以求得生存。這樣的情景或許很令人感動，但是，這樣的生存環境並不是正常的，甚至是無奈的。對於魚兒而言，最理想的情況是，海水終於漫上來，兩條魚也終於回到了屬於牠們自己的天地，最後，牠們彼此相忘於江湖，在自己最適宜的地方，快樂地生活，忘記了對方，也忘記了那段相濡以沫的生活。

　　對於人、對於感情或許也是如此吧！相濡以沫，有時是為了生存的必要或出於無奈。相濡以沫，或許令人感動；而「相忘於江湖」則更是一種境界，或許更需要坦蕩、淡泊的心境吧！能夠忘記，能夠放棄，也是一種幸福！

　　我們曾經深深地愛過一些人。愛的時候，把朝朝暮暮當做天長地久，把繾綣一時當成被愛了一世，於是承諾和奢望執子之手，與子偕老。當這種美夢被無情的現實打破之後，一切都消失了，這時我們終於明白，天長地久是一件多麼可遇而不可求的事情，幸福是一種多麼玄妙而又脆弱的東西啊！也許愛情與幸福無關，也許這一生最終的幸福與

【寓意】

不求相濡以沫，但求相忘於江湖。

心底最深處的那個人無關，也許將來的某一天，我們會牽住某個人的手，一生細水長流地把風景看透。其實承諾並沒有什麼，不見了也不算什麼，所有的一切自有它的歸宿。我們學著看淡，學著不強求，學著深藏，把你深深埋藏，藏到歲月的煙塵企及不到的地方。

生活就是一個大舞台，親密的朋友或伴侶曾經一同走過，往事是美好的，往昔的相濡以沫，患難與共已成為一段佳話。但事情總會變化，合久必分，分久必合。從當事人的角度看，人已不是當初之人，情也不再是當初之情，環境更不是當初之環境，既然曾經的感情已不能維繫，就必定有阻隔的理由，就一定有不可踰越的障礙，當事人如今能坦然面對，也不乏為一種不做假的求真態度，所以也就成必然之路。尊重這一必然，也不失為順其自然的一種良策。當然，如果能多想想當初走過的艱難之路，多總結當初共同奮鬥的成功經驗，就能激勵自己在未來的道路上再創佳績，這也是更上一層樓的一種動力。

人生大智慧：與其相濡以沫，不如兩兩相忘於江湖。

第十五章　攖而後成

【原文】

　　殺生者不死①，生生者不生。其為物，無不將也②，無不迎也；無不毀也，無不成也。其名為攖寧③。攖寧也者，攖而後成者也。

　　　　　　　　　　　　　　　　　　　——〈大宗師〉

【注釋】

　　①殺：滅除，含有摒棄、忘卻之意。「殺生者」與下句「生生者」相對為文，分別指忘卻生存和眷戀人世的人。
　　②將：送。
　　③攖（一ㄥ）：擾亂，「攖寧」意思是不受外界事物的紛擾，保持心境的寧靜。這是莊子所宣導的極高的修養境界，能夠做到這一點也就得到了「道」，所以下一句說「攖而後成」。

【譯文】

　　摒除了生也就沒有死，留戀於生也就不存在生。作為事物，「道」無不有所送，也無不有所迎；無不有所毀，也無不有所成，這就叫作攖寧。攖寧，意思就是不受外界事物的紛擾，而後保持心境的寧靜。

【延伸閱讀】

　　在今天這個物慾橫流的社會中，人們常常以一種浮躁的姿態行

走於百態人間中，如何才能保有一顆平和、穩重、寧靜的心呢？

　　諸葛亮在寫給他8歲的兒子諸葛瞻的《戒子書》中言道：「夫君子之行：靜以修身，儉以養德。非淡泊無以明志，非寧靜無以致遠。夫學須靜也，才須學也。非學無以廣才，非靜無以成學……」這既是諸葛亮一生經歷的總結，也是他對兒子的要求。時隔千年，歷史上許許多多的人和事早已隨著時間的流逝灰飛煙滅，而諸葛亮卻依然鮮活地留在人們心中，縱觀他的一生，他真正做到了淡看名利、淡看世俗、無欲無求、無所羈絆。「淡泊明志，寧靜致遠」應該是他的真實寫照。

　　遙想諸葛亮當年雖躬耕南陽，卻心憂天下，常常在清風明月中讀史，在竹林泉石旁對弈，日觀風雲變幻，夜察星斗轉移，不問名利，不求聞達，胸中的傲然之志和濟世之才，不知不覺間在那青山綠水間渾然成就。當劉備三顧茅廬，感動得他離開臥龍岡時，他還不忘叮囑家人切勿荒廢農事，說將來自己即使能成就大業，仍然要回來繼續享受這田園之樂。作為蜀國丞相，他鞠躬盡瘁，死而後已，死後卻未留下一分私財，留下的只有流芳千古的不朽精神，以及「非淡泊無以明志，非寧靜無以致遠」這一句時時告誡後人的名言，確實令後人難忘。

　　「寧靜致遠」並非消極避世。如果把「寧靜」當成消極，就如同把老莊哲學當成消極主義一樣，是一種曲解。同樣，我們也不能把「寧靜」與「閒適」等同起來。現實生活中的「寧靜」與「閒適」不能簡單地區分出來。很多閒人不一定能領會「靜」中趣味，而能領會「靜」中趣味的人也不一定得閒。比如在塵世喧囂的百忙中，能毫不留戀地丟開一

【寓意】

「淡泊以明志，寧靜以致遠」，不為外界的紛紛擾擾所影響，而為自己的心靈留下一片淨土。

切，找一處幽靜之地，過一種十分簡樸的生活，身心放鬆，悠悠遐想，心中驀然有所頓悟，這就是忙中靜趣。

「淡泊以明志，寧靜以致遠」是一種非常難得的人生觀。自古以來，不知有多少人苦苦追逐這樣一種理想，也不知道有多少人苦苦尋求這樣一種境界。

一個名叫梭羅的作家，有一天突然厭煩了都市的繁華，一個人拿著斧頭、木板、鐵釘，跑到華頓河畔生活了多年。他在河畔林中雖然過著一種十分簡樸的生活，但最終卻給人類留下了《湖濱散記》這部偉大的自然隨筆。

這正是所謂的超塵脫世，保持內心寧靜的真實寫照。與梭羅一樣，我國晉代的山水田園詩人陶淵明也歸隱田園，學做農夫，悠然自得，樂在其中，並且有詩為證：「結廬在人境，而無車馬喧，問君何能爾，心遠地自偏。」可謂內心寧靜這一狀態的真實寫照。

人屬於社會性動物。作為凡塵俗世中的一個凡人，經常會對周圍環境、身邊事物念念不忘，甚至耿耿於懷。這樣一來，心境中的事物多了，思緒亂了，整個身心都被外在的環境束縛著、牽絆著，很難保持一種平和寧靜的心態，也不可能專心致志地做本該做的事情。因此，在當今這個物慾橫流、競爭激烈的社會，尤其應該保持內心的一份寧靜。

淡泊源自心靈的寧靜。寧靜與淡泊相輔相成，可分而不可離。其實，寧靜與淡泊就如同常見的農家小院一樣，犬吠雞鳴，炊煙裊裊，安逸平靜，雕刻出的是一幅永恆世界的風景版畫。如果你暫且拒絕都市喧囂，暫且拒絕燈紅酒綠，暫且拒絕阿諛諂媚，徜徉在寧靜的境域裡，或許你會很快參悟人生種種，思緒豁然開朗，你的臉上就不會佈滿征服感與失意感交織而成的丘壑，而是自然地附著上

一層美麗的光澤。

　　寧靜淡泊絕不是消極的人生態度，因為寧靜淡泊往往是一個人經過冬之寒冷、春之招搖、夏之熱烈之後，擁有的是一種秋之沉靜。古人云：「不妄沒於勢力，不誘惑於事態，只要心有長城，能擋狂瀾萬丈」。多少人固守清儉，威武不屈，富貴不淫，貧賤不移，留得清氣滿乾坤；多少人在寧靜淡泊中展開理想的翅膀，如同大鵬展翅，飛過長空，經歷順境和逆境，不留任何痕跡於藍天。

　　只有甘於寧靜淡泊的人，才能面對功名利祿而心不動，面對不義之財而手不伸，面對邪風濁流而沖不垮。只有甘於寧靜淡泊的人，才會少了許多沉重與悲哀，才會擁有永恆的世界、永恆的美麗、永恆的春天。

　　人生大智慧：好好珍惜你所擁有的寧靜和淡泊吧！你的生命會因此而更加美麗！

第十六章 莫逆之交

【原文】

子桑戶、孟子反、子琴張三人相與友①，曰：「孰能相與於無相與，相為於無相為？孰能登天遊霧，撓挑無極②，相忘以生，無所終窮？」三人相視而笑，莫逆於心，遂相與為友。

莫然有間而子桑戶死③，未葬。孔子聞之，使子貢往侍事焉④。或編曲，或鼓琴，相和而歌曰：「嗟來桑戶乎⑤！嗟來桑戶乎！而已反其真⑥，而我猶為人猗⑦！」子貢趨而進曰：「敢問臨屍而歌，禮乎？」二人相視而笑曰：「是惡知禮意！」

——〈大宗師〉

【注釋】

①子桑戶、孟子反、子琴張：莊子虛構假託的人名。本句的「友」字可能是「語」字之誤；作「相與語」講前後語意均能串通。

②撓挑：循環升登。無極：這裡指沒有窮盡的太空。

③莫然有間：頃刻之間。一說「莫然」即「漠然」，指相交淡漠。

④侍事：幫助辦理喪事。

⑤嗟來：猶如「嗟乎」。

⑥而：你。反：返回。真：本真。「反其真」意思就是返歸自然。

⑦猗（一ˇ）：表示感嘆語氣。

【譯文】

子桑戶、孟子反、子琴張三個人在一起交談：「誰能夠相互交往於無心交往之中，相互有所幫助卻像沒有幫助一樣？誰能登上高天巡遊霧裡，循環升登於無窮的太空，忘掉自己的存在，而永遠沒有終結和窮盡？」三人會心地相視而笑，心心相印，於是相互結為好友。

沒過多久，子桑戶死了，還沒有下葬。孔子知道了，派弟子子貢前去幫助料理喪事。孟子反和子琴張卻一個在編曲，一個在彈琴，相互應和著唱歌：「哎呀，子桑戶啊！哎呀，子桑戶啊！你已經返歸本真，而我們卻還是活著的人而托載形骸呀！」子貢聽了快步走到他們近前，說：「我冒昧地請教，對著死人的屍體唱歌，這合乎禮儀嗎？」二人相視笑了笑，不屑地說：「你這種人怎麼會懂得『禮』的真實涵義呢！」

【寓意】

真正的朋友不在於外在表現如何，而在於內心。

【延伸閱讀】

巴金說：「友情在我過去的生活裡就像一盞明燈，照耀了我的靈魂，使我的生存有了一點點光彩。」可見，友情在人生當中是非常重要的。

古人感慨「相識滿天下，知心能幾人」、「千金易得，知己難求」。魯迅曾贈給好友瞿秋白一幅名聯：「人生得一知己足矣，斯世當以同懷視之。」可見，人們在交朋友過程中，非常追求「相知」，即知己、知音、知心等。其實，概括為一句話就是：交朋友貴在知心，唯有知心，方能成為莫逆之交。

我國歷史上有很多傳為佳話的莫逆之交，如齊國名相

管仲和鮑叔牙交友的故事。

　　管仲和鮑叔牙都是貴族的後裔，管仲家雖家道中落，而他們二人之間的友情卻沒有受到絲毫影響。

　　迫於生計的管仲只好和自己的好朋友鮑叔牙一起去經商，只是他們一起經商的時候，鮑叔牙出的本錢遠比管仲多得多，而出的力也多。但是每次經商的收入卻大多數都被管仲拿去了。鮑叔牙的妻子為此很不高興，於是她對鮑叔牙說：「你看看你朋友，出錢出力都比你少，得的反而多，太不公平了吧？」鮑叔牙聽了只是笑著說：「管仲家境不好，家中又有老母，就讓他多得一點，我們吃點虧沒什麼。」

　　畢竟經商在那個時候，不是最終的出路，於是鮑叔牙決定和管仲一起去投軍，希望可以去建功立業。

　　可是當他們上了戰場之後，人人都衝鋒向前，管仲卻一個人跑在了最後面，並且很多次都這樣。後來人們都笑他貪生怕死，而鮑叔牙再一次為他解圍，鮑叔牙說：「管仲家中還有老母，他只是想留著有用的身體為自己的母親盡孝道，並不是你們想像的那樣。」

　　很多年之後，時過境遷，他們二人已經各為其主。管仲輔佐公子糾，而鮑叔牙輔佐公子小白。一下子他們由朋友變了生死對頭。為人臣者要盡忠，而這又是一場君位的爭奪戰，公子糾和公子小白兄弟競爭慘烈。

　　管仲向公子糾獻計，要在公子小白回國之際射殺小白；只是當時管仲一箭射偏了，而公子小白裝死逃過了一劫，事後自然對管仲恨之入骨。

　　最後，公子小白戰勝了公子糾奪得了國君之位，即鼎鼎大名的齊桓公；而管仲卻被公子小白生擒，遭受著牢獄之災。

　　當公子小白要封鮑叔牙為相的時候，鮑叔牙卻推辭了，這讓

公子小白和群臣大為驚訝，然而讓他們更為驚訝的是，當公子小白問及他原因時，他卻向公子小白推薦了他的死敵管仲。他只是說：「管仲此人很有才華，可以幫助主公完成霸業，只要主公願意赦免他，他一定會像效忠公子糾一樣效忠於您。」

最後，齊桓公終於接受了鮑叔牙的建議，任用管仲為相，管仲擔任齊國相國時，頒布一系列法令，終於讓齊桓公成了春秋五霸之首。

然而，再偉大的英雄也難逃一死。在管仲彌留之際，齊桓公前去探望他。問他誰可以接替他的位置。隨後，齊桓公列舉了幾個人，都被管仲一一否定了，後來齊桓公問管仲：「早前曾經推薦你的鮑叔牙是否可以接替你的位置？」管仲卻也把他否定了，齊桓公十分驚訝，後來管仲列舉了鮑叔牙幾條缺點，齊桓公聽完之後，便打消了立鮑叔牙為相的念頭。

後來有人偷偷將此事告訴了鮑叔牙，說：「管仲是個沒良心的人，在齊桓公面前說你壞話，虧你之前還舉薦他為相。」鮑叔牙只是笑了笑說：「管仲說的都是事實。」

在中國歷史上，被千古流傳的另外一對知音當屬俞伯牙與鍾子期了。

伯牙彈琴彈到志在高山時，鍾子期讚曰「巍峨如泰山啊！」伯牙彈到志在流水時，鍾子期又讚曰：「洋洋大流猶如江河奔洩！」。鍾子期死後，伯牙傷心的把琴摔碎，發誓再不彈琴。

如今，人們有一個共同的心願，就是希望能得到如管仲與鮑叔牙、俞伯牙與鍾子期那樣的知心知音之交。自古以來，人們一直在追求人與人之間心弦的共鳴和心靈的溝通，可見，「人生難得一知己，莫逆之交不易得。」

因此，交友必須有所選擇。與正直的人、誠實的人、知識多的

人交友是有益的；與諂媚奉迎的人、虛偽奉承的人、花言巧語的人交友是有害的。聖人先賢曾經說過：「與小人交友，如履薄冰，幾何而不行陷乎！」真正的朋友、知心、知己的來往平時是平淡相處的，他可能還常常良言規勸你，雖然有可能你很不愛聽。但在關鍵時刻他總會和你風雨同舟、肝膽相照、生死不渝。

莫逆之交是忠誠的友誼。其基礎是知心、理解和忠誠，不是權力和金錢可以換取的。忠誠的友誼能經得住貧困、時間、地位的考驗。莫逆之交相互信任是關鍵。對朋友要光明磊落，才能心心相印，長相知，不相疑。莫逆之交心靈相通更要患難與共。只有這樣在長期的共事中才會更加知心。

人生大智慧：珍惜你真正的朋友。

第十七章　虛與委蛇

【原文】

　　壺子曰：「鄉吾示之以未始出吾宗①。吾與之虛而委蛇②，不知其誰何③，因以為弟靡④，因以為波流⑤，故逃也。」

　　　　　　　　　　　　　　　　　　　　──〈應帝王〉

【注釋】

　　①宗：源，根本。
　　②虛：活脫，一點也不執著。委蛇：隨順應付。成語「虛以委蛇」出於此。
　　③誰何：什麼；「知其誰何」是說能夠瞭解我的究竟。
　　④以為：以之為，把自己變成。弟靡：頹廢順從。
　　⑤波流：像水波一樣逐流。

【譯文】

　　壺子說：「起先我顯露給他看的始終沒有脫離我的本源。我對他隨意應付，他弄不清我的究竟，於是我使自己變得那麼頹廢順從，變得像水波逐流一樣，所以他逃跑了。」

【延伸閱讀】

　　所謂虛與委蛇，是指對人虛情假意，敷衍應酬。說白了就是做事不負責或待人不懇切，只做表面上的應付，敷衍了事。

　　一位哲學家曾經說過：「不論你手邊有任何工作，都要用心去

做。這樣，你每天才會取得一定的進步。」因此在做事方面，虛與委蛇、敷衍了事絕對是一種錯誤的態度，無論你從事的是什麼工作，還是做工作之外的其他事，都不能敷衍塞責、草草了事。

敷衍的結果是極其可怕的，敷衍的代價是極其慘重的。人類歷史上，充滿了由於疏忽、敷衍、偷懶、輕率而造成的可怕慘劇。

【寓意】

為人處事必須真心實意，而不能敷衍了事，敷衍之風要不得。

1986年1月28日，美國的「挑戰者號」太空梭剛升空就發生了爆炸事件，包括兩名女太空人在內的七名太空人在這次事故中不幸罹難。導致事故的原因是一個O型封環在低溫下失效。失效的封環使熾熱的氣體點燃了外部燃料罐中的燃料。儘管在發射前夕有些工程師警告不要在冷天發射，但由於發射已經被延遲了五次，所以警告未能引起重視。

此次事件是人類航太史上最嚴重的一次載人航太事故，一些人員對於技術人員的警告和建議沒有予以應有的重視，敷衍了事，結果卻造成直接財務損失12億美元，並使太空梭停飛近三年。

像這種由於工作中敷衍了事而引起的嚴重後果，在世界上每天都會上演。

由此可見，敷衍了事必釀禍患，這是千古不易的鐵律。

做大事不能敷衍塞責，做小事更不能敷衍了事。在一些企業和組織機關裡，一些人做事總是不用心，對工作能敷衍就敷衍、能應付就應付。「粗心、懶散、草率」等諸如此類的字眼，是他們工作的主要表現。以這樣的態度去工作，其結果可想而知。

有一個服裝廠的一名業務員為公司訂購一批羊皮，合約條款本應是「每張大於4平方尺。有疤痕的不要。」然而由於這名業務員粗心大意，把句號寫成了頓號，成了「每張大於4平方尺、有疤痕的不要。」結果供應商故意，發來的羊皮都是小於4平方尺的，使服裝廠啞巴吃黃連，有苦說不出，損失慘重。

當今時代，企業與企業之間競爭越來越激烈，只要員工在工作中不用心，有一點兒不負責任，就有可能導致整個企業蒙受巨大損失。

敷衍了事的人不只是工作起來效率低下，自己阻礙了自己發展和進步的道路，而且會給人們留下做事情不負責任、工作粗心大意的壞印象，從而很難贏得上司的信任和重用，同時也就無法獲得同事的尊重。所以，敷衍了事，實在是摧毀理想、墮落生活、阻礙前進的大敵。

曾經有一本非常暢銷的書，叫《細節決定成敗》。它告訴人們哪怕是微不足道的事情，有時也會顯示出非凡的重要性，甚至決定你事業的成敗。

1930年5月，馮玉祥的幾十萬軍隊奉命日夜兼程進軍沁陽。事實上，馮玉祥正確的進軍地點並不是「泌陽」而是「沁陽」。可是馮玉祥的一個作戰參謀在擬定命令時，誤將「沁陽」寫成「泌陽」。由於兩地相距兩三百里，結果貽誤戰機，導致馮玉祥全軍慘敗。

那位參謀認為一個字無需一筆一劃認真去寫，結果使得馮玉祥全軍慘敗。由此看來，當一個人認為自己所從事的事情微不足道的時候，他們就會冷嘲熱諷，敷衍了事，最終釀成慘劇。

在這個世界上，做好每一件事情都可以鍛鍊你的能力，做好每一件事情都可以在你事業成功的大廈中添上一塊磚瓦。因此，對你

而言，沒有任何一件事情是微不足道的。關鍵是你怎樣看待它。

　　失敗的最大禍根就是養成了敷衍了事的習慣，而成功的最好方法就是把任何事情都做得精益求精、盡善盡美。從現在開始，讓自己經手的每一件事，都貼上「卓越」的標籤。

　　當然，在某些時候虛與委蛇也是客觀實際的需要，是一種必須採用的機智手段和應對策略。這裡所講的「虛與委蛇」並不是指「表面上的應付」，不是指「做事」的態度，而是針對「待人」的一種理想的拒絕方式。例如，上班的路上你遇到了一位關係尚可的「神聊大王」，礙於情面，不得不打招呼，但又怕被他「黏」上，上天下地瞎扯起來沒完沒了。這時你該如何選擇？最好的方法是你一邊走，一邊敷衍他，不可「懇切」，不能停步，否則，你上班豈不遲到？

　　又如，你精心設置了一頓豐盛的家宴，用以招待幾位久別重逢的老朋友。然而，敲門進屋的卻是一位不速之客，你當然不願熱情地拉他進屋，又不能失禮。唯一的辦法是適度地顯露出「不懇切」來，把他「應付」走。如果你不善於敷衍，那麼，登門者貿然坐下，你就會感到非常彆扭，還可能因此而傷害了好友，出現不愉快的場面。相反，來者覺察到你的「不懇切」，如果他還算知趣，肯定會主動離去。

　　另外，敷衍是沒有禁區的。對上級、對同事、對朋友、對下級、對親戚，每人均可用之。只要是省時間、省口舌、無損於感情，當敷衍時就大膽地敷衍。但不該敷衍的萬萬敷衍不得：假如你是醫生，絕對不能對患者敷衍；假如你是檢察官，絕對不可以對舉報人敷衍；假如你是工程負責人，絕對不能對你負責的工程敷衍；假如你是教師，絕對不能對你的學生和課程敷衍……

　　　人生大智慧：過人、過事，不該敷衍時絕對不能敷衍；需要敷衍時大膽地敷衍。

第十八章　七竅開而渾沌死

【原文】

　　南海之帝為儵，北海之帝為忽，中央之帝為渾沌①。儵與忽時相與遇於渾沌之地，渾沌待之甚善。儵與忽謀報渾沌之德，曰：「人皆有七竅以視聽食息②，此獨無有，嘗試鑿之。」日鑿一竅，七日而渾沌死。

──〈應帝王〉

【注釋】

①儵（ㄕㄨˋ）、忽、渾沌：都是虛擬的名字，但用字也是有寓意，「儵」和「忽」指急匆匆的樣子，「渾沌」指聚合不分的樣子，一指人為的，一指自然的，因此「儵」、「忽」寓指有為，而「渾沌」寓指無為。

②七竅：人頭部的七個孔穴，即兩眼、兩耳、兩鼻孔和嘴。

【譯文】

　　南海的帝王名叫儵，北海的帝王名叫忽，這兩個人的名字連起來，就是「儵忽」。這既是聰明能幹的意思，也給人一種匆匆忙忙、反應敏捷的印象。而中央之帝呢？是個糊裡糊塗、眼不明耳不聰的憨厚老實之人。有一天，這兩個聰明人結伴遊玩，到了中央之帝渾沌的地盤上，渾沌很親熱地接待了他們。儵與忽非常感動，於是商量說：「我們大家都有七竅，眼睛能看，耳朵能聽，嘴巴能吃東西，鼻子能呼吸，渾沌沒有長這些器官，我們是不是幫他一個

忙，把七竅給他開了，讓他眼可以見到美色，耳可以聽到美音，嘴可以吃到美食，鼻可以聞到香氣。這該多好啊！」結果他倆就真的去幫渾沌開七竅。每天都開一竅，七天之後，七竅倒是開了，渾沌也因此而死去了。

【延伸閱讀】

每一株植物都有屬於自己的土壤，山峰上種不了牡丹，低谷下養不了楊柳，濕地裡也活不了含羞草。每一株植物都有適合自己的土壤，長對了地方的花即使不施肥，也能夠生機盎然，長不對地方的叫雜草，遲早會被淘汰。因此說，萬事萬物要想各得其所，最關鍵的就在於「合於己」三個字。

中國佛教禪宗史書《五燈會元》裡有這樣一個公案：

一個老和尚帶了一個小和尚，在深山裡居住了多年。這個小和尚按照世俗的標準來說，就是很不懂事，看到客人來了也不知道打招呼應酬，連自己的師父也不懂得招呼應酬，成天該吃飯時就吃飯，該睡覺時就睡覺，從來也不知道燒燒香拜拜佛。

有一天，幾個參學的人聽聞山上有個老菩薩，便來拜見老和尚，與之談經論道之後，覺得老和尚真是相當高明。過了幾天，老和尚出山辦事，參學的人看到小和尚茫然懵懂的樣子，便問他：「你跟著師父幾年了？」小和尚說：「五年了。」參學者說：「都已經跟了五年了，你還什麼都不會嗎？我跟你說，見到師父，就一定要磕頭；師父下得堂來，就一定要幫忙把師父的衣服接到手中，幫他放好；師父要洗臉洗腳，一定要親自侍候，見到客人要主動招呼應酬。」總

【寓意】

無知無欲，留住本真自我，適合別人的不一定適合自己，同樣的道理，適合自己的不一定適合別人。

而言之，這些人心腸好，也耐得煩，花了好長時間囉囉嗦嗦把這些待人之道給小和尚傳授了一遍。

過了幾天，老和尚回來了，小和尚立即就迎上前去，給師父磕頭，問候辛苦，還打洗臉水侍候。老和尚覺得很奇怪，就問他這是怎麼回事？小和尚說：「師父啊，弟子以前不懂事，這幾天全靠這幾位師兄教我如何待人接物。」老和尚聽了非常生氣，對著幾個參學者說：「我這麼好的一個徒弟，竟然被你們教壞了，全都給我滾蛋！」

那幾個參學的人認為自己聰明，認為自己一直所津津樂道的待人接物之道是放諸四海而皆準的真理。殊不知，他們是大錯而特錯了。老和尚要的就是天真純樸的小和尚，因為返璞歸真、本真自我很可貴。從這個意義上說，適合自己的東西不一定適合別人，更不可能適合所有人。千萬不要拿著自己的那套經書去向所有人講經佈道。

同樣的道理，適合別人的東西不一定適合自己，千萬不要盲目跟風，照搬照抄、生搬硬套別人身上的東西，「拿來主義」要不得！

┌人生大智慧┐：適合別人的不一定適合自己，適合自己的不一定適合別人，做人做事，最重要的是保持自我本色，不要將自己的東西隨便放到別人身上，也不要把別人的東西隨便拿來放在自己身上。

第十九章　駢拇枝指

【原文】

　　駢拇枝指①，出乎性哉②！而侈於德③。附贅縣疣④，出乎形哉！而侈於性。多方乎仁義而用之者，列於五藏哉⑤！而非道德之正也⑥。是故駢於足者，連無用之肉也；枝於手者，樹無用之指也；多方駢枝於五藏之情者⑦，淫僻於仁義之行⑧，而多方於聰明之用也⑨。

　　是故駢與明者，亂五色⑩，淫文章⑪，青黃黼黻之煌煌非乎⑫？而離朱是已⑬。多於聰者，亂五聲⑭，淫六律⑮，金石絲竹黃鐘大呂之聲非乎⑯？而師曠是已⑰。枝於仁者，擢德塞性以收名聲⑱，使天下簧鼓以奉不及之法非乎⑲？而曾史是已⑳。駢於辯者，累瓦結繩竄句㉑，遊心於堅白同異之間㉒，而敝跬譽無用之言非乎㉓？而楊墨是已㉔。故此皆多駢旁枝之道，非天下之至正也㉕。

——〈駢拇〉

【注釋】

　　①駢（ㄆㄧㄢˊ）：並列，這裡是指合在一起。拇：腳的大拇趾。駢拇是說腳的大拇趾跟二拇趾連在一起了，成了畸形的大拇趾。枝指：旁生的歧指，即手大拇指旁多長出一指。「駢拇」和「枝指」對於人體來說都是多餘的東西，因此在全文述說中多次成為多餘的、人為附加的代稱。

　　②性：這裡指天生而成，生而有之。

　　③侈：多餘。德：得。

④附：附著。贅：贅瘤。縣：通懸。疣（一ヌˊ）：這裡用同「瘤」。

⑤藏：今寫作「臟」。指身體內部器官的總稱。五藏，即五臟，心、肝、肺、腎、脾。

⑥正：中正，這裡指千變萬化的事態中無所偏執。

⑦有人認為「駢枝」二字為衍文，也有人認為「多方」二字為衍文，聯繫上下文意，「衍文」之說可信，鑑於下句「多方」二字再次出現，刪去本句的「多方」二字，前後句式互相對應。「五藏之情」指人的內在之情，即天生的品行和欲念。

⑧淫：耽滯，迷亂。僻：邪惡，不正。

⑨聰：聽覺靈敏。明：視覺清晰。

⑩五色：青（藍）、黃、赤（紅）、白、黑五種基本顏色。

⑪淫：惑亂。文章：文采，錯綜而又華美的花紋和色彩。

⑫黼（ㄈㄨˇ）黻（ㄈㄨˊ）：古代禮服上繡製的花紋。煌煌：光彩眩目的樣子。

⑬離朱：人名，亦作離婁，視力過人。

⑭五聲：即五音，五個基本音階，古代音樂中以宮、商、角、徵、羽稱之。

⑮六律：古代用長短不同的竹管製作不同聲調的定音器，其作用相當於今天的定調。樂律分陰陽兩大類，每類各六種，陽類六種叫六律，陰類六種叫六呂。六律的名稱是黃鐘、太簇、姑洗、蕤賓、夷則、無射。蕤（ㄖㄨㄟˊ）：繁花盛開下垂的樣子。

⑯金、石、絲、竹：各種樂器無不用金、石、絲、竹為原料，這裡借原料之名作器樂之聲的代稱。黃鐘、大呂：古代音調的名稱。

⑰師曠：晉平公時的著名樂師。

⑱擢（ㄓㄨㄛˊ）：拔，提舉。塞：閉。「塞性」即閉塞正性。一說「塞」當為「搴」（ㄑㄧㄢ），也是拔取的意思。

⑲簧鼓：管樂和打擊樂，這裡用來泛指各種樂器發出的喧囂。奉：信守，奉行。不及：趕不上，這裡用指不可能做到。

⑳曾史：曾參和史鰌。春秋時的賢人。曾參字子輿，為孔子的學生；史鰌字子魚，衛靈公的大臣。

㉑累瓦結繩：比喻堆砌無用的詞語。竄句：穿鑿文句。

㉒遊心：馳騁心思。

㉓敝：分外用力而疲憊不堪。跬（ㄎㄨㄟˇ）：半步；舉足一次叫跬，左右兩腳運行一次叫步。「跬譽」指短暫的聲譽。

㉔楊墨：楊朱和墨翟，戰國時代的著名哲學家。

㉕至正：至道正理。一說指至高無尚的道。

【譯文】

　　腳趾駢生和歧指旁出，這是天生而成的嗎？不過都多於常人之所得。附懸於人體的贅瘤，是出自人的形體嗎？不過卻超出了人天生而成的本體。採取多種方法推行仁義，比列於身體不可或缺的五臟呢！卻不是無所偏執的中正之道。因此，腳上雙趾駢生的，是連綴起無用的肉；手上六指旁出的，是樹起了無用的手指；各種駢生、旁出的多餘的東西對於人天生的品行和欲念來說，好比迷亂而又錯誤地推行仁義，又彷彿是脫出常態地使用人的聽力和視力。

　　超出本體的「多餘」對於一個視覺明晰的人來說，難道不是攪亂五色、迷濫文彩、繡製出青黃相間的華麗服飾而炫人眼目嗎？而離朱就是如此。超出本體的「多餘」對於聽覺靈敏的人來說，難道不是攪亂五音、混淆六律，豈不是攪混了金、石、絲、竹各種樂器及黃鐘、大呂的各種音調嗎？而師曠就是如此。超出本體的「多

餘」對於宣導仁義的人來說，難道不是矯擢道德、閉塞真性來獲取名聲，而使天下的人們爭相鼓噪信守不可能做到的禮法嗎？而曾參和史鰍就是如此，超出本體的「多餘」對於善於言辭的人來說，難道不是堆砌詞藻，穿鑿文句、將心思馳騁於「堅白」詭辯的是非之中，而艱難疲憊地羅列無數廢話去追求短暫的聲譽嗎？而楊朱和墨翟就是如此，所以說這些都是多餘的、矯造而成的不正之法，絕不是天下的至理和正道。

【延伸閱讀】

什麼是多餘？凡是不屬於固有應有的加添事物，都是多餘。多餘的事物，既不好看，又不方便，而且誤事，累贅。

《戰國策》中「畫蛇添足」的故事說的就是這個道理。畫蛇添足不僅不能錦上添花，反而弄巧成拙。

【寓意】

恰到好處即可，無需畫蛇添足。多餘的東西只會成為累贅。

楚國有個貴族，祭過祖宗以後，便把一壺祭酒賞給前來幫忙的門客。門客們互相商量說：「這壺酒大家都來喝則不夠，一個人喝會有剩餘。讓我們各自在地上比賽畫蛇，誰先畫好，誰就喝這壺酒。」大家紛紛表示贊同。

不一會兒，有一個人最先把蛇畫好了。他端起酒壺卻沒有喝，而是左手拿著酒壺，右手繼續畫蛇，得意洋洋地說：「我能夠再給它添上幾隻腳呢！」可是沒等他把腳畫完，另一個人已把蛇畫成了。那人把那壺酒搶過去，說：「蛇本來是沒有腳的，你怎麼能給它添上腳呢？」說罷，便把壺中的酒喝了下去。而那個給蛇畫腳的人最終沒有喝到酒。

　　「畫蛇添足」的故事告訴我們，無論做什麼事情都要尊重客觀事實，實事求是；節外生枝，多此一舉，非但不能把事情做好，反而會把事情搞砸了。

　　很多時候，我們想把一件事做到最好，最完美，做到所謂的「極致」。可往往總會適得其反，畫蛇添足。所以我們凡事要順其自然，不要太過牽強與作秀！

　　好一個「畫蛇添足」，一語中的。身在職場，尤其是初入職場，勤奮賣力可以，但絕不能過頭。否則，就算不出現故事中的破壞事件，也難免會招來邀功請賞之嫌。試想一下，如果你把本屬於其他同事的事情都做了，那麼他們又當何以自處呢？要知道過猶不及啊！因此，身在職場，做好自己的本職工作並適當給別人一些力所能及的幫助就足夠了，千萬不要搶了他人的「飯碗」。

　　人用自己的雙腿來走路，這是常態。如果一個人既有健康完整的雙腿，還硬要加上一根拐杖來走路，就會失去常態。如果為了「保護」腿，而打上了石膏。不久，那條腿就會逐漸瘦弱，並很可能因此而殘廢了。「揠苗助長」，反而殺死了禾苗。這些就是「駢拇枝指，畫蛇添足。」都是多餘的、矯造而成的不正之法，絕非至理和正道。

　　那麼，怎樣才能做到不「畫蛇添足」呢？其實關鍵就在於一個尺度。正所謂物極必反，過猶不及，凡事都不要做到「極致」！「極致」就可能「太過」；「太過」就可能「畫蛇添足」！

　　人生大智慧：該做十分就做十分，多做一分也會不合適。

第二十章　自聞自見

【原文】

　　且夫屬其性乎仁義者①，雖通如曾史，非吾所謂臧也②；屬其性於五味，雖通如俞兒③，非吾所謂臧也；屬其性乎五聲，雖通如師曠，非吾所謂聰也④；屬其性乎五色，雖通如離朱，非吾所謂明也⑤。吾所謂臧者，非仁義之謂也，臧於其德而已矣；吾所謂臧者，非所謂仁義之謂也，任其性命之情而已矣；吾所謂聰者，非謂其聞彼也，自聞而已矣；吾所謂明者，非謂其見彼也，自見而已矣。夫不自見而見彼，不自得而得彼者，是得人之得而不自得其得者也，適人之適而不自適其適者也。夫適人之適而不自適其適，雖盜蹠與伯夷，是同為淫僻也。余愧乎道德⑥，是以上不敢為仁義之操⑦，而下不敢為淫僻之行也。

　　　　　　　　　　　　　　　　　　　　——〈駢拇〉

【注釋】

　　①屬：從屬，歸向。一說「屬」讀作（ㄓㄨˇ），接連、綴繫的意思。二說皆可通。

　　②臧：妥善、好的意思。

　　③俞兒：相傳為齊人，味覺靈敏，善於辨別味道。

　　④聰：聽覺靈敏。

　　⑤離朱：傳為黃帝時視力特佳之人。明：視覺明晰、敏銳。

　　⑥道德：這裡指對宇宙萬物本體和事物變化運動規律的認識。

　　⑦操：節操，操守。

【譯文】

　　把自己的本性綴連於仁義，即使如同曾參和史鰌那樣精通，也不是我所認為的完美；把自己的本性綴連於甜、酸、苦、辣、鹹五味，即使如同俞兒那樣精通，也不是我所認為的完善；把自己的本性綴連於五聲，即使如同師曠那樣通曉音律，也不是我所認為的聰敏；把自己的本性綴連於五色，即使如同離朱那樣通曉色彩，也不是我所認為的視覺敏銳。我所說的完美，絕不是仁義之類的東西，而是比各有所得更美好罷了；我所說的完善，絕不是所謂的仁義，而是放任天性、保持真性情罷了。我所說的聰敏，不是說能聽到別人什麼，而是指能夠內審自己罷了。我所說的視覺敏銳，不是說能看見別人什麼，而是指能夠看清自己罷了。不能看清自己而只能看清別人，不能安於自得而向別人索求的人，這就是索求別人之所得而不能安於自己所應得的人，也就是貪圖達到別人所達到而不能安於自己所應達到的境界的人。貪圖達到別人所達到而不安於自己所應達到的境界，無論盜蹠與勃夷，都同樣是滯亂邪惡的。我有愧於宇宙萬物本體的認識和事物變化規律的理解，因此就上一層說，我不能奉行仁義的節操，就下一層說，我不願從事滯亂邪惡的行徑。

【延伸閱讀】

　　莊子說：「我所說的聰敏，不是說能聽到別人什麼，而是指能夠內審自己罷了。我所說的視覺敏銳，不是說能看見別人什麼，而是指能夠看清自己罷了。」因此說，作為一個人，最重要的不是能看清別人，而是能看清自己。能夠準確而客觀地認識自己，是人生在世最最重要的事，同時也是人生最難做到的事——人最難認識的是自己。

有一天，上帝來到塵世，對地球上的居民進行一番智慧調查。

上帝問大象：「你是誰？」大象回答說：「我是學識淵博的學者。」

上帝問袋鼠：「你是誰？」袋鼠說：「我是全球聞名的拳王。」

上帝又問魚：「你是誰？」魚兒游動著靈巧的身軀回答說：「我是天地間的精靈。」

上帝又問鳥：「你是誰？」鳥回答道：「我是風。」

上帝最後問人：「你是誰？」人回答道：「我是誰？這個問題我還真沒想過呢！」

上帝終於嘆了口氣，說道：「唉！天地間，最難認識的是自己啊！」

【寓意】

人，貴在自知。

人，最難認識的是自己，因此人最貴的也是自知。老子在《道德經》上說：「知人者智，自知者明」。智，來源於外部世界，是對表面現象的理解和認識，具有局限性和主觀片面性；明，是對世界本質的認識，具有無限性和客觀全面性。無論社會發展到怎樣繁盛的階段，自我意識都是人類生存的最大價值。

正確認識自己，正確定位自己，既不過高估計，也不妄自菲薄，踏踏實實、勤勤懇懇，這才是正道。正確認識自己，首先要自己心裡有一桿秤，不要輕易相信別人對你的評價，任何人的評價都有他不同的立場和評判標準，難免有失公允。

齊威王的相國鄒忌長得相貌堂堂，身高八尺，體格魁

梧，非常俊美。住在城北的徐公也長得一表人才，是齊國有名的美男子。

一天早晨，鄒忌起床後，穿好衣服、戴好帽子，信步走到鏡子前仔細端詳全身的裝束和自己的模樣。他覺得自己長得的確與眾不同、高人一等，於是隨口問妻子說：「你看，我跟城北的徐公比起來，誰更俊美啊？」

他的妻子走上前去，一邊幫他整理衣襟，一邊回答說：「您長得多俊美啊，那徐公怎麼能跟您比呢？」

鄒忌心裡不大相信，因為住在城北的徐公是大家公認的美男子，自己恐怕還比不上他，所以他又問他的下屬，說：「我和城北徐公相比，誰更俊美呢？」他的下屬連忙說：「大人您比徐公俊美多了，他哪能和大人相比呢？」

第二天，有位客人來訪，鄒忌陪他坐著聊天，想起昨天的事，就順便又問客人說：「您看我和城北徐公相比，誰更俊美？」客人毫不猶豫地說：「徐公比不上您，您比他俊美多了。」

鄒忌如此做了三次調查，大家一致都認為他比徐公漂亮。可是鄒忌是個有頭腦的人，並沒有因此而沾沾自喜，認為自己真的比徐公俊美。

恰巧過了一天，城北徐公到鄒忌家登門拜訪。鄒忌第一眼就被徐公那器宇軒昂、光彩照人的形象吸引了。兩人交談的時候，鄒忌不住地打量著徐公。他自覺自己長得不如徐公。為了證實這一結論，他偷偷從鏡子裡面看看自己，再調過頭來瞧瞧徐公，結果更覺得自己長得比徐公差。

晚上，鄒忌躺在床上，反覆地思考著這件事。既然自己長得不如徐公，為什麼妻子、下屬和那個客人卻都說自己比徐公俊美呢？想到最後，他終於找到了問題的結論。鄒忌自言自語地說：「原來這些人都是在恭維我啊！妻子說我俊美，是因為偏愛我；下屬說我

俊美，是因為害怕我；客人說我俊美，是因為有求於我。看起來，我是受了身邊人的恭維讚揚而認不清真正的自我了。」

人貴有自知之明，就是要正確對待自己，分析自己，看清自己，把自己擺正放平，不要做那些所謂「心比天高，命比紙薄」的傻事、蠢事、錯事。無論別人怎麼對待你，怎麼說你，怎麼迷惑你，都要用理智的這桿秤將自己衡量，找出保持心中天平平衡的法碼。只有有自知之明，才能使自己走出困境，看到光明，才能讓自己更加美麗完善，才能使自己的生活更加豐富多彩和幸福快樂。

人生是一個不可逆轉與重播的過程，要提高人的社會價值，使人生更有意義，就必須善於認識自己、設計自己、控制自己，使個人的發展與社會的進步相和諧、相匹配。

一個人要想活得輕鬆、愉快，保持良好心態，最重要的一點就是根據不同時期、不同階段、不同身分的變化；面對自己的人生，經常思量自己，正確評估自己，準確定位自己。能夠正確認識到自己的價值，認識到自己在他人心目中的位置，認識到自己的能力、學識、水準，既不過高估計自己，不因自己的一些長處和優勢而沾沾自喜；也不過分貶低自己，不因自己的一些短處和缺點而抱怨、責備自己。

正確認識自己，應該從以下四個方面進行努力：

第一，要認清自己所處的生存環境和自身的基本條件。這主要包括：自己的身體特點，如外貌、身體健康狀況；自己的心理特點，如智力水準、性格、興趣、愛好、能力、志向、抱負等；自己的身分特點，如家庭背景、學歷、社會角色、性別角色、人際關係角色等；還有自己具有哪些可以依賴的外在資源等。

第二，要清楚自己能做什麼，這涉及到對自己主客觀條件的瞭解。人有無限發展的潛能，但潛能分布是不均衡的，我們要盡可能

地發掘自己的優勢潛能，規避自己的劣勢，做到揚長避短。

第三，要清楚自己的目標與社會利益有沒有本質上的衝突。在人類文明發展的進程中，我們的良知系統已發育得較為成熟，如果選擇損害社會利益的目標，其結果必將是被繩之以法。

第四，要認清自己的不足和缺點。正所謂「金無足赤，人無完人」，每個人都無法避免自己的弱點或缺點，但可以盡量減少它們對自己的影響。

正如美國著名企業家、教育家和演講家卡內基說的：「人性的弱點並不可怕，關鍵是要有正確的認識，認真對待，盡量尋找彌補、克服的方法，使自我趨於完善。」我們要充分認識並容納自己的長處和短處，優點和缺點，從而不斷完善自我，使自己的人生之路更充實，更美好。

人生大智慧：要想讓你的人生成功而美好，首先要做的就是認識你自己。

第二十一章　伯樂治馬

【原文】

　　馬，蹄可以踐霜雪，毛可以禦風寒，齕草飲水①，翹足而陸②，此馬之真性也。雖有義台路寢③，無所用之。及至伯樂④，曰：「我善治馬。」燒之⑤，剔之⑥，刻之⑦，雒之⑧，連之以羈馽⑨，編之以皁棧⑩，馬之死者十二三矣⑪。饑之，渴之，馳之⑫，驟之，整之⑬，齊之，前有橛飾之患⑭，而後有鞭策之威⑮，而馬之死者已過半矣。陶者曰：「我善治埴⑯，圓者中規，方者中矩。」匠人曰：「我善治木，曲者中鉤，直者應繩。」夫埴木之性，豈欲中規矩鉤繩哉？然且世世稱之曰「伯樂善治馬」而「陶、匠善治埴、木⑰」，此亦治天下者之過也。

——〈馬蹄〉

【注釋】

　　①齕（ㄏㄜˊ）：咬嚼。

　　②翹：揚起。陸：通作踛（ㄌㄨˋ），跳躍。

　　③義（ㄧˋ）：通「峨」，「義台」即高台。路：大，正；
　　　寢：居室。

　　④伯樂：姓孫名陽，伯樂為字，秦穆公時人，相傳善於識馬、
　　　馴馬。

　　⑤燒之：指燒紅鐵器灼炙馬毛。

　　⑥剔之：指剪剔馬毛。

　　⑦刻之：指鑿削馬蹄甲。

⑧雒（ㄌㄨㄛˋ）之：「雒」通作「烙」，指用烙鐵留下標記。

⑨連：繫綴，連結。羈（ㄐㄧ）：馬絡頭。縶（ㄓˊ）：馬韁繩，絆馬腳的繩索。

⑩皁（ㄗㄠˋ）：飼牛馬的食槽。棧：安放在馬腳下的編木，用以防潮，俗稱馬床。

⑪十二三：十分之二、十分之三。

⑫馳：馬快速奔跑；下句「驟」字同此義。「馳之」、「驟之」，意指打馬狂奔，要求馬兒疾速奔跑。

⑬整：整齊劃一；下句「齊」字同此義。「整之」、「齊之」，意指使馬兒步伐、速度保持一致。

⑭橛（ㄐㄩㄝˊ）：馬口所銜之木，今用鐵製，謂馬口鐵。飾：指馬絡頭上的裝飾。

⑮策：馬鞭用皮製成叫鞭，用竹製成就叫「策」。

⑯埴（ㄓˊ）：黏土。

⑰稱：稱舉，讚揚。

【譯文】

　　馬，蹄可以用來踐踏霜雪，毛可以用來抵禦風寒，餓了吃草，渴了喝水，性起時揚起腳蹄奮力跳躍，這就是馬的天性。即使有高台正殿，對馬來說也沒有什麼用處。等到世上出了伯樂，他說：「我善於管理馬。」於是用燒紅的鐵器灼炙馬毛，用剪刀修剔馬鬃，鑿削馬蹄甲，烙製馬印記，用絡頭和絆繩來拴連牠們，用馬槽和馬床來編排牠們，這樣一來，馬便死掉十分之二、三了。餓了不給吃的，渴了不給喝的，讓牠們快速驅馳，讓牠們急驟奔跑，讓牠們步伐整齊，讓牠們行動劃一，前有馬口橫木和馬絡裝飾的限制，後有皮鞭和竹條的威逼，這樣一來，馬就死過半數了。製陶工匠

說：「我最善於整治黏土，我用黏土製成的器皿，圓的合乎圓規，方的應於角尺。」木匠說：「我最善於整治木材，我用木材製成的器皿，能使彎曲的合於鉤弧的要求，筆直的跟墨線吻合。」黏土和木材的本性難道就是希望去迎合圓規、角尺、鉤弧、墨線嗎？然而還世世代代地稱讚他們說，「伯樂善於管理馬」，而「陶匠、木匠善於整治黏土和木材」，這也就是治理天下的人的過錯啊！

【延伸閱讀】

莊子說：「伯樂所謂的治馬，無非是給牠套上籠頭，用烙鐵在牠身上烙上許多圖案，給牠絆上羈勒，將牠關在陰濕的馬圈裡。不讓牠及時喝水，不讓牠及時吃草，而且逼迫牠整天跑路、運載重物。甚至用鞭子抽打牠。這樣一來，許多馬都累死了。馬失掉了牠們的正常生活，忍無可忍，牠們就會起來抗爭。你們難道沒見過嗎？有的馬會突然瞪起鼓鼓的眼睛，嘴裡發出「嘶嘶」的叫聲，曲頸弓背，四蹄亂蹬。牠們會吐出橛銜、掙脫籠頭，然後逃入深山野林裡。溫順的馬兒為什麼會變得跟強盜一樣呢？罪過不在牠自己，而在伯樂。」

【寓意】

因材施教，量才適用。

「伯樂治馬」是《莊子》中一則哲理性很強的寓言故事，莊子借「伯樂」在管理馬的過程中僅憑自己的好惡、思想武斷地治理馬匹，結果卻適得其反的故事，鮮明地反映了莊子順人自然、因材施教的教育思想。這與孔子的教育思想不謀而合。

我國從古時候起就十分注重因材施教。不同的人有不同的特點，不同的學生有不同的天賦，所以在教育過程中不能千篇一律，不能一視同仁。

　　有一次，孔子講完課，回到自己的書房，學生公西華給他端上一杯水。這時，子路匆匆走進來，大聲向老師討教：「先生，如果我聽到一種正確的主張，可以立即去做嗎？」孔子看了子路一眼，慢條斯理地說：「總要問一下父親和兄長吧，怎麼能聽到就去做呢？」子路剛出去，另一個學生冉有悄悄走到孔子面前，恭敬地問：「先生，我要是聽到正確的主張應該立即去做嗎？」孔子馬上回答：「對，應該立即實行。」冉有走後，公西華奇怪地問：「先生，一樣的問題你的回答怎麼相反呢？」孔子笑了笑說：「冉有性格謙遜，辦事猶豫不決，所以我鼓勵他臨事果斷。但子路逞強好勝，辦事不周全，所以我就勸他遇事多聽取別人的意見，三思而後行。」

　　孔子能夠成功地實行「因材施教」，其基礎在於他對學生的充分瞭解。孔子說：「不患人之不己知，患不知人也。」正是由於他認識到了「知人」的重要性，因此他十分重視「知」學生，認真分析學生個性。

　　清朝名臣曾國藩也是一個深諳因材施教的教育家。

　　曾國藩善於根據兒子的氣質，因材施教，揚長避短。如針對曾紀澤記性差、悟性較佳的特點，教讀書不強求背誦，只要求讀懂。他給兒子的老師寫信說：「紀澤讀書記性差、悟性較佳。若令其句句讀熟，或責其不可再生，則愈讀愈蠢，將來仍不能讀完經書也。請子植弟將紀澤兒未讀之經每日點五六百字教一遍，解一遍，令其讀數十遍而已，不必能背誦也，亦不必常溫習也。待其草草點完之後，將來看經解，亦可求熟。若蠻讀蠻記蠻溫，斷不能久熟，徒耗日工而已。」讀書不必求記，卻宜求個明白，正是合於兒子的秉性

和氣質，是因材施教的一個要求。

　　為了發揮曾紀澤悟性強的長處，他教兒子泛觀博覽，速點速讀。他給兒子的家書裡這樣寫道：「紀澤看《漢書》，須以勤敏行之。每日至少必須二十頁，不必惑於在精不在多之說。今日半頁，明擱數頁，又明日耽擱間斷，或數年而不能畢一部。如煮飯然，歇火則冷，小火則不熟，須用大柴大火乃易成也。」

　　同時在為人方面，曾國藩也根據曾紀澤、曾紀鴻的不同特點，在家書裡寫道：「澤兒天質聰穎，但嫌過於玲瓏剔透，宜從渾字上用些工夫。鴻兒則從勤字上用些工夫。」他還教誡曾紀澤要力戒語言太快、舉止過輕的缺點。

　　所有這些教誨都是從曾紀澤這塊材料出發，加以琢磨，最後使其成為一塊美玉。曾紀澤日後成為一名出色的外交家，與曾國藩因材施教的教誨有著密切的關係。

　　古人因材施教的教育方法，對今天的教育工作具有積極的啟示作用，教育和管理學生時應該在瞭解學生生理和心理發展的基礎上，根據學生的特點有針對性地開展工作，切忌「一刀切」。

　　與因材施教相通的一個原理，就是管理者在用人上要懂得量才適用的道理。

　　《墨子・魯問》說應該「量體裁衣」，意思是說要按照身材裁剪衣服，用於比喻按照實際情況辦事。裁衣如此，用人更需如此。人有所長，亦有所短。選用人才時，就要用人所長，避人所短，量才適用，各得其所，使各類人才的才能與智慧用在真正的需求上，充分發揮其應有效能。正如古語所言：「駿馬能歷險，犁田不如牛；堅車能載重，渡河不如舟；捨長以求短，智者難為謀；生才貴適用，慎勿多苛求」。

　　這就是「人事相宜，適材適所」的道理。在企業的管理實踐

中，企業管理者應該堅持「讓合適的人做合適的事」的原則，不斷挖掘人的優點和長處，而且使人的最大優勢與相關職位相得益彰，讓人的優勢能得到最大限度的發揮，從而創造出更高的價值。

例如，有的人很有魄力，敢想敢做，但考慮問題往往不夠周密，顯得不夠穩重；有的人處事穩重，深思熟慮，卻往往又失之魄力不足；有的人原則性強，但工作方法卻可能不夠靈活，等等。管理者的責任，就是用辯證的觀點來看待一個人的長處和短處，在看到一個人短處的時候，需要再分析一下，與短處聯繫的會有些什麼長處；在看到一個人長處的時候，也要分析一下，與長處相聯繫的還可能有什麼短處。在某種情況下，揚長能夠避短，避短必須揚長。揚長與避短之間不是孤立或平行的，而是交叉融合在一起的。

所謂人才，都不是全知全能的「萬事通」，因此，使用人才不要把著眼點放在「全才」上，而應該放在揚其所長上，實事求事地取長避短，量才適用，從而使人盡其才，才盡其用。

人生大智慧：每個人都有自己的特點，教育要講求「一把鑰匙開一把鎖」、因材施教的教育方法；企業用人要講求揚長避短、量才適用的管理方法。

第二十二章　盜亦有道

【原文】

　　跖之徒問於跖曰：「盜亦有道乎①？」跖曰：「何適而無有道邪？夫妄意室中之藏②，聖也；入先，勇也；出後，義也；知可否，知也；分均，仁也。五者不備而能成大盜者，天下未之有也。」

——〈胠篋〉

【注釋】

　　①道：這裡指規矩、準繩。
　　②妄意：憑空推測。

【譯文】

　　盜跖的門徒向盜跖問道：「做強盜也有規矩和準繩嗎？」盜跖回答說：「到什麼地方會沒有規矩和準繩呢？憑空推測屋裡儲藏著什麼財物，這就是聖明；率先進到屋裡，這就是勇敢；最後退出屋子，這就是義氣；能知道可否採取行動，這就是智慧；事後分配公平，這就是仁愛。不具備這五種品質，卻能成為大盜的人，天下是沒有的。」

【延伸閱讀】

　　在盜跖看來，具備五點方能成為大盜。偷竊之前，判斷情況以決定是否可以下手，是為智；能猜出房屋財物的所在，是為聖；行

動之時，一馬當先，身先士卒，是為勇；盜完之後，最後一個離開，是為義；把所盜財物公平分給手下，是為仁。

或許有人會問，智，聖，勇，義，仁，不是儒家聖人之道嗎？焉能用在盜賊身上？盜蹠認為，強盜如果要發展壯大，成為大盜，或成就一番大事，就必須採取聖人之道，否則，就只能成為鼠竊狗偷之流的小賊。

盜賊有道才能成為大盜，同樣的道理，我們若想成就一個美好的人生，也必須講究道，唯有如此，才能成為真正的成功者。

一、智慧

智慧是你成就美好人生的第一要素。

一位國王讓一個聰明俊美的人去尋找一個答案：「什麼是女人最想要的？」這個人用了一年的時間也沒有找到答案，最後一個奇醜無比的女巫師以嫁給他為條件幫助了他，告訴他答案是：「女人最想要的就是能夠主宰自己的生活」。在新婚之夜，女巫師展現了她美貌如花的一面，然後問她俊美的丈夫：「我在黑夜裡最美，在白天卻奇醜無比。請問你願意選擇我的哪一面？」她那俊美的丈夫回答：「既然女人最想要的就是能夠自己做主，那麼，你願意選擇哪一面你就選擇哪一面吧！」結果，女巫師選擇了在白天和黑夜都美貌如花⋯⋯

讀完這個故事，很多人都會感動於那個大度的丈夫，並且會深深傷感有多少個幸運的女子能遇到這樣聰明的男人？而更受啟發於那個聰明的女巫師，其實一切的主動權始

終都掌握在她自己的手中啊！所以，只有真正的智者才能主宰自己的命運。

　　事業也是如此，只有真正的智者才能成就自己的夢想，成就自己的人生。

　　有一個人，前面是絕境，後面是深淵，有人問他：「你選擇往哪裡去？」他卻說：「我往其他地方去……」

　　這則故事雖然很簡短，卻足以給我們深刻的啟發，人生的趣味性和複雜性就正在於人對於生命的未來難以把握，你永遠不知道明天將發生什麼事，所以，你只能用你的智慧去經營人生，盡量地讓人生順著你的願望發展，美麗你的人生。

二、誠信

　　只有誠信才能鑄就成功，成就美好人生。

　　1999年，王玉貴東拼西湊，借了五萬元，在鄉下租了一間小房子，開了一家摩托車修理店。憑藉不斷提升的技術和以誠待客的真心，小小的修理店逐漸有名起來。2003年10月，王玉貴創辦了王玉貴摩托車有限公司，由修理摩托車變成銷售摩托車。來自農村的他雖有闖勁、有激情，卻不指望一夜暴富，「老實地做生意，憑著良心去賺錢，老少無欺，不賣假貨」，他說，這就是當時他的經營原則。由於他堅持「品質第一，服務至上」的宗旨，公司的業務蒸蒸日上。

　　公司成立之初，便把誠信服務作為永無止境的追求，以多種方式，來保障消費者的合法權益，盡最大可能讓消費者享受到最滿意的優質服務。為了確保承諾兌現，王玉貴深入開展「零公里服

務」、「陽光服務遍地行」、「尋找不滿意客戶」、「不合格產品召回」等服務項目，大力開展「五百」服務，即讓百分之百用戶滿意、讓用戶百分之百滿意、百分之百回訪、百分之百上門服務、因服務品質原因造成用戶不滿意的，百分之百上門賠禮道歉。

因此說，無論你從事的是什麼事業，誠信是你成功的基石。

三、勇氣

要想人生有所成就，第一要素就是要有勇氣，有魄力。

「麵包」要做大，錢要賺得多，都需要有勇氣。一個窮人應該明白風險與利益成正比的關係，越是風險大，就越有可能賺大錢。毫無風險的事情人人都會做，人人都想去分一杯羹，也就很難賺到大錢。

「不怕做不到，就怕想不到」，想到的事情經過努力即使沒有成功也不會後悔，很容易做到的事情如果不去嘗試，則會遺憾終生！其實人世間好多事情，只要敢做，多多少少都會有收穫。因此，成就美好人生不僅需要精明過人的智慧，更需要有足夠的勇氣。

人生大智慧：成就美好人生，一需要智慧，二需要誠信，三需要勇氣！

第二十三章　喜人之同乎己，惡人之異於己

【原文】

世俗之人，皆喜人之同乎己而惡人之異於己也。同於己而欲之，異於己而不欲者，以出乎眾為心也。夫以出乎眾為心者，曷常出乎眾哉①！因眾以寧②，所聞不如眾技眾矣③。而欲為人之國者，此攬乎三王之利而不見其患者也④。此以人之國僥倖也，幾何僥倖而不喪人之國乎！其存人之國也，無萬分之一；而喪人之國也，一不成而萬有餘喪矣。悲夫，有土者之不知也⑤。

——〈在宥〉

【注釋】

①曷常：即何嘗。出乎眾：超出眾人。
②因：隨順，順乎。寧：安。
③傳統斷句把「所聞」列在上句之末，而「因眾以寧所聞，不如眾技眾矣」語不可通，故未從之。
④攬：把持，貪取。
⑤有土者：擁有國土的人，指國君。

【譯文】

世俗之人都喜歡別人跟自己相同而討厭別人跟自己不一樣。希望別人跟自己相同，不希望別人跟自己不一樣的人，總是把出人頭地當成自己主要的內心追求。那些一心只想出人頭地的人，何嘗又能夠真正超出眾人呢！隨順眾人之意當然能夠得到安寧，但是個人

的所聞總不如眾人的技藝多才智高。希望治理邦國的人，必定是貪取夏、商、周三代帝王之利而又看不到這樣做的後患的人。這樣做是憑藉統治國家的權力貪求個人的僥倖，貪求個人的僥倖而不至於喪失國家統治權力的又有多少呢！他們中能夠保存國家的，不到萬分之一，而喪失國家的，自身一無所成而且還會留下很多禍患。可悲呀，擁有土地的統治者是何等的不聰明！

【延伸閱讀】

　　莊子說：「世俗之人都喜歡別人跟自己相同而討厭別人跟自己不一樣。希望別人跟自己相同，不希望別人跟自己不一樣。」

　　這是世人的共性，也是人性的一個弱點。現實生活中有很多人極為固執，不肯改變看法，如果遇到這樣不肯輕易改變自己想法的人，那將是一件非常頭痛的事情。你必須努力說服他，先是改變原來的錯誤或不圓滿的觀點，接著就是要讓他認可你的觀點。然而很多時候，一個人即便是知道自己的觀點不對，也不會立即接受你的觀點，這就是「喜人之同乎己而惡人之異於己也。同於己而欲之，異於己而不欲」。

　　一個固執己見的人，必須想辦法改變自己。19世紀德國哲學家叔本華說：「能夠順從，就是你在踏上人生旅途中最重要的一件事。」因此，我們要懂得摒棄固執己見的毛病，善於接納來自他人的善意的意見或建議，唯有如此，我們才能站得更高，看得更遠，迎接勝利的陽光。

　　唐太宗虛心接受魏徵的納諫就是歷史上最好的虛心接受他人建議的例子。

【寓意】

和而不同，不要強求別人與自己一樣，不要固執於一己之見。要懂得尊重他人的意見，善於接納他人的意見或建議。

有一次，唐太宗問魏徵：「歷史上的人君，為什麼有的人明智，有的人昏庸？」

魏徵說：「多聽聽各方面的意見，就明智；只聽單方面的話，就昏庸（原文「兼聽則明，偏聽則暗」）。」他還舉了歷史上堯、舜和秦二世、梁武帝、隋煬帝等例子，然後說：「治理天下的人君如果能夠採納下屬的意見，那麼下情就能上達，他的親信要想蒙蔽也蒙蔽不了。」

唐太宗連連點頭說：「你說得多好啊！」

還有一天，唐太宗讀完隋煬帝的文集，跟左右大臣說：「我看隋煬帝這個人，學問淵博，也懂得堯、舜好，桀、紂不好，為什麼做出事來這麼荒唐？」

魏徵回答說：「一個皇帝光靠聰明淵博不行，還應該虛心傾聽臣子的意見。隋煬帝自以為才高，驕傲自信，說的是堯舜的話，做的是桀紂的事，到後來糊裡糊塗，就自取滅亡了。」

有一次，魏徵在上朝的時候，跟唐太宗爭得面紅耳赤。唐太宗實在聽不下去，想要發作，又怕在大臣面前丟了自己納諫的好名聲，只好勉強忍住。退朝以後，他憋了一肚子氣回到內宮，見了他的妻子長孫皇后，氣沖沖地說：「總有一天，我要殺死這個鄉巴佬！」

長孫皇后很少見太宗發這麼大的火，於是問他：「不知道陛下想殺哪一個？」

唐太宗說：「還不是那個魏徵！他總是當著大家的面侮辱我，叫我實在忍受不了！」

長孫皇后聽了，一聲不吭，回到自己的內室，換了一套朝見的禮服，向太宗下拜。

唐太宗驚奇地問道：「你這是做什麼？」

　　長孫皇后說：「我聽說英明的天子才有正直的大臣，現在魏徵這樣正直，正說明陛下的英明，我怎麼能不向陛下祝賀呢！」

　　這一番話就像一盆清涼的水，把太宗滿腔怒火澆熄了。

　　西元643年，直言敢諫的魏徵病死了。唐太宗很難過，他流著眼淚說：「一個人用銅作鏡子，可以照見衣帽是不是穿戴得端正；用歷史作鏡子，可以看到國家興亡的原因；用人作鏡子，可以發現自己做得對不對。魏徵一死，我就少了一面好鏡子了。」

　　正是因為唐太宗懂得並善於接受魏徵的不同意見和建議，才開創了貞觀之治的盛世局面。

　　一個人若想在自己的領域卓有建樹，就必須善於聽取不同的意見或建議，從而不斷修正自己的錯誤，改進自己的不足，以求盡善盡美，精益求精。

　　俄國著名作家果戈理在作品發表前，總要先聽取別人的意見。一次，他把著名詩人茹科夫斯基請來，吃完午飯，就開始朗讀自己的新作。茹科夫斯基有午睡的習慣，聽著聽著就打起盹來。等茹科夫斯基一覺醒來，睜開眼睛，果戈理說：「你的瞌睡就是對這劇本的最好批評。」說著，把寫好的作品投入火爐中。

　　善於聽取和採納不同的意見或建議，不僅限於愚者對智者，庸者對聖賢，弱者對強者，下屬對上司，反之同樣適用。尤其在職場中，切不能因為自己職位比對方高，能力比對方強，頭腦比對方聰慧，就固執己見，知錯不改。懂得接受各種不同的善意的意見或建議，不但有利於自己的進步，還有助於樹立自己在下屬、同事和上司心中的形象，並且使上下級關係和同事關係更加和諧。

紐約《太陽時報》的主編丹諾先生每天在審稿時，總喜歡把自己認為重要的部分用紅筆勾出，以免排校人員遺漏。但有一天一位青年校對員，卻沒有執行他的紅筆指示。他讀到一段主編用紅筆勾出的文字，內容大致如下：「本報讀者雷維特先生送給我們報館一個大蘋果，在通紅光亮的蘋果上怎麼會出現整齊光滑的字跡呢？驚奇之餘，多方猜測，百思而不解這些字的由來。」

校對員是一位常識豐富的年輕人，他讀了這段文字後不禁失笑。因為他知道只要趁蘋果還呈青色時，用紙剪成字形貼在上面，待蘋果變紅，再揭去紙字，就會有文字顯露出來。他想如果這段文字被刊登出來，必遭人嘲笑，認為主編竟然如此愚蠢，連這一點「小魔術」都會「多方猜測，百思而不解」。因此，他大膽將這段文字刪掉了。

第二天一早，主編丹諾先生氣呼呼問他：「昨天原稿中那段紅筆勾出關於奇異蘋果的話怎麼不見了？」青年校對員如實說出了自己的想法。

聽了青年校對員的陳述後，丹諾先生和藹一笑：「原來如此。你做得十分得當，以後只要有確實可靠的理由，即使我用紅筆勾出，你也可以自行取捨。」

偏聽則暗，兼聽則明。每個人都要懂得包容不同意見的重要性。只有允許各種不同聲音的存在，只有聽取各種不同的聲音，才能比較全面客觀地瞭解和掌握各方面情況，才有利於做出理性的判斷和正確的決策。如果不能包容不同意見，聽不得不同的聲音，甚至只習慣聽順耳話、讚美話、奉承話，只喜歡拍馬屁的人，那麼便很可能被甜膩的蜜語所黏，被勢利小人所包圍，最終讓自己陷入死胡同。

當今的社會是一個多元化的社會，每個人對事物都有自己的

認識和看法，這些認識和看法可能正確，也可能不正確，可能公正客觀，也可能失之偏頗。你可以不同意他人的觀點，但你應該尊重他人表達的權利和自由。因此，我們要懂得尊重不同的觀念、不同的見解、不同的聲音、不同的意見。思想、精神、情緒，就如同河流一般，要讓它順暢地流動，就要為它提供一條通暢的管道，必要時還得「洩洪」，疏導、疏通，而絕不能封堵。否則，一旦氾濫起來，便可能成為災難。

人生大智慧：不要固執己見，要善於接納和聽取不同的聲音。

第二十四章　抱甕灌園

【原文】

　　子貢南遊於楚，反於晉，過漢陰①，見一丈人方將為圃畦②，鑿隧而入井，抱甕而出灌③，搰搰然用力甚多而見功寡④。子貢曰：「有械於此，一日浸百畦，用力甚寡而見功多，夫子不欲乎？」為圃者昂而視之曰⑤：「奈何？」曰：「鑿木為機，後重前輕，挈水若抽⑥。數如泆湯⑦，其名為槔⑧。」為圃者忿然作色而笑曰：「吾聞之吾師，有機械者必有機事⑨，有機事者必有機心⑩。機心存於胸中，則純白不備⑪；純白不備，則神生不定⑫；神生不定者，道之所不載也⑬。吾非不知，羞而不為也。」子貢瞞然慚⑭，俯而不對。

　　有間⑮，為圃者曰：「子奚為者邪？」曰：「孔丘之徒也。」為圃者曰：「子非夫博學以擬聖⑯，於於以蓋眾⑰，獨弦哀歌以賣名聲於天下者乎⑱？汝方將忘汝神氣，墮汝形骸⑲，而庶幾乎！而身之不能治，而何暇治天下乎！子往矣，無乏吾事⑳！」

——〈天地〉

【注釋】

　　①漢陰：漢水的南岸。山南水北叫陽，山北水南叫陰。

　　②丈人：古代對老年男子的通稱。圃：種菜的園子。畦（ㄑㄧ　　ˊ）：菜園內劃分出的長行的栽種區。

　　③甕：指的是一種盛水或酒等的陶器

　　④搰搰（ㄏㄨˊ）然：用力的樣子。一說「搰搰」（ㄍㄨˇ）

當是「滑滑」，咕嘟咕嘟的灌水之聲。見功寡：收到的功效
很少；以下之「見功多」則意思相對。

⑤昂：亦作「仰」，抬起頭。

⑥挈（くーせˋ）：提。

⑦數（ㄕㄨㄛˋ）：頻繁，引申為快速的意思。泆（一ˋ）：
亦作「溢」，這裡指沸騰而外溢。

⑧槔（ㄍㄠ）：即桔（ㄐㄧㄝˊ）槔，一種原始的提水工具，
又名吊桿。

⑨機事：機巧一類的事。

⑩機心：機巧、機變的心思。

⑪純白：這裡指未受世俗沾染的純靜空明的心境。備：全，完
整。

⑫生：通作「性」，「神生」即思想、精神。

⑬載：充滿。

⑭瞞然：羞慚的樣子。

⑮閒：通間。「有間」，不一會兒。

⑯擬：比擬，仿效。

⑰於於：亦作「唹籲」，誇誕的樣子。

⑱獨弦：自唱自和。哀歌：哀嘆世事之歌。

⑲墮（ㄏㄨㄟ）：通作「隳」，毀壞的意思。

⑳乏：荒廢，耽誤。

【譯文】

　　子貢到南邊的楚國遊歷，在返回晉國的途中，經過漢水的南
岸，看到一位老人正在菜園裡整地開畦，打了一條地道直通到井
邊，抱著水甕澆水灌地，吃力地來來往往用力甚多而功效甚少。子
貢見了說：「如今有一種機械，每天可以澆灌上百畝菜畦，用力很

少而功效頗多，老先生你不想試試嗎？」種菜的老人抬起頭來看著子貢說：「應該怎麼做呢？」子貢說：「用木料加工成機械，後面重而前面輕，提水就像從井中抽水似的，快速猶如沸騰的水向外溢出一樣，它的名字就叫作桔槔。」種菜的老人變了臉色譏笑著說：「我曾經從我的老師那裡聽到過這樣的話，有了機械之類的東西必定會出現機巧之類的事，有了機巧之類的事必定會出現機變之類的心思。機變的心思存留在胸中，那麼不曾受到世俗沾染的純潔空明的心境就不完整齊備；純潔空明的心境不完備，那麼精神就不會專一安定；精神不能專一安定的人，大道也就不會充實他的心田。我不是不知道你所說的辦法，只不過感到羞辱而不願意那樣做呀！」子貢聽罷滿面羞愧，低下頭去無言答對。

　　過一會兒，種菜老人說：「你是什麼人？」子貢說：「孔丘的學生。」種菜老人說：「你不就是那種博學追比聖人，誇大其辭贏得眾人歡喜，自彈自唱哀嘆世風而在天下賣聲名的人嗎？你將志失神氣，毀壞形骸，才會接近你所唱的道！你自身還治不好，有什麼功夫治天下呢？你走吧！不要耽誤我的事。」

【寓意】

既不要妄想投機取巧，也不能保守僵化。既要腳踏實地，又要積極接受新事物，勇於進取。

【延伸閱讀】

　　「抱甕灌園」的故事，原本反映的是老莊返璞歸真、安於淳樸、自然生活的思想。在這裡具有批判投機取巧及僵化保守、不思進取的雙重意義。

　　世界上絕頂聰明的人很少，絕對愚笨的人也沒有幾個，絕大部分人都具有正常的能力與智慧。但是，為什麼那麼多人都無法取得成功呢？

　　世界上到處都有一些看來很有希望成功的人——在很

多人的眼裡，他們能夠成為而且應該成為各種非凡人物，但是，他們最終並沒有成功，為什麼呢？

一個最重要的原因在於他們總想投機取巧，不願意付出與成功相應的努力。他們希望到達輝煌的巔峰，卻不願意經過艱難的道路；他們渴望獲得成功，卻不願意做出犧牲。投機取巧是一種普遍的社會心態，而成功者的祕訣就在於他們能夠超越這種心態。

投機取巧或許能讓你獲得一時的便利，但卻在無形中埋下了隱患，從長遠來看，有百害而無一利。

有一個人看見一隻幼蝶在繭中拚命掙扎了很久，覺得牠太辛苦了，出於同情和憐憫之心，他用剪刀小心翼翼地將繭剪掉了一些，讓牠輕易地爬了出來，然而不久這隻幼蝶就死掉了。

幼蝶在繭中苦苦掙扎是生命過程中不可缺少的一部分，是為了讓身體更加結實、翅膀更加堅硬有力，而投機取巧的方法只會讓牠喪失生存和飛翔的能力。

古羅馬人有兩座聖殿：一座是勤奮的聖殿；另一座是榮譽的聖殿。他們在安排位置時有一個秩序，就是必須先經過前者，才能到達後者。也就是說，勤奮是通往榮譽的必經之路，而那些試圖繞過勤奮，直接到達榮譽的人，總是被排斥在榮譽的大門之外。

無論事情大小，如果總是試圖投機取巧，可能表面上看來會節省一些時間和精力，但結果往往是浪費更多的時間、精力或錢財。

總而言之，投機取巧不僅會使人功敗垂成，還會使人墮落和退化，只有腳踏實地、勤奮踏實地工作才能獲得真正的成功，才能給人帶來真正的幸福和樂趣。

「抱甕灌園」的另一層寓意是不能故步自封，不能思維僵化，不能因循守舊，抱殘守缺，否則必定會失敗或吃大虧。

　　古時候有一個人，在家裡熬一鍋菜湯。熬得差不多了，他想試試鹹淡是否合適，就用一把木勺舀了一勺湯出來嘗。這人喝了一口，覺得很淡，就隨手把裝著剩湯的木勺放到一邊，抓了一把鹽撒到鍋裡。這時，鍋裡的湯已經加上鹽了，而木勺裡的湯還是原來的湯，他也不重新舀上一勺，又拿起原來的那勺湯來嘗。嘗過以後，他奇怪地摸了摸腦袋，又皺了皺眉頭，自言自語地說：「咦，明明加過鹽了，這鍋湯為什麼還是這麼淡呢？」於是這個人又抓了一把鹽放進鍋裡，仍舊還是去嘗勺裡的湯。勺裡的湯自然還是淡的，他就以為鹽還是不夠，於是又往鍋裡拚命加鹽。就這樣，木勺裡的湯始終沒有更換過，他也重複著嘗一口湯、往鍋裡加一把鹽的過程。一罐鹽就這樣見底了，可他還撓著頭皮，百思不得其解地想：今天真是活見鬼了，為什麼鹽都快要加完了，鍋裡的湯卻還是不鹹呢？

　　這就是愚人熬湯的故事。事物在不斷發展，如果你總是用一成不變的老方法去處理新問題，總有一天會碰壁。

　　心理學家羅洛梅曾經說：「許多人覺得，在命運面前，自己的力量微不足道，打破現有的框架需要非凡的勇氣，因而許多人最終還是選擇了安於現狀，這樣似乎更舒適些。所以在當今社會，勇敢的反義詞已不是怯懦，而是因循守舊。」

　　安於現狀，因循守舊，只能慘遭淘汰。只有與時俱進，不斷更新觀念，時時刻刻充實自己的大腦，才能始終站在時代的最前沿，才能握準時代的脈搏，從而贏得成功的機會。

　　三國時期，吳國大將呂蒙一直追隨孫權南征北戰，是一位英勇的戰將，但是他自小未曾讀書，所以胸無點墨，行事粗魯。有一次孫權就勸他多讀一些書，學習一些歷史文化知識才好。呂蒙認為

自己一天到晚忙於軍務，沒有時間學習。但是在孫權的勸說之下，他就每天都抽出一點時間來看書，慢慢就看出了一些道理。有一次，魯肅到呂蒙的駐軍巡視，閒談起來，呂蒙主動談起了學問，他的高談闊論與引經據典讓魯肅大感意外，不禁感嘆士別三日當刮目相看。魯肅去世時，推薦呂蒙接替他的職務。孫權也看到了呂蒙的進步，就讓他接替了魯肅的職務。果然，呂蒙上任不久就打敗了關羽，奪回了荊州。

試想，如果孫權和魯肅因循守舊，不曾鼓勵呂蒙多讀一些書，那麼呂蒙自始至終都只能是一個胸無點墨、行事粗魯的武夫；倘若呂蒙不聽勸告，固執己見，每天不抽出一些時間來讀書，也不可能得到重用，接替魯肅的職務。

幾千年的歷史事實證明：學無止境！從大方向來看，政治如此，軍事如此，經濟也是如此。滿清末年，正是因為政府閉關鎖國，排斥新事物，才在西方列強船堅炮利的侵略面前不堪一擊，最終喪權辱國。從小的方面來看，企業發展、個人進步亦是如此。企業拿不出具有競爭力的新產品來，員工拿不出超越別人的業績來，都會很快被淘汰出局。

21世紀是一個日進千里的資訊化時代，知識更新的速度越來越快，知識倍增的週期越來越短。生活在這樣一個時代，想靠學校裡學到的知識「應付」一輩子，已經完全不可能。

在這樣一個時代，人們生活生存的最根本的方式只能是不斷地學習、學習、再學習。我們只有緊跟時代的步伐，才能不被時代所淘汰。我們必須學會時時刻刻用最先進的知識武裝自己，這樣才能在日後的工作、學習、生活中永遠立於不敗之地。

人生大智慧：投機取巧，只會功敗垂成；因循守舊、抱殘守缺，只有死路一條。

第二十五章　輪扁斲輪

【原文】

　　世之所貴道者書也，書不過語，語有貴也①。語之所貴者意也，意有所隨②。意之所隨者，不可以言傳也，而世因貴言傳書。世雖貴之，我猶不足貴也，為其貴非其貴也。故視而可見者，形與色也；聽而可聞者，名與聲也。悲夫，世人以形色名聲為足以得彼之情！夫形色名聲果不足以得彼之情，則知者不言，言者不知，而世豈識之哉？

　　桓公讀書於堂上。輪扁斲輪於堂下③，釋椎鑿而上，問桓公曰：「敢問④，公之所讀者何言邪⑤？」公曰：「聖人之言也。」曰：「聖人在乎？」公曰：「已死矣。」曰：「然則君之所讀者⑥，古人之糟魄已夫⑦！」桓公曰：「寡人讀書，輪人安得議乎！有說則可⑧，無說則死⑨。」輪扁曰：「臣也以臣之事觀之。斲輪，徐則甘而不固⑩，疾則苦而不入⑪。不徐不疾，得之於手而應於心，口不能言，有數存焉於其間⑫。臣不能以喻臣之子⑬，臣之子亦不能受之於臣，是以行年七十而老斲輪。古之人與其不可傳也死矣⑭，然則君之所讀者，古人之糟魄已夫！」

　　　　　　　　　　　　　　　　　　　　——〈天道〉

【注釋】

　　①貴：可貴。

　　②隨：指向之處，出處。

　　③輪扁：做車輪的工匠的名字。斲（ㄓㄨㄛˊ）：古同

　　「斫」，砍。

④敢問：表示冒昧地請問。

⑤何言：什麼人的言論。誰寫的書。

⑥然則：既然這樣，那麼。

⑦糟魄：即「糟粕」。比喻事物粗劣無用的部分。已夫：罷
　了。

⑧有說：指講的有道理。

⑨無說：指講的沒有道理。

⑩徐：緩慢。甘：光滑。固：堅固。

⑪疾：快速。苦：粗糙，粗劣。入：與....相適應。

⑫數：方法，規律。於其間：指斫輪的動作之中。

⑬喻：使……明白。

⑭不可傳：即「不可傳者」，指古人社會經驗中不能用文字留
　傳下來的部分。

【譯文】

　　世人所貴重的道，載見於書籍，書並沒有超越言語，而言語確有可貴之處。言語的可貴之處就在於它的意義，而意義又有它的出處。意義的出處，是不可以用言語來傳告的，然而世人卻因為看重言語而傳之於書。世人雖然看重它，我還是認為它不值得看重，因為它所看重的並不是真正可以看重的。所以，用眼睛看而可以看見的，是形和色；用耳朵聽而可以聽到的，是名和聲。可悲啊，世上的人們全以為藉形、色、名、聲就足以獲得事物的實情，但事實上，藉形、色、名、聲實在是不足以獲得事物的實情，而知道的不說，說的不知道，世上的人們難道能懂得這個道理嗎？

　　齊桓公在堂上讀書，輪扁在堂下砍削車輪，他放下錐子和鑿子走上朝堂，問齊桓公說：「冒昧地請問，您所讀的書說的是些什麼

呢？」齊桓公說：「是聖人的話語。」輪扁說：「聖人還在世嗎？」齊桓公說：「已經死了。」輪扁說：「這樣的話，國君所讀的書，全是古人的糟粕啊！」齊桓公說：「寡人讀書，製作車輪的人怎麼敢妄加評議呢！有什麼道理說出來那還可以原諒，沒有道理可說，那就得處死。」輪扁說：「我用我所從事的工作觀察到這個道理。砍削車輪，動作慢了鬆緩而不堅固，動作快了澀滯而不入木。不慢不快，手上順利而且應合於心，口裡雖然不能言說，卻有技巧存在其間。我不能用來使我的兒子明白其中的奧妙，我的兒子也不能從我這兒接受這一奧妙的技巧，所以我活了七十歲如今還在砍削車輪。古時候的人跟他們不可言傳的道理一塊兒死亡了，所以國君所讀的書，只不過是古人的糟粕罷了！」

【寓意】

盡信書則不如無書，保留一點懷疑精神。

【延伸閱讀】

孟子說：「盡信書不如無書。」我們應該有一點懷疑精神，力求獲得真知，因為書上的東西未必正確。

殷商末年，周武王繼位後四年，聞知商紂王的商軍主力遠征東夷，朝歌空虛，立即率兵伐商滅紂。周武王率本部及八個方國部落軍隊，進至牧野。發起了中國歷史上著名的牧野之戰。

商紂王驚聞周軍來襲，調動少量的防衛兵士和大量奴隸，開赴牧野迎戰。商軍的兵力遠超周軍，但匆忙成軍，士氣和戰鬥力低落，加上大量奴隸陣前倒戈，商軍大敗。

後來，《逸周書·世俘》上說：「受（紂王）率其旅如林，會於牧野。罔有敵於我師（沒有人願意和我為敵），前徒倒戈，攻於後以北（向後邊的自己人攻擊），血流漂杵。」

　　戰國時期的孟子在閱讀了《逸周書・世俘》之後，頗為感慨。他說：「盡信書，則不如無書。吾於《世俘》取二三策而已矣。仁人無敵於天下。以至仁伐至不仁，而何其血之流杵也？」孟子的意思是說，像周武王這樣講仁道的人，討伐商紂王這樣極為不仁的人，怎麼會使血流成河呢？

　　孟子對《世俘》中的這個記載持有疑義，因此才說了上面這段話。旨在提醒人們，讀書時應該加以分析，不能盲目地相信書本。如果讀什麼書時，都照搬課本上的東西，不懂得靈活變通，那麼還不如不讀書。因此，我們無論是讀書，還是做其他事情，都應該有點懷疑精神。

　　後世學者還有很多關於讀書的言論。他們在表述上雖然各不相同，但與孟子的話都是大同小異。北宋的張載與南宋的朱熹，都說讀書固然在於解除自己的迷惑和弄清自己尚不明瞭的問題，但最重要的一點還是要「有疑」，且在「無疑處有疑」，達到「濯去舊見以求新意」，才能稱得上善於讀書。明代學者陳繼儒則認為：善讀書者，「不可拘泥舊說，更不可附會新說」。並認為「讀書而無剪裁，徒號書櫥」。今人亦經常說「取其精華，棄其糟粕」，「有選擇性地吸收」，不可書云亦云而應該有所取捨與變通，將書本的知識變為自己的智慧與能力等等。

　　書雖然是用來表達思想和紀錄知識、經驗的，但任何書本都只是一種意見，而任何一種意見也都並非絕對真理。即使書中的觀點曾經正確過，但隨著時代的改變與人類客觀環境的變遷，其中有很多已經不再適用了。因此「舊說」不可拘泥，應當與時俱進。

　　至於「新說」，那就更應當有點懷疑精神了。如今的圖書可謂魚龍混雜。出於某種急功近利的目的，一些沒有經過實踐檢驗或沒有經過嚴密論證的，甚至外國的過時垃圾當成流行時尚搬過來的所謂「新說」，蜂擁而至，充斥著龐大的圖書市場。因此，廣大讀者

朋友千萬不要被五花八門、紛亂複雜的各種「新說」所迷惑，一定要持有懷疑精神，選擇適合自己的高品質圖書，並且有選擇性地讀手中的書籍，做到「取其精華，棄其糟粕」。

其實，每個人的閱讀量都是有限的，讀書就如同人生的其他事情一樣，需要有判斷和取捨的智慧。

最關鍵的地方在於我們在書海過盡千帆之後，能否找到自己的方向，讓書中你所需要的知識為你所用，並且真正體驗到閱讀的樂趣。

人生大智慧：盡信書不如無書。

第二十六章　推舟於陸

【原文】

夫水行莫如用舟①，而陸行莫如用車。以舟之可行於水也而求推之於陸，則沒世不行尋常②。古今非水陸與？周魯非舟車與？今蘄行周於魯③，是猶推舟於陸也，勞而無功。

——〈天運〉

【注釋】

①莫如：沒有什麼比得上。
②沒世：到死，終生，一輩子。尋常：尋、常，皆古代長度單位。八尺為尋；一丈六尺為常。比喻長或多。
③蘄（ㄑㄧˊ）：通「祈」，祈求。行：推行。

【譯文】

在水上前行沒有什麼比得上用船，在陸地上行走沒有什麼比得上用車，因為船可以在水中行，而奢求在陸地上推著船走，那麼終生也不能行走多遠。古今的不同不就像是水面和陸地的差異嗎？周和魯的差異不就像是船和車的不同嗎？如今一心想在魯國推行周王室的治理辦法，這就像是在陸地上推船而行，徒勞而無功。

【延伸閱讀】

船屬於水上的交通工具，在陸地上推著船走，那麼一輩子也不可能走出多遠。原因就在於方法錯誤。

孔子在《論語》中說：「工欲善其事，必先利其器。」雖然語句簡短，卻意義深遠，流傳千年。意思是說，做任何事情，都必須講究方法。方法好，器利，就能事半功倍，否則，只能徒勞無功。

一個衣冠楚楚的猶太人來到紐約一家大銀行的貸款部：「我想借一些錢。」

「好啊，只要你能提供相應的擔保，無論借多少都可以。」貸款部經理答道。

「1美元可以嗎？」猶太人問道。

「當然可以。我說過，只要有擔保，再多些也沒關係。」

「我只要借1美元，這些是擔保。」猶太人說著打開皮包，取出一大堆票據，「總共價值50萬美元，夠了吧？」

「沒問題。年息6%，為期一年，可以提前歸還。歸還時，我們將這些票據還給您。這裡是合約。」貸款部經理雖然疑惑不解，但這人帶來的票據都是真的，所以就沒有多問。

「謝謝！」猶太人在合約上簽字後，接過1美元，正欲轉身離去，貸款經理疑惑地問：「等等，我想問的是，這些票據值那麼多錢，您為什麼只借1美元呢？您知道，即使要借幾十萬美元的話，我們也是很樂意的……」

猶太人轉身笑了笑：「是這樣的，我必須找個保險的地方存放這些票據，而租個保險箱又得花費不少費用。放在貴行既安全保險，又能隨時取回，一年只要6美分，實在划算。」

【寓意】

方法必須得當，必須找到針對性的方法，否則將徒勞無功。

這位猶太人從銀行的貸款制度中發現了「鑽漏洞」的機會，以6美分利息的代價，獲得了可靠而安全的存放票據的場所。這就是方法的奇妙作用。

法國作家貝爾納說：「良好的方法能夠使我們更好地發揮運用天賦的才能，而拙劣的方法則可能阻礙才能的發揮。」恩格斯認為，良好的方法能「免得走無窮無盡的彎路，並節省在錯誤方向下浪費掉的無法計算的時間和工作」。由此可見，在人的成才道路上，正確的方法是非常重要的。儘管如此，好的方法也要因人而異，不同的人，必須尋求適合自己的方法，只有適合自己的方法，才是最好的方法。

宋代大詩人梅堯臣是一位滿腹經綸、出口成詩的文人墨客。人們在對他橫溢的詩才驚訝之餘，發現他的祕訣在於，他走路、吃飯、遊玩時，手裡總拿著一枝筆，並不時在紙條上寫些什麼，然後將小紙條裝進口袋中。當他打開布口袋時，裡面全是詩句，人們這才發現梅堯臣的祕訣是「積」。

元末明初人陶宗儀本是江南淞江（今為上海一區）的鄉村教師。《明史》上說陶宗儀教學之時，親躬耕耘。陶宗儀每每把自己的治學心得和詩作、見聞記到隨手摘下的樹葉上，然後將樹葉放到甕裡，一個甕滿了，就埋到樹下。就這樣十年過去了，陶宗儀埋在樹下的甕有幾十個。一天，陶宗儀讓學生們把所有的甕都從樹下挖了出來，將記在葉子上的文字整理成書，編成為《輟耕錄》。

讀完這兩則故事，讓我們明白了這樣一個道理：要想把一件事辦好，首先必須找到適合自己的方法。

做人難，做事難。這是我們經常聽到的一句話。很多人把做人做事之道看得過於複雜，彷彿用盡渾身解數，也無法達到完美；有

人把做人做事看得過於草率，認為無章可循，無法可依。其實，成功是一門學問，更是一門藝術，它需要的不僅是滿腔熱情、遠大的志向、不畏艱辛的努力以及多方面的必要素質，更需要找到適合自己的方法。方法是成功的前提，否則不管你多麼自信，也只能是徒勞。

　　一個人不管多聰明、多能幹、條件有多好，如果不懂得做人做事的方法，徒有一肚子大道理，空懷熱切的期盼，或者只是懷著一廂情願的想法，那麼他最終的結局肯定是失敗。同樣的道理，做人做事沒有長遠的眼光，沒有全盤的規劃，走一步算一步，反正船到橋頭自然直，「光有想法，沒有做法」，這樣的人，也大多不會有好的結局。

　　人生大智慧：做事最重要的是找到適合於自己的方法。

第二十七章　養神之道

【原文】

　　夫恬惔寂漠①，虛無無為，此天地之平②，而道德之質也③。

　　聖人休休焉則平易矣④，平易則恬惔矣。平易恬惔，則憂患不能入，邪氣不能襲，故其德全而神不虧。

　　聖人之生也天行⑤，其死也物化⑥；靜而與陰同德⑦，動而與陽同波。不為福先，不為禍始，感而後應，迫而後動，不得已而後起。去知與故⑧，循天之理。故無天災，無物累，無人非，無鬼責。其生若浮，其死若休。不思慮，不豫謀⑨。光矣而不燿⑩，信矣而不期⑪。其寢不夢，其覺無憂，其神純粹，其魂不罷⑫。虛無恬惔，乃合天德。

　　悲樂者德之邪，喜怒者道之過，好惡者德之失。故心不憂樂，德之至也；一而不變，靜之至也；無所於忤⑬，虛之至也；不與物交，惔之至也。無所於逆，粹之至也。

　　形勞而不休則弊，精用而不已則勞⑭，勞則竭。水之性，不雜則清，莫動則平，鬱閉而不流⑮，亦不能清，天德之象也。

　　純粹而不雜，靜一而不變，惔而無為，動而以天行，此養神之道也。

——〈刻意〉

【注釋】

　　①恬惔寂漠：惔；通淡、恬淡：淡泊，不求名利。

　　②天地之平：天地賴以均衡的基準。

③道德之質：道德修養的最高境界。

④平易：性情溫和寧靜，謙遜和藹。

⑤天行：任自然而行。

⑥物化：像萬物一樣變化而去。

⑦靜而與陰同德：平靜時跟陰氣一樣寧寂。

⑧去：拋卻。知與故：智巧與事故。

⑨豫謀：預先謀劃。

⑩燿（一ㄠˋ）：同「耀」，刺眼。

⑪信：信實。期：期求。

⑫魂：魂靈。罷：停，歇。

⑬忤：違逆。

⑭精：精力。用：使用。不已：不止歇。勞：元氣勞損。

⑮鬱閉而不流：閉塞不流動。

【譯文】

恬淡、寂漠、虛空、無為，這是天地賴以均衡的基準，而且是道德修養的最高境界。

聖人總是停留在這一境界裡，停留在這一境界也就平淡而無難了。安穩恬淡，那麼憂患便不能進入內心，邪氣便不能侵襲機體，因而他們的德性完整而內心世界不受虧損。

聖人生於世間順應自然而運行，他們死離人世又像萬物一樣變化而去；平靜時跟陰氣一樣寧寂，運動時又跟陽氣一起波動。不做幸福的先導，也不為禍患的起始，外有所感而後內有所應，有所逼迫而後有所行動，不得已而後興起。拋卻智巧與事故，遵循自然的常規。因而沒有自然的災害，沒有外物的牽連負累，沒有旁人的誹謗非議，沒有鬼神的苛責刁難。他們生於世間如同在水面飄浮，他們死離人世就像疲勞後的休息。他們不思考，也不謀劃。光亮但不

刺眼，信實卻不期求。他們睡覺不做夢，他們醒來無憂患，
他們的心神純淨精粹，他們的魂靈從不疲憊。虛空而且恬
淡，方才符合自然的真性。

　　悲哀和歡樂乃是背離德行的邪妄，喜悅和憤怒乃是違
反大道的罪過，喜好和憎惡乃是忘卻真性的過失。因此內心
不憂不樂，是德行的最高境界；持守專一而沒有變化，是寂
靜的最高境界；不與任何外物相牴觸，是虛豁的最高境界；
不跟外物交往，是恬淡的最高境界；不與任何事物相違逆，
是精粹的最高境界。

　　形體勞累而不休息就會疲乏不堪，精力使用過度而不
止歇就會元氣勞損，元氣勞損就會精力枯竭。水的本性，
不混雜就會清澈，不攪動就會平靜，閉塞不流動也就不會純
清，這是自然本質的現象。

　　純淨精粹而不混雜，靜寂持守而不改變，恬淡而又無
為，運動則順應自然而行，這就是養神的道理。

【寓意】

不要被外物牽連負累，不
要被貪念欲望所束縛。

【延伸閱讀】

　　人生需要一種境界，沒有境界的人生是一種不完美的
人生。不斷提高個人的生活品味，提升人們的思想旨趣。而
達到一種至高、至善、至美的境界。

　　要提升人生品味，達到真、善、美的境界，首先必須
超越身外之物的牽絆，做一個真正的自己。老子說：「五色
令人盲目；五音令人耳聾；五味令人口爽；馳騁畋獵，令人
心發狂；難得之貨，令人行妨。是以聖人為腹不為目，故去
彼取此。」意思是說：繽紛的色彩，使人眼花撩亂；紛繁的
音樂，使人聽覺不靈敏；豐美的飲食，使人味覺遲鈍；縱情
圍獵，使人內心瘋狂；稀罕的器物，使人德行變壞。因此，

有「道」的人只求安飽而不追逐聲色之娛，所以擯棄物欲的誘惑而吸收有利於身心自由的東西。

的確如此，如果一個人被外在的物象佔據了心靈，被貪欲主導了生活，那麼人就會喪失本性，迷失方向，成為物欲的俘虜。只有節制自己過分的欲望，擺脫名利的糾纏，擁有一顆平常心，才有可能做到「隨心所欲而不踰矩」，獲取人生的自由。

村裡來了一個奇怪的老人，他點燃了一把火，並且用一根棍子在碗裡不停地攪拌，竟然從碗中掉出金塊來，老人說這就是鍊金術。村長請求老人告訴他們祕訣。老人答應了，說：「不過在鍊金的過程中，千萬不可以想樹上的猴子，否則就鍊不出金塊來。」

等老人走了以後，村長就開始鍊金，他一直告訴自己，不可以想樹上的猴子，可是越不想，偏偏猴子越是不斷浮現在他的腦海中。他只好交給另一個人，並一再叮嚀不可想樹上的猴子。就這樣，全村的人都一一試過了，卻沒有一人能鍊出金子，因為樹上的猴子，總是會從他們心中跑出來。

故事中的猴子，其實就是人們心中的貪念。每個人心中都會有一些欲望的「猴子」，這些「猴子」總是在我們的心中作怪，使我們無法逃脫它的誘惑。只有管好心中的「猴子」，你才能獲得成功。

生活中，我們經常被各式各樣的東西所累，歸根究柢，都是欲念在我們心裡作祟。比如，你買了一雙鞋子，你因為非常喜歡所以對它愛護有加，出門的時候就會顧及天氣、路面是不是適合穿它，走路的時候也會顧及你的行走姿勢與步伐快慢會不會磨損或使鞋子變形，你會時時刻刻留神鞋子是否會受到意外的損害；假如你買了一件漂亮的外套，它使你變得風度翩翩或高貴典雅，你就必須穿上

同樣精緻的皮鞋或使你走路不很舒服的高跟鞋來與外套相匹配，由於穿了這麼一件外套，你就得不自覺地收斂好動隨意的個性，使自己的言行舉止等細枝末節都與外套的高貴相符；假如你升遷到了某個職位，別人都在仰視你的時候，你就不得不做出一副清高的姿態，克制肆無忌憚的說話和大笑，隱藏自己的某些個人情緒，竭力把自己塑造成領導者應該在下屬面前呈現的樣子。

現在社會的一些人都被物質的豐富所蒙蔽，注重的是商品的擁有和消費價值，卻不重視精神的價值。與以前相比，我們的物質生活確實進步了很多，但是，人們還是時常感到生活得很累，幸福指數不高。最根本原因就在於人的幸福和不幸福，在很多情況下是不能以金錢或物質的多少來衡量的，而是以內心的滿足程度與精神價值來衡量的。然而許多人被這些身外之物所累，或者說是被貪欲所束縛。雖然人人都明白：放棄是一種智慧，但是，又有幾個人能真正做到主動放棄呢？功名、利祿，是芸芸眾生傾注畢生心血所追求的東西。直到不得不撒手時，方才恍然大悟，覺得窮極一生的煞費苦心，最後依然是兩手空空，甚至失去了做人的本色，失去了精神的自由，放棄了許多樸實而珍貴的幸福體驗，實在是得不償失。然而一切都為時已晚，只能留下一聲聲唏噓慨嘆！

因此，人生的至高境界在於精神的滿足，通達精神的自由。擁有再多的物質，而精神卻被束縛，只能是一種不超脫的人生。

人生大智慧：要想達到精神的自由，就必須卸除心靈的鎧甲，破除自我欲念和現實對精神的束縛，做到「不以物喜，不以己悲」，「不傷於心，不累於懷，入乎其內而通乎其外，入逍遙境界，做逍遙之遊」！

第二十八章　喪己於物，失性於俗

【原文】

　　隱，故不自隱①。古之所謂隱士者，非伏其身而弗見也②，非閉其言而不出也，非藏其知而不發也，時命大謬也③。當時命而不行乎天下，則反一無跡；不當時命而大窮乎天下④，則深根寧極而待⑤；此存身之道也。

　　古之行身者⑥，不以辯飾知，不以知窮天下，不以知窮德，危然處其所而反其性已⑦，又何為哉！道固不小行⑧，德固不小識⑨。小識傷德，小行傷道。故曰：正己而已矣。樂全之謂得志⑩。

　　古之所謂得志者，非軒冕之謂也⑪，謂其無以益其樂而已矣。今之所謂得志者，軒冕之謂也。軒冕在身，非性命也，物之儻來⑫，寄者也。寄之，其來不可圉⑬，其去不可止。故不為軒冕肆志⑭，不為窮約趨俗，其樂彼與此同⑮，故無憂而已矣。今寄去則不樂，由是觀之，雖樂，未嘗不荒也⑯。故曰，喪己於物，失性於俗者，謂之倒置之民⑰。

　　　　　　　　　　　　　　　　　　　——〈繕性〉

【注釋】

　　①隱：隱沒於世。
　　②伏其身：隱伏身形。弗：不。見：同「現」，顯現。
　　③時命：時遇和命運。大謬：乖妄、背謬。
　　④大窮乎天下：窮困於天下。
　　⑤深根：固守根本。寧極：保有寧寂至極之性。待：靜心等

待。

⑥行身者：善於保存自身的人。

⑦危然：巍然自持。處其所：生活在自己所處的環境。反其
　　性：返歸本性與真情。

⑧道固不小行：大道廣蕩，本不是小有所成的人能夠遵循。

⑨德固不小識：大德周遍萬物，本不是小有所知的人能夠鑑
識。

⑩樂全之謂得志：快意地保持本真就可以稱作是心意自得而自
　　適。

⑪軒冕：本指古代官員的乘車及衣冠，多用來代指高官厚祿地
　　位尊顯。

⑫儻（ㄊㄤˇ）：偶然。

⑬圉（ㄩˇ）：通「禦」，抵擋，防禦。

⑭肆志：恣意放縱。

⑮其樂：（身處富貴榮華與窮困貧乏，）其間的快意。同：相
　　同。

⑯荒：迷亂了真性。

⑰倒置之民：顛倒了本末的人。

【譯文】

　　談到隱沒於世，時逢昏暗不必韜光便已自隱。古時候的所謂隱
士，並不是為了隱伏身形而不願顯現於世，並不是為了緘默不言而
不願吐露真情，也不是為了深藏才智而不願有所發揮，實在是因為
時遇和命運乖舛、背謬啊。當時遇和命運順應自然而通行於天下，
就會返歸渾沌純一之境而不顯露蹤跡。當時遇不順、命運乖違而窮
困於天下，就固守根本、保有寧寂至極之性而靜心等待，這就是保
存自身的方法。

　　古時候善於保存自身的人，不用辯說來巧飾智慧，不用智巧使天下人困窘，不用心智使德性受到困擾，巍然自持地生活在自己所處的環境而返歸本性與真情，又何需一定得去做些什麼呢？大道廣袤，本不是小有所成的人能夠遵循，大德周遍萬物，本不是小有所知的人能夠鑑識。小有所知會傷害德行，小有所成會傷害大道。因此說，端正自己也就可以了。快意地保持本真就可以稱作是心意自得而自適。

　　古時候所說的自得自適的人，不是指高官厚祿、地位尊顯，說的是出自本然的快意而沒有必要再添加什麼罷了。現在人們所說的快意自適，則是指高官厚祿、地位顯赫。榮華富貴在身，並不出自本然，猶如外物偶然到來，是臨時寄託的東西。外物寄託，它們到來不必加以阻擋，它們離去也不必加以勸止。所以不可為了富貴榮華而恣意放縱，不可因為窮困貧乏而趨附流俗，身處富貴榮華與窮困貧乏，其間的快意相同，因而沒有憂愁罷了。如今寄託之物離去便覺不能快意，由此看來，即使真正有過快意也未嘗不是迷亂了真性。所以說，由於外物而喪失自身，由於流俗而失卻本性，就叫做顛倒了本末的人。

【延伸閱讀】

　　莊子說：「由於外物而喪失自身，由於流俗而失卻本性，叫作顛倒了本末的人。」旨在告訴我們，人應該保持自我，不要為外物所擾，失去自我。

　　哲學家叔本華曾經說過：「一切的真理，都得經歷這樣三個階段，才會為世人所接受：第一階段，覺得可笑而不加理會；第二階段，視為邪說而強烈抗拒；第三階段，未加思索就欣然接受。所以，一旦你接受了別人的信念，就如神

經系統被下了一道緊箍咒，你的現在和未來都會受到它的影響。」

因此，一個人如果想主宰自己的人生，就必須好好掌握自己的信念。換句話說，就是在自己的想法和別人的意見之間，要有一個堅定的判斷。否則，你很可能會失去自我。

人性最大的弱點，就是太過看重別人的看法和評價，顧慮重重，將本來簡單的事情變得複雜化了。

人生大智慧：如果一個人想主宰自己的人生，就必須好好掌握自己的信念，保持自我，不為外界各種世俗理念所擾。

第二十九章　望洋興嘆

【原文】

秋水時至①，百川灌河②；涇流之大③，兩涘渚崖之間不辯牛馬④。於是焉河伯欣然自喜⑤，以天下之美為盡在己⑥。順流而東行，至於北海⑦，東面而視，不見水端。於是焉河伯始旋其面目⑧，望洋向若而嘆曰⑨：「野語有之曰⑩：『聞道百⑪，以為莫己若』者⑫，我之謂也。且夫我嘗聞少仲尼之聞而輕伯夷之義者⑬，始吾弗信；今我睹子之難窮也，吾非至於子之門則殆矣⑭，吾長見笑於大方之家⑮。」

—— 〈秋水〉

【注釋】

①時至：應時而至，即按時令到來。

②百川：眾多大川的水流。灌：匯入。河：黃河。

③涇流：直流的水波。

④兩涘（ㄙˋ）：兩岸。渚（ㄓㄨˇ）：水中的小塊陸地。
崖：高岸。不辯：分辨，現在寫作「辨」。

⑤河伯：黃河神。自喜：暗自高興。

⑥盡在己：全都聚集在自己這裡。

⑦北海：即今渤海。

⑧始：方才。旋：回轉，改變。

⑨望洋：連綿詞，迷茫遠望的樣子（抬頭向上看的樣子）。
若：北海海神的名字。

⑩野語：俗語。

⑪道百：上百條道理。

⑫莫己若：沒有誰能比得上自己。

⑬嘗聞：曾經聽說。少：小看。聞：見聞、學識。
　　輕：輕視。

⑭殆：危險。

⑮笑於：受到……的恥笑。大方之家：修養很高、明
　　白道理的人。

【譯文】

　　秋天，山洪按照時令洶湧而至，眾多大川的水流匯入黃河，河面寬闊波濤洶湧，遙望兩岸洲渚崖石之間，辨不清牛馬的外形。於是黃河神欣然自喜，認為天下一切美好的東西全都聚集在自己這裡。他順著水流向東而去，來到北海邊，面朝東邊一望，看不見大海的盡頭。於是他才改變先前洋洋自得的面孔，面對著海神仰首慨嘆道：「俗語有這樣的說法，『聽到了上百條道理，便認為天下再沒有誰能比得上自己』的，說的就是我這樣的人了。而且我還曾聽說過孔丘懂得的東西太少、伯夷的高義不值得看重的話語，一開始我不敢相信；如今我親眼看到了你是如此的浩渺博大、無邊無際，我要不是因為來到你的門前，真可就危險了，我必定會永遠受到修養極高的人的恥笑。」

【延伸閱讀】

　　這則寓言告訴我們，做人做事不能狂妄自大，更不能好高騖遠。要知道，人外有人，天外有天！

　　要認真學習一點東西，必須從不自滿開始。牛頓也說

【寓意】

不見高山，不顯平地；不見大海，不知溪流。山外有山，天外有天。我們每個人其實都是很渺小的。不可自以為是，自命不凡，要謙虛謹慎，腳踏實地。

過，偉大的發明家都是站在前人的肩膀上的。他們的謙虛教導我們：巨人都懂得謙虛的道理，作為普通人的我們，更應該不知滿足，謙虛謹慎，戒驕戒躁，透過不斷的努力，將人類文明的聖火代代相傳下去。

英國著名科學家焦耳從小就很喜愛物理，他常常自己動手做一些關於電、熱之類的實驗。

有一年放假，焦耳和哥哥一起到郊外旅遊。聰明好學的焦耳即使在玩耍的時候，也沒有忘記做他的物理實驗。

他找了一匹瘸腿的馬，由他哥哥牽著，自己悄悄躲在後面，用伏達電池將電流通到馬身上，想試一試動物在受到電流刺激後的反應。結果，他想看到的反應出現了，馬受到電擊後狂跳起來，差一點把哥哥踢傷。

儘管已經出現了危險，但這絲毫沒有影響焦耳做實驗的興致。他和哥哥又划著船來到群山環繞的湖上，焦耳想在這裡試一試回聲有多大。他們在火槍裡塞滿了火藥，然後扣動扳機。誰知「砰」的一聲，從槍口裡噴出一條長長的火苗，燒光了焦耳的眉毛，還險些把哥哥嚇得掉進湖裡。

這時，天空濃雲密布，電閃雷鳴，剛想上岸躲雨的焦耳發現，每次閃電過後好一會兒才能聽見轟隆的雷聲，這是怎麼回事呢？

焦耳顧不得躲雨，拉著哥哥爬上一個山頭，用懷錶認真記錄下每次閃電到雷鳴之間相隔的時間。

開學後，焦耳幾乎是迫不及待地把自己做的實驗都告訴了老師，並向老師請教。

老師望著勤學好問的焦耳笑了，耐心地為他講解：「光和聲音的傳播速度是不一樣的，光速快而聲速慢，所以人們總是先看到閃電後聽到雷聲，而實際上閃電雷鳴是同時發生的。」

　　焦耳聽了恍然大悟。從此，他對學習科學知識更加入迷。透過不斷地學習和認真地觀察計算，他終於發現了熱功當量和能量守恆定律，成了一名出色的科學家。

　　焦耳的成功就在於他勤奮好學、永不自滿的治學態度。由此可見，謙虛是成功做人做事的不二法門。

　　俗話說：「虛心使人進步，驕傲使人落後。」如果因為自己有某些過人之處或剛剛取得了一點小成績就驕傲自滿、止步不前的話，那結果只能被別人超過，並被遠遠落在後面。龜兔賽跑的故事說的就是這個道理。

　　所有能取得成功的人，不僅在於他們謙虛勤奮，還在於他們有自己的奮鬥目標和前進的方向，即有理想。拿破崙曾經說過：「一個不想當將軍的士兵不是一個好士兵。」有理想固然是值得誇獎的，但理想必須建立在現實的基礎上。一隻有理想的螞蟻，牠的理想是把自己變成最優秀的螞蟻；一隻有理想的獅子，牠的理想是把自己變成最優秀的獅子。螞蟻如果想變成獅子，那便是好高騖遠、癡心妄想、白日做夢了。

　　曾經有人這樣說過：「真正的道路在一條繩索上，它不是繃緊在高處，而是貼近地面的，與其說它是供人行走的，不如說它是用來絆倒人的，只有被絆倒後，人們才能發現道路的價值。」這句話是對道路意義的闡述，同時更是對好高騖遠者的忠告。

　　無論是在學習、工作中，還是在生活中，好高騖遠的危害都是很大的。

　　請不要隨便說「燕雀安知鴻鵠之志！」你或許以為自己是鴻鵠，一展翅便能衝上九霄；你或許以為自己是蓋世奇才，但由於好高騖遠，你終將一事無成。好高騖遠只能使你眼光空茫、不切實際，不懂得從小處著手，從而原地踏步，功敗垂成；好高騖遠只能

使你放棄許多現成的成功機會，不願也不屑做艱難而漫長的原始累積，然而你沒有量的累積又何來質的飛躍？好高騖遠只能使你浮躁狂妄、投機取巧，在美夢破滅時折桅返航、怨天尤人，一蹶不振。

　　「不積跬步無以至千里」！踏踏實實做人，認認真真做事才是正道！

　　人生大智慧：謙虛不自滿，戒驕戒躁，腳踏實地。

第三十章　太倉稊米

【原文】

　　吾在於天地之間，猶小石小木之在大山也。方存乎見少，又奚以自多！計四海之在天地之間也，不似礨空之在大澤乎①？計中國之在海內②，不似稊米之在大倉乎③？

——〈秋水〉

【注釋】

　　①這是海神若回答河伯話中的一段。礨（ㄌㄟˇ）空：小穴（一說小土堆），另有說法為螞蟻洞。澤：水積聚的地方。

　　②計：想一想。中國：中原大地，海內：四海之內。

　　③稊（ㄊㄧˊ）米：小米。大倉：大糧倉。太倉稊米：大穀倉中的一粒小米，比喻極渺小。

【譯文】

　　我存在於天地之間，就彷彿一小塊石子、一小塊木屑存在於大山之中。我正以為自身的存在實在渺小，又哪裡會自以為滿足而自負呢？想一想，四海存在於天地之間，不就像小小的石間孔隙存在於大澤之中嗎？再想一想，中原大地存在於四海之內，不就像細碎的米粒存在於大糧倉之中嗎？

【延伸閱讀】

　　在上述這則寓言中，海神說：「我存在於天地之間，就好像小

石頭、小樹木存在於大山之中。這麼渺小的存在，又怎麼會以為自己了不起！這樣算起來，四海存在於天地之間，不就像螞蟻洞存在於大湖泊中嗎？中國存在於四海之內，不就像小米粒存在於大穀倉裡嗎？」

「太倉稊米」的典故就出於此。由此我們可以懂得這樣一個道理：世界上的萬事萬物都是相對的，大小、多少、美醜、高矮、胖瘦、好壞等等，皆是相對存在的。

由此我們可以引申出兩個相對的觀點：既不要因為看不到外面的世界或有某些過人之處而妄自尊大、目空一切，也不要因為自己是滄海一粟或有某些缺陷或劣勢而妄自菲薄、輕視自己。

【寓意】

妄自菲薄和妄自尊大是兩種錯誤的極端心態。

有一個孤兒，向高僧請教如何獲得幸福。高僧指著一塊陋石說：「你把它拿到集市去，但無論誰要買這塊石頭，你都不要賣。」孤兒來到集市賣石頭，第一天、第二天無人問津，第三天有人來詢問。第四天，石頭已經能賣到一個很好的價錢了。

高僧又說：「你把石頭拿到石器交易市場去賣。」第一天、第二天人們視而不見，第三天，有人圍過來問，以後的幾天，石頭的價格已被抬得高出了石器的價格。

高僧又說：「你再把石頭拿到珠寶市場去賣……」

一個人的生存價值在於自己怎麼看自己，如果你認定自己是一塊不起眼的陋石，那麼你可能永遠只是一塊陋石，如果你堅信自己是一塊無價的寶石，那麼你可能就是一塊寶石。

因此，即使上天賦予了你一塊陋石的軀體，你也不要

妄自菲薄、自卑自賤，而要對自己的前途充滿信心和希望，相信經過一番精雕細琢，你終究能成為一塊美玉。

一位父親帶著兒子去參觀梵谷故居，在看過那張小木床及裂了口的皮鞋之後，兒子問父親：「梵谷不是一位百萬富翁嗎？」父親答：「梵谷是位連妻子都沒娶過的窮人。」

又過了一年，父親又帶兒子去了丹麥。到安徒生的故居前去參觀，兒子又困惑地問：「爸爸，安徒生不是生活在皇宮裡嗎？怎麼他生前會住在這棟閣樓裡？」父親答：「安徒生是位鞋匠的兒子，他就生活在這裡。」

這位父親是一名水手，他每年往來於大西洋的各個港口，他兒子叫伊東布拉格，是世界歷史上第一位獲普立茲獎的黑人記者。

二十年後，伊東布拉格在回憶童年時，他說：「那時我們家除了很窮以外，還是黑人，父母都靠賣苦力維生。有很長一段時間，我一直認為像我們這樣地位卑微的黑人是不可能有什麼出息的。是父親讓我認識了梵谷和安徒生，也是父親讓我認識了黑人並不卑微，透過這兩個人的經歷讓我知道，上帝沒有輕看黑人。」

富有者並不一定偉大，貧窮者也也不一定卑微。上帝是公平的，他把機會平等地賜與每個人，卑微者同樣擁有機會。自卑是心靈的釘子，倘若不拔去，它就會折磨你一生。

同樣的道理，即使上天賦予了你一塊美玉的軀體，你也不能妄自尊大、沾沾自喜，要知道，即使是一塊美玉，倘若不懂得用心雕琢自己，也終將淪為一塊陋石。

東漢初年，劉秀做了皇帝，是為光武帝。當時，政權雖已建立，但天下尚未統一，各路豪強憑藉自己的軍隊，各霸一方，各自

為政。在各路豪強中，公孫述最為強大，他在成都稱帝。為此，在隴西一帶稱霸的隗囂，派了馬援去公孫述處刺探情況，以商討如何才能長期地割據一方。

馬援在隗囂手下，是個頗受器重的將才，他接受使命，信心百倍地踏上征途。因為公孫述是他的同鄉，早年又很熟悉，所以這次去，他心想一定能受到熱情的歡迎和款待，可以好好地敘舊。然而事出意外，公孫述聽說馬援要見他，竟擺出了皇帝的架子，自己高踞殿上，派出許多侍衛站在階前，要馬援以見帝王之禮去見他，並且沒說上幾句話就退朝回宮，派人把馬援送回賓館去了。接著，公孫述又以皇帝的名義，給馬援封官，賜馬援官服。對此，馬援當然很不愉快，他對手下的人說：「現在天下還在各豪強手中爭奪，還不知道誰勝誰敗。公孫述如此大講排場，自以為強大，有才能的人能留在此與他共同建立功業嗎？」

馬援回到隗囂處，對隗囂說；「公孫述就好比一隻井底之蛙，看不到天下的廣大，自以為了不起，妄自尊大，我們不如到東方（洛陽）的光武帝那裡去尋找出路。」後來，馬援投靠了光武帝劉秀，在光武帝手下當了一位大將，竭盡全力，幫助光武帝統一天下。最後，公孫述被劉秀打敗。

公孫述之所以敗北，就是妄自尊大的結果。一個人既然得到了上天的眷顧，具備了某種優勢，就要懂得珍惜和利用這種優勢，使之轉化為真正的成功。

妄自菲薄和妄自尊大，是初出茅廬、初涉職場的年輕人最容易走的兩個極端，也是職場中最忌諱的兩種心態。不要感覺自己初來乍到，什麼都不懂；不要認為像我這樣剛畢業的學生遍地都是；或者因出身、學歷等等原因而妄自菲薄。要相信：只要肯努力，什麼都能做到。要陽光、要樂觀、要積極。不要期望得到別人的關照，

不要接受別人的小恩小惠。常被人照顧，會被認為能力不足，常受人恩惠會授人以柄，失去原則。

　　不要認為自己大學畢業，什麼都懂，一方面奉承職場前輩，一方面在內心裡又看不起他們。從清潔工到同事、經理和總裁，要一視同仁地發自內心地重視和尊重，要知道你像一根小草一樣，沒有人脈根基和業績根基，你的價值還沒有得到展現，任何人的一句話都可能影響你的前途。一定要低調，同時內心要有強烈的進取欲望。

　　人生大智慧：不要妄自菲薄，更不要妄自尊大。

第三十一章　井底之蛙

【原文】

　　埳井之蛙謂東海之鱉曰①：「吾樂歟②！出跳樑乎井榦之上③，入休乎缺甃之崖④；赴水則接腋持頤⑤，蹶泥則沒足滅跗⑥。還虷、蟹與科斗⑦，莫吾能若也⑧！且夫擅一壑之水⑨，而跨跱埳井之樂⑩，此亦至矣。夫子奚不時來入觀乎⑪？」東海之鱉左足未入，而右膝已縶矣⑫。於是逡巡而卻⑬，告之海曰：「夫海，千里之遠不足以舉其大⑭，千仞之高不足以極其深⑮。禹之時，十年九潦⑯，而水弗為加益⑰；湯之時，八年七旱，而崖不為加損⑱。夫不為頃久推移⑲，不以多少進退者⑳，此亦東海之大樂也！」於是埳井之蛙聞之，適適然驚㉑，規規然自失也㉒。

——〈秋水〉

【注釋】

　　①埳（ㄎㄢˇ）井：坍塌破廢的淺井。埳，同「坎」，坑穴。
　　②歟（ㄩˊ）：表示感嘆的句末語氣詞。
　　③跳樑：同「跳踉（ㄌㄧㄤˊ）」，騰躍。井榦（ㄏㄢˊ）：井上的木欄。
　　④缺甃（ㄓㄡˋ）：殘缺的井壁。崖：邊。
　　⑤接腋（ㄧㄝˋ）持頤（ㄧˊ）：指水的深度可以托浮住兩腋和雙頰。頤，面頰。
　　⑥蹶（ㄐㄩㄝˊ）：跳。沒足滅跗（ㄈㄨ）：指泥的深度可以埋沒雙腳。跗，腳背。

⑦科斗：蝌蚪。虷（ㄏㄢˊ）：孑孓（ㄐㄧㄝˊ　ㄐㄩㄝˊ），蚊子的幼蟲。

⑧莫吾能若：沒有能夠比得上我的。

⑨且夫：用在句首，表示更進一層，相當於「再說」。擅（ㄕㄢˋ）：專有，獨自據有。壑（ㄏㄨㄛˋ）：水坑。

⑩跨跱（ㄓˋ）：蹦跳停立的動作。

⑪夫子：敬稱。奚（ㄒㄧ）：為什麼。

⑫縶（ㄓˊ）：卡住，拘住。

⑬逡（ㄑㄩㄣ）巡：從容退卻的樣子。卻：後退。

⑭舉：全，說全。

⑮仞（ㄖㄣˋ）：古長度單位，古代以七尺或八尺為一仞。

⑯潦（ㄌㄧㄠˇ　）：同「澇」。

⑰弗（ㄈㄨˊ）：不。益：增多。

⑱崖：岸邊。損：減少。

⑲夫（ㄈㄨˊ）：句首語氣詞。頃久：時間長短。頃，頃刻。
　　推移：海水容量變化。

⑳進退：海水增減。

㉑適適然：吃驚呆看的樣子。

㉒規規然：渺小的樣子。自失：意識到自己不行而若有所失的神態。

【譯文】

　　在一口淺井裡有一隻青蛙。牠對從東海中來的大鱉說：「我多麼快樂啊！出去玩玩，就在井口的欄杆上蹦蹦跳跳，回來休息就蹲在殘破的井壁的磚窟窿裡休息休息；跳進水裡，水剛好托著我的胳肢窩和面頰；踩泥巴時，泥深只能淹沒我的兩腳，漫到我的腳背上。回頭看一看那些孑孓、螃蟹與蝌蚪一類的小蟲吧？哪個能與我

相比！並且，我獨佔一坑水，在井上想跳就跳，想停就停，真是快樂極了！您為什麼不常來我這裡參觀參觀呢？」

海鱉左腳還沒踏進井裡，右腿已被井壁卡住了。於是，牠在井邊慢慢地徘徊了一陣就退回來了，把大海的景象告訴青蛙，說道：「千里的確很遠，可是它不能夠形容海的遼闊；千仞的確很高，可是它不能夠表示海的深度。夏禹的時候，十年有九年水災，可是海水並不顯得增多；商湯時，八年有七年乾旱，可是海水也不顯得減少。永恆的大海啊！不隨時間的長短而改變，也不因為雨量的多少而漲落。這才是住在東海裡最大的快樂啊！」

淺井的青蛙聽了這一番話，惶恐不安，兩眼圓睜睜的好像失了神。深深感到自己的渺小。

【寓意】

人如果長期把自己束縛在一個狹小的天地裡，就會變得目光短淺，自滿自足。盲目自滿，自我陶醉，必定成為別人的笑柄。

【延伸閱讀】

世界無邊無際，知識無窮無盡。如果把自己看到的一個角落當成整個世界，把自己知道的一點點知識看成人類文化的總和，那就會跟枯井裡的青蛙一樣，成為孤陋寡聞、夜郎自大和安於現狀的可笑角色。

身處職場的白領們肯定都聽說過「井底之蛙」的故事。儘管如此，但你或許會以為井底蛙僅僅存在於虛擬世界中，然而事實並非如此，在我們的身邊，像井底蛙一樣不知未雨綢繆的職場白領還不在少數。他們就是讓同事討厭、老闆頭痛、前途一片黑暗，卻還沾沾自喜的一群無知人。一旦淪為職場井底蛙，就意味著深陷險境而尚不自知，就意味著不知進取，就意味著被同事疏遠……職場間最悲慘的結局，莫過如此吧？所以，從現在開始，你要對自己的職業態度進行一次審視和修正。

　　職場井底蛙的典型特徵就是自以為是，言行囂張，自我感覺良好，辦事喜歡靠小聰明解決問題，對能力一般的上司有不屑一顧的表現等等。

　　那麼，身在職場，如何才能不做一隻井底蛙呢？

1.易位思考

　　每個人思考問題的角度完全不同。站在下屬的角度，他們認為上司應該以能力的高低作為用人的標準，其實站在上司的角度，用人的標準是多元化的。有時候需要能力強的人，有時候需要業務能力不太強、人際關係卻處理得當的人。因此說，易位思考非常重要。

2.正視現實

　　調整自己的工作方式和思考方式，適應新的領導方式。不要去想他的能力和水準夠不夠，這些問題站在員工的角度去想是根本找不到答案的，更不要嘗試到上一級長官那裡表達你的不滿，因為他的提拔有可能與高層領導的權務分配相關。

3.釐清職責

　　每個人職位不同，自有特別的職責分工，而你的責任又是哪些？這一步至關重要，你必須牢牢記住的不僅僅是公司規章制度上的條文，還應該有一些默認的潛規則。

4.選擇離開

　　這是最簡單的方式，但自己多年的努力就很可能因此化為烏有了，當然也有可能因此有了新的機會。

第三十二章　邯鄲學步

【原文】

　　子獨不聞夫壽陵餘子之學行於邯鄲與①？未得國能②，又失其故行矣③，直匍匐而歸耳④。今子不去，將忘子之故，失子之業。

　　　　　　　　　　　　　　　　　　　　　　——〈秋水〉

【注釋】

　　①邯鄲：趙國都城邯鄲。注：趙國都城邯鄲的人，擅長行走，
　　　　不僅步子輕快，而且姿態也非常優美。
　　②國能：趙國的本事。
　　③失：丟失，丟掉。故行：原來的本領。
　　④匍匐（ㄆㄨˊ ㄈㄨˊ）：爬行。歸：回去。

【譯文】

　　你沒有聽說過那位燕國壽陵的小子到趙國的邯鄲去學習走路之事嗎？沒能學會趙國的本事，又丟掉了他原來的本領，最後只得爬著回去了。如果現在你還不盡快離開我這裡，必將忘掉你原有的本領，而且也必將失去你原有的技能。

【延伸閱讀】

　　「否定之否定」是自然界和人類社會的發展規律，是馬克思主義的唯物辯證法。自然界自我否定的結果是物種進化，生態平衡，環境優化。人類自我否定的結果是一代更比一代強，青出於藍而勝

於藍。社會自我否定的結果是更加民主和諧、平等自由。

　　任何一種事物的發展都是經過否定實現的。事物的運動變化和發展是「外在否定」和「內在否定」一併促成的結果，是事物自我完善、自我發展的運動過程。

　　人的發展也是這個道理，但又有很大不同，這是因為萬物都受因果性支配，而只有人受自己的意志支配。因而，對於人的發展，內在否定即自我否定才是根本，換言之，人的自我否定就是發展。

　　關於自我否定，聖人先賢們有過很多精闢的論述：「人非聖賢，孰能無過？過而能改，善莫大焉。」也就是說犯了過錯，就應該自我反省，認識到了自己的錯誤，就要勇於否定自己的錯誤，否定自己業已形成的狹隘理念，否定自己的故步自封，否定自己的狂妄自大，只有這樣才能達到至善。

　　無論是一個人，還是一個企業，甚至是一個國家，都能透過自我否定完成由平庸向優秀，由失敗向成功，由弱小向強盛的飛躍。

【寓意】

能自我否定不僅是一種莫大的勇氣，更是一種不斷進步與自我完善的階段。但是不能全盤否定自己，更不要生搬硬套屬於別人的東西。否則，你不僅學不到別人的優點，反而會丟掉自己原有的長處。

　　維克多・格林尼亞是著名的法國化學家，也是1912年的諾貝爾化學獎獲得者。維克多・格林尼亞自幼家庭就很富有，但他不愛讀書，是一位「沒出息的花花公子」。

　　1892年，在一次宴會上，他邀請一位小姐跳舞。小姐拒絕，並說她最討厭他這種花花公子。受此羞辱，維克多・格林尼亞悔恨交加，終於頓悟過來，決心拋棄惡習，奮發上進。他獨自離開了家，補習課業兩年後，終於考取了里昂大學化學系。經過大學七年的刻苦學習，於1901年獲得了博士學位，後來歷任南西大學、里昂大學教授。

　　一個人可以透過自我否定完成質的飛躍。一個企業和一個國家更是如此。一個抱殘守缺、故步自封的企業和國家是不會成為偉大的企業和國家的，必須不斷自我否定。

　　大家對耐吉運動服飾都非常熟悉，但是大多數人並不知道現在的耐吉並沒有加工廠。它的所有產品都是外包給其他公司生產，自己只負責設計和銷售。起初耐吉的產品都是自己生產的，後來耐吉發現生產並不是他們的強項，放棄生產部門，把精力集中到設計和銷售對企業的發展更為有利，於是他們果斷地把加工廠賣了出去，他們這種首開先河的作法，後來證明是非常正確的。

　　肯定讓人擁有自信，但更大的自信源於敢於自我否定，向自我挑戰。如果一個人能夠經常對自己的「過去」進行揚棄，展現的不只是遠見卓識，更是一種自我超越，這必將帶來更大的自信。

　　但是要做到自我否定並非易事，甚至可以說是世間最難的事。需要讚美、需要肯定是人的一種天性，讚美和肯定是人類進步的原動力。一個哲人曾經精闢地指出：「人性中最為根深柢固的本性就是渴望受到讚賞。」19世紀美國著名總統林肯也說過：「人人都需要讚美，你我都不例外。」渴望得到別人讚美，在贏得讚美之後就能增強信心，增添力量，這是常人正常的心態。

　　儘管自信的泉源來自於讚美和肯定，但如果一天到晚只沉溺於讚美和肯定中，就會演變成自戀，這是從古希臘時就有的一種情結。自信是發展的動力，但自戀卻會拖住發展前進的後腿。只有認清了自信和自戀的區別，才能使人擺脫自戀的束縛。

　　能察覺自己存在缺點和不足，進而否定自我，並學習別人的優點和長處，截長補短，這本來是難能可貴的一件好事。但是，自我否定並不是全盤否定，如果對過往的一切全盤否定的話，就難免使人陷入虛無和空白狀態，失去了發展的目標和方向，這對人生將無

任何益處。

「邯鄲學步」講述的就是這樣一則故事：

相傳在兩千年前，燕國壽陵地方有一位少年，吃穿不愁，論長相也算得上中等人材，可他就是缺乏自信心，經常無緣無故地感到事事不如人，處處低人一等──衣服是人家的好，飯菜是人家的香，站相、坐相也是人家高雅。他見什麼學什麼，學一樣丟一樣，雖然花樣翻新，卻始終不能做好一件事。

他的家人經常勸他改一改這個毛病，他卻認為是家人管得太多。天長日久，他竟然懷疑自己的走路方式，不知道自己該不該這樣走路，越看越覺得自己走路的姿勢太笨、太醜了。

有一天，他在路上碰到幾個人說說笑笑，只聽得有人說邯鄲人走路的姿勢很美。他一聽，急忙走上前去，想打聽個明白。不料想，那幾個人看見他，一陣大笑之後揚長而去。

邯鄲人走路的姿勢究竟有多美呢？他怎麼也想像不出來，這成了他的一塊心病。終於有一天，他瞞著家人，跑到遙遠的邯鄲學走路去了。

一到邯鄲，他感到處處新鮮，簡直令人眼花撩亂。看到小孩走路，他覺得活潑、美，學；看見老人走路，他覺得穩重，學；看到婦女走路，婀娜多姿，學。就這樣，不過半月光景，他連走路也不會了，路費也花光了，只好爬著回家了。

寓言中的這位少年覺得自己哪裡都不如別人，甚至連走路的方式都覺得是別人的好，這就等於全盤否定了自己，所以導致了他最後連路都不會走了。

一般來說，自我否定都是由點及面展開的，總是要從找到一個否定點開始。比如，今天認識到自己的知識儲備不足，那麼就用

　　讀書和學習新知識不斷充實，達到自我否定的目的。明天，感覺到自己的觀念水準或思考方式不能與時俱進、不能與時代的發展相契合，就進行一次頭腦的「大洗禮」。

　　由於在自我否定中獲得不斷的補充和昇華，這種「甜頭」會讓人的自我否定意識進一步加強。從而，人就會自覺自願地對知識、能力、道德、觀念、思維、情感等構成人這個綜合體的要素全面地來了一次否定，而這樣的否定是周而復始、持續不斷的，於是，人便從中獲得了一次又一次的質的提升和飛躍，最終達到自我塑造的目的。

　　曾子曰：「吾日三省吾身」。在日新月異、高速發展的今天，每個人都應該每時每刻不忘自我審視，比以前任何時候都需要高速度地進行自我否定，尤其是知識的更新。如果個人生活還是以不變應萬變，原地踏步，只能與他人的差距越來越大，最後肯定只有一種結果，就是被淘汰出局。

　　┌人生大智慧┐：每個人都需要不斷否定自我，完善自我，但自我否定絕非全盤自我否定。

第三十三章　曳尾於塗中

【原文】

　　莊子釣於濮水①，楚王使大夫二人往先焉②，曰：「願以境內累矣③！」莊子持竿不顧，曰：「吾聞楚有神龜，死已三千歲矣，王巾笥而藏之廟堂之上④。此龜者，寧其死為留骨而貴乎？寧其生而曳尾於塗中乎⑤？」二大夫曰：「寧生而曳尾塗中。」莊子曰：「往矣，吾將曳尾於塗中。」

——〈秋水〉

【注釋】

　　①濮水：河名，在河南濮陽南。
　　②使：派遣。往先：先行前往致意。
　　③願以境內累：楚王願將國內政事委託給你而勞累你了。
　　④笥（ㄙˋ）：盛食物或衣物的方形竹器。巾笥：巾箱，在這裡用作動詞，意思是用巾包裹，藏入箱篋。藏之廟堂：珍藏在宗廟裡。
　　⑤曳尾：拖著尾巴。塗中：泥水裡。

【譯文】

　　莊子在濮水邊釣魚，楚王派遣兩位大臣先行前往致意，說：「楚王願將國內政事委託給你而勞累你了。」莊子手持釣竿頭也不回地說：「我聽說楚國有一隻神龜，已經死了三千年了，楚王用竹箱裝著牠，用巾飾覆蓋著牠，珍藏在宗廟裡。這隻神龜，是寧願為

了留下骨骸而死去來顯示尊貴呢？還是寧願活著在泥水裡拖著尾巴呢？」兩位大臣說：「寧願拖著尾巴活在泥水裡。」莊子說：「那你們回去吧！我仍然願意拖著尾巴生活在泥水裡。」

【延伸閱讀】

「吾將曳尾於塗中」是《莊子‧秋水》裡面的一個故事。這個故事表明了莊子不慕虛榮、不戀權勢、淡泊名利、追求平凡的人生態度。的確，莊子是這麼說的，也是這麼做的。他雖然才高八斗，學富五車，但卻終生不仕；他一生雖總結了許多做人和治國的道理，但他卻一直詆誹名利，蔑視權貴。

【寓意】

不為功名所羈，不做籠中鳥，保持真性情。

莊子有個好朋友，名叫惠施，人稱惠子。惠施當時就是個天下有名的雄辯家。

惠子在梁國做宰相，有一天莊子去梁國看望他。當時就有人跑去跟惠子說：「莊子這個人來這裡，是要代替你做梁國宰相。」

惠子一聽，心裡立即害怕起來。於是，他發動他手底下的人到全國去找莊子，一連找了三天三夜。惠子想：一定要找到莊子，千萬不能讓他直接見梁王，萬一梁王真的把相位給他，自己怎麼辦呢？

莊子聽說這件事後，就直接去找惠子，說：「南方有一隻鳥，名叫鳳凰。這鳳凰從南海飛到北海，不是梧桐樹牠不停下來休息，不是竹子的果實牠不吃，不是甜美的泉水牠不喝。牠是這樣一隻聖潔的鳥。有一隻貓頭鷹找到一隻腐爛的老鼠，抬頭看見鳳凰剛剛飛過，以為要奪走老鼠，便發怒

地大喊一聲。惠子啊，你現在這麼興師動眾地找我，是以為我要奪你的梁國相位而發怒大喊嗎？」

莊子視錢財如糞土，對功名不屑一顧。他在做漆園吏時，不因官小而氣短，用非常心做平常事。從平凡上見功夫，力求不凡。他以「扶搖直上九萬里」的心態，「乘天地之正，而御六氣之辯，以遊無地之窮」，在自己的天地裡享受閒適，讓心靈進入自由、快樂的境界；他善於調節自己的心態，淡泊名利、超然通達。他認為，善於堵塞利欲的洞穴，發覺悟之心，破色魔之障，節制欲望，就會沒有憂慮，也是昇華生命價值的最好選擇。

在「二戰」炮火中出任首相的邱吉爾，可謂受命於危難之際，由於他力主抵抗以及與蘇美兩國的有效合作，大大地加快了法西斯的滅亡，為和平贏得了時間。然而，戰爭結束不久，在1945年的英國大選中，保守黨大敗，邱吉爾也落選了。

為了安撫這位前首相，英國女王決定授予他一枚巴思勳章。邱吉爾感慨萬分地說：「當選民們把我解雇的時候，我有何顏面接受陛下頒發給我的這枚獎章呢？」

為了感激他在第二次世界大戰中護衛英倫的卓著功績，英國國會擬通過提案，塑造一尊他的銅像，置於公園，令公眾景仰。邱吉爾知道後回絕說：「還是算了吧！我怕鳥兒在我的身上拉屎。」

然而，要真正修練到清心寡欲，不為權勢和名利所動是相當不易的。因為俗世的誘惑太多了！金錢！名利！地位！權力！美色！哪一樣不令我們心旌搖動。十年寒窗為的就是金榜題名，臥薪嚐膽為的就是報仇雪恨、吐氣揚眉。我們從小受到的教育就是要樹立遠大理想，而這些所謂的理想無不包含著金錢、名利和權勢。我們的

一生為追求名利而得不到片刻的安寧，到頭來有的功成名就，有的身敗名裂，有的沾沾自喜，有的鬱鬱寡歡，有的福大命大，有的怨天尤人。既然如此，我們何不立志做一個平凡而實在的人呢？

其實，人生的平凡與偉大並不在於地位的高低抑或財富的多寡，而在於人生的充實與快樂。一個人如果具備看淡名利的人生態度，那麼面對生活，他就更容易找到樂觀的一面。

現代人面對花花綠綠、五彩繽紛的世界，更應當有淡名寡欲的思想。名利，是一種榮譽，一種地位。有了名利，通常能夠萬事亨通、光宗耀祖。因而不少人為了一時的虛名所帶來的好處，會忘我地去追求名利。錢，是一種財富，是讓生活更加舒適的保證。有了錢，就可以住豪宅、開名車、吃大餐，在一些人眼裡，金錢甚至是一種帶有魔力的，可以讓人為所欲為的東西。然而任何事情都有相反的一面，名利會讓你備感生活的空虛與落寞，金錢也會給你帶來諸多麻煩。人的一生面臨許許多多的關卡，很多事情都是難以預料的。不管是名利、地位還是財富，都不是自己所能決定的。一些人機關算盡，為了爭名奪利，不擇手段地算計他人，可在突然之間卻被他人算計。人生何必活得這麼辛苦？何必活得這麼低賤？

人生大智慧：淡泊名利是人生幸福的重要前提，如果你渴望輕鬆和快樂，渴望獲得生命的真諦，活出生活的本色來，那麼請謹記：看淡名利。

第三十四章　鼓盆而歌

【原文】

　　莊子妻死，惠子弔之，莊子則方箕踞鼓盆而歌①。惠子曰：「與人居②，長子老身③，死不哭亦足矣，又鼓盆而歌，不亦甚乎！」

　　莊子曰：「不然。是其始死也，我獨何能無概然④！察其始而本無生，非徒無生也而本無形⑤，非徒無形也而本無氣⑥。雜乎芒芴之間⑦，變而有氣，氣變而有形，形變而有生，今又變而之死，是相與為春秋冬夏四時行也。人且偃然寢於巨室⑧，而我噭噭然隨而哭之⑨，自以為不通乎命⑩，故止也。」

——〈至樂〉

【注釋】

　　①方箕踞：像簸箕一樣分開雙腿坐著。鼓盆而歌：一邊敲打著瓦缶一邊唱歌。

　　②與人居：你跟死去的妻子生活了一輩子。

　　③長子老身：生兒育女直至衰老而死。

　　④概然：感慨傷心。概，通慨

　　⑤無生：不曾出生。

　　⑥無形：不曾具有形體。無氣：不曾形成元氣。

　　⑦雜：夾雜。芒芴：亦作「芒忽」、「芒惚」或「茫惚」，同「恍惚」。意思是恍恍惚惚的境域。

　　⑧偃然：安安穩穩地。巨室：天地之間。

⑨嗷嗷（ㄐㄧㄠˋ）：哭聲。
⑩通：通曉。命：天命。

【譯文】

莊子的妻子死了，惠子前往表示弔唁，莊子卻正在分開雙腿像簸箕一樣坐著，一邊敲打著瓦缶一邊唱歌。惠子說：「你跟死去的妻子生活了一輩子，她生兒育女直到衰老而死，人死了不傷心哭泣也就罷了，卻還敲著瓦缶唱起歌來，你不是太過分了嗎！」

莊子說：「不對啊！這個人她初死之時，我怎麼能不感慨傷心呢！然而仔細考察後，我發現她打從一開始就不曾出生，不只是不曾出生，而且本來就不曾具有形體，不只是不曾具有形體，而且原本就不曾形成元氣。夾雜在恍恍惚惚的境域之中，變化而有了元氣，元氣變化而有了形體，形體變化而有了生命，如今變化又回到死亡，這就跟春夏秋冬四季運行一樣。死去的那個人將安安穩穩地寢臥在天地之間，而我卻嗚嗚地圍著她啼哭，我認為這將不能通曉於天命，所以也就停止了哭泣。」

【寓意】
看淡生死，好好活著。

【延伸閱讀】

莊子認為，人的生命是由於氣之聚；人的死亡是由於氣之散，他這番道理，姑且不論其真實程度。單就他對生死的態度來說，就遠在常人之上。他擺脫了鬼神對於人類生死命運的操縱，只把生死視為一種自然現象；認為生死的過程不過是像四時的運行一樣。

在這個世界中，人和萬物一樣，有始必有終，有生必有死，這是宇宙自然的規律。在地球上，有晝必有夜。莊子

把人的生和死，比作晝和夜的自然循環，自然而然、完全不必害怕和大驚小怪。

想要看淡生死，那就必須要瞭解生命的本質、人的本質。人其實也跟其他動物一樣，活在地球上，不斷地消耗地球資源，以滿足自己的生存需要。歸根究柢，人是什麼呢？人不就是自然界中的碳、氫、氧等元素的結合體罷了。人死了，最終也還是要變回碳、氫、氧等元素，回到大自然中去。所以說，死根本不是一件什麼值得害怕的事。

美國前總統柯林頓曾做過兩次心臟手術。第二次心臟手術後，其家人和朋友擔心，柯林頓的健康情況「不容樂觀」，心臟手術對柯林頓的大腦造成了「永久損害」，導致他經常出現失憶症狀。而且，他的血液也已受到「足以致命」的感染，每天必須接受大量治療。醫生已經發出警告，如按最壞情況估算，他或許「只剩下幾個月的生命」！

據《環球》稱，或許是由於擔心自己隨時都有生命危險，柯林頓日前祕密約見律師，對自己的遺囑進行修訂。據內幕人士披露，在這份修改後的新遺囑中，最令人矚目的是，除了將自己大部分的財產遺贈給妻子希拉蕊和女兒切爾西之外，柯林頓還將會把一部分捐贈給慈善機構和一家「國際性愛滋病治療組織」。

據內幕人士透露：「很多人可能想像不到，雖然身為一名美國前總統，柯林頓至今竟還沒有任何屬於自己的房產。」

據報導，柯林頓對於生死問題，一直表現得很豁達。日前在接受採訪時，柯林頓曾表示：「我爺爺57歲時就去世了，我的繼父去世時也才58歲。而我現在已經59歲了，在我們家族裡，我已經算是長壽的了。此外，在我母親的家族中，很多人都患有心臟病。所以，從我很小的時候開始，我就知道我不可能活到100歲，我也從

不為這件事擔心。」

　　既然人終究要死，那就隨它去吧！紅塵漫漫，生命匆匆，誰也不能預知自己死亡的時間，也無法選擇自己的死亡方式，但是我們要有死亡的心理準備。有苦有樂的人生是充實的，有成有敗的人生是合理的，有得有失的人生是公平的，有生有死的人生是自然的。

　　生者為過客，死者為歸人，生亦自然，死亦自然，生死不過是自然規律在人身上的展現罷了，更何況人死如燈滅，一切煩惱將隨之而逝！

　　生死是人的兩種狀態，死了就一了百了了，可以無欲無為。而生則不然，既然人要活著，那就要好好的活著，不要輕生，不能墮落，更要珍惜生命，珍惜有限的歲月。人生只有一回，無法重來。每個人從他降生的那一天起，就一天一天、一月一月、一年一年地向死亡邁進。因此，我們要珍惜生命的時時刻刻、分分秒秒，讓生命的每一段都得到充實，不讓時光在面前悄悄溜走。陶淵明詩云：「盛年不重來，一日難再晨。及時當勉勵，歲月不待人。」懂得死才能學會活著，才會深深體會到生命的可貴。人生最多不過三萬多天，請讓你的每一天過得有意義、有價值！

　　人生大智慧：看淡生死大自在！我們無法駕馭生死，但可以掌握自己的生活，讓生命快樂著；我們不能阻止死神召喚，卻可以拓展生命的疆域，讓靈魂豐富著。好好地活，慢慢地老，安詳地走！

第三十五章　魯侯養鳥

【原文】

　　昔者海鳥止於魯郊①，魯侯御而觴之於廟②，奏九韶以為樂③，具太牢以為膳④。鳥乃眩視憂悲⑤，不敢食一臠⑥，不敢飲一杯，三日而死。此以己養養鳥也，非以鳥養養鳥也。

——〈至樂〉

【注釋】

　　①昔者：以前，從前。止：停留，停歇。魯郊：魯國都城郊外。

　　②御：用車子迎接。觴：向人敬酒。

　　③九韶：舜樂名。

　　④具：準備。太牢：古代帝王祭祀社稷時，牛、羊、豕(ㄕ
ˇ，豬)三牲全備為「太牢」。古代祭祀所用犧牲，行祭前需先飼養於牢，故這類犧牲稱為牢；又根據犧牲搭配的種類不同而有太牢、少牢之分。少牢只有羊、豕，沒有牛。由於祭祀者和祭祀對象不同，所用犧牲的規格也有所區別：天子祭祀社稷用太牢，諸侯祭祀用少牢。

　　⑤眩視憂悲：眼花撩亂，憂心傷悲。

　　⑥食：吃。臠（ㄌㄨㄢˊ）：切成小塊的肉。

【譯文】

　　從前，一隻海鳥飛到魯國都城郊外停息下來，魯國國君命人用

車子把海鳥接到太廟裡供養獻酒，奏「九韶」之樂使牠高興，準備牛、羊、豬三牲全備的肉作為牠的食物。海鳥竟眼花撩亂，憂心傷悲，不敢吃一塊肉，不敢飲一杯酒，三天就死了。這是按自己的生活習性來養鳥，不是按鳥的習性來養鳥。

【延伸閱讀】

魯侯養鳥，完全按照自己的好惡和生活方式去餵養，結果把鳥給養死了。這就是辦事不看對象的後果。

鬼谷子曾經說過：「與智者言依於博，與博者言依於辯，與辯者言依於事，與貴者言依於勢，與富者言依於豪，與貧者言依於利，與戰者言依於謙，與勇者言依於敢，與愚者言依於銳。」由此可見，說話必須看對象。

不僅說話要看對象，無論做任何事，必須依據對象的實際情況來行事，方能有成功的機會。否則的話，只能功敗垂成甚至兵敗如山倒。

武則天專權威脅到唐高宗的權威時，唐高宗想收拾她但拿不定主意，就找來心腹大臣宰相上官儀商量。上官儀是個知識份子，沒有政治鬥爭經驗，就提出了廢除武則天后位的主張。當時，高宗正有此意。但後來，事態的發展急轉直下。高宗把責任全都推到了上官儀身上，說他本無此意，全是上官儀教唆的。後來，上官儀被告與廢太子梁王李忠共謀，與其子上官庭芝同時被武則天處死。

上官儀為什麼會落到如此下場。最主要的原因在於：上官儀不瞭解唐高宗的性格和為人，高宗雖然貴為天子，但

【寓意】

辦事不看對象，完全根據自己的好惡行事，好心也會把事情辦糟；辦事要有針對性，否則必然失敗。

生性懦弱、優柔寡斷，早已落入武后的掌控之中。關於這一點，武后是瞭解得一清二楚；只可惜上官儀一點也不瞭解，所以他雖然出了力，流了汗，但可惜的是找錯了人。上官儀不知道唐高宗處事優柔寡斷、性情懦弱的實際情況，因而事未辦成反而丟了身家性命。因此我們說，無論做任何事情，都必須看清對象。

　　有病不能亂投醫，求人辦事之前，一定要對辦事對象的情況進行客觀的瞭解。只有知己知彼，才能針對不同的對手，採取不同的應對策略。辦事時要見什麼人說什麼話，說話不看對象就達不到求人辦事的目的，就不能順利地把事情辦好。因此，在求人辦事的過程中一定要根據各種人的身分地位、性格愛好和其心理採取不同的處理方式，並且把握分寸，才能把事情辦好。

　　有個叫許允的人在吏部做官，提拔了很多同鄉人。魏明帝察覺之後，便派人去抓他。他的妻子在他即將被帶走時，趕來告誡他說：「明主可以理奪，難以情求。」讓他向皇帝申明道理，而不要寄希望於哀情求饒。因為依皇帝的身分地位是不可能隨便以情斷事的，皇帝以國為大，以公為重，只有以理斷事和以理說話，才能維護好國家利益和作為一國之主的身分地位。

　　於是，當魏明帝審訊許允的時候，許允直率地回答說：「陛下規定的用人原則是『唯賢是舉』，我的同鄉我最瞭解，請陛下考察他們是否合格，如果不稱職，臣願受罰。」魏明帝派人考察許允提拔的同鄉，他們倒都很稱職，於是將許允釋放了，還賞了他一套新衣服。

　　說話要考慮對方的身分地位，許允提拔同鄉，根據的是朝廷制訂的薦舉制度。不管此舉是否妥當，它都合乎皇帝在其身分地位上所認可的「理」。許允的妻子深諳與人相處之道，她知道跟皇帝難

以求情，卻可以「理」相爭，於是叮囑許允以「舉爾所知」和用人稱職之「理」，來規避提拔同鄉、結黨營私之嫌。

　　求人辦事，除了要考慮對方的身分以外，還要注意觀察對方的性格。一般說來，一個人的性格特點往往是透過自身的言談舉止、表情等流露出來的，如：那些快言快語、舉止俐落、眼神鋒利、情緒易衝動的人，往往是性格急躁的人；那些直率熱情、活潑好動、反應迅速、喜歡交往的人，往往是性格開朗的人；那些表情細膩、眼神穩定、說話慢條斯理、舉止注意分寸的人，往往是性格穩重的人；那些安靜、憂鬱、不苟言笑、喜歡獨處、不善交往的人，往往是性格孤僻的人；那些口出狂言、自吹自擂、好為人師的人，往往是驕傲輕狂的人；那些懂禮貌、講信義、實事求是、心平氣和、尊重別人的人，往往是謙虛謹慎的人。對於這些不同性格的說話對象，一定要具體分析，區別對待。

　　《三國演義》中，馬超率軍攻打葭萌關的時候，諸葛亮私下對劉備說：「只有張飛、趙雲二位將軍，方可對敵馬超。」這時，張飛聽說馬超前來攻關，主動請求出戰。諸葛亮佯裝沒聽見，對劉備說：「馬超智勇雙全，無人可敵，除非往荊州喚雲長來，方能對敵。」張飛說：「軍師為何小瞧我？我曾單獨抗拒曹操百萬大軍，難道還怕馬超這個匹夫？」諸葛亮說：「馬超英勇無比，天下的人都知道，他渭橋六戰，把曹操殺得割鬚棄袍，差一點喪命，絕非等閒之輩，就是雲長來也未必能戰勝他。」張飛說：「我今天就去，如戰勝不了馬超，甘願受罰！」諸葛亮看「激將」法起了作用，便順水推舟地說：「既然你肯立軍令狀，便可以為先鋒！」

　　性格往往會影響做事的效果。諸葛亮針對張飛脾氣暴躁的性格，常常採用「激將法」來說服他。每當遇到重要戰事，先說他擔

當不了此任，或說怕他貪杯酒後誤事，激他立下軍令狀，增強他的責任感和緊迫感，激發他的鬥志和勇氣，掃除他驕傲輕敵、急躁魯莽的性格弱點。

在說話辦事時，雖然被求者的情況有種種不同，如對方的興趣、愛好、長處、弱點、情緒、思想觀念等，這些都是需要注意的內容，但身分與性格無疑是最為重要的「情況」，不得不優先注意。因此，我們在求人辦事之前，一定要對辦事對象的身分和性格進行客觀的瞭解。

瞭解辦事對象，絕不能僅僅停留在靜觀默察上，還應當主動偵察，採用一定的偵察對策，去激發對方的情緒，才能夠迅速準確地把握對方的思想脈絡和動態，從而順其思路進行引導，這樣才容易達成所願，取得成功。

　人生大智慧：說話、辦事必須看對象，不可主觀臆斷，盲目行事。

第三十六章　痀僂承蜩

【原文】

　　仲尼適楚，出於林中，見痀僂者承蜩①，猶掇之也②。仲尼曰：「子巧乎！有道邪③？」曰：「我有道也。五六月，累丸二而不墜，則失者錙銖④；累三而不墜，則失者十一；累五而不墜，猶掇之也。吾處身也，若厥株拘⑤；吾執臂也，若槁木之枝；雖天地之大，萬物之多，而唯蜩翼之知⑥。吾不反不側⑦，不以萬物易蜩之翼⑧，何為而不得！」

　　孔子顧謂弟子曰：「用志不分，乃凝於神，其痀僂丈人之謂乎！」

——〈達生〉

【注釋】

　　①痀僂（ㄐㄩ　ㄌㄡˊ）：駝背，曲背。承蜩（ㄊㄧㄠˊ）：用竿捕蟬。

　　②猶：好像。掇（ㄉㄨㄛˊ）：拾取，摘取。

　　③道：門道，技巧，訣竅，祕訣。

　　④錙銖：舊制錙為一兩的四分之一，銖為一兩的二十四分之一。比喻極其微小的數量。

　　⑤若：猶如，好像。厥株拘：短木樁，樹木或禾稈的殘根。厥，同「橛」。

　　⑥唯：只。蜩翼之知：注意蟬的翅膀。

　　⑦不反不側：不左顧右盼、瞻前顧後。

⑧易：改變。

【譯文】

孔子到楚國去，走出樹林，看到一個駝背老人正用竿子捕蟬，就好像在地上拾取一樣。

孔子說：「先生真是巧妙啊！有什麼訣竅嗎？」駝背老人說：「我有我的辦法。經過五、六個月的練習，在竿頭累疊起兩個丸子而不會墜落，那麼失手的情況已經很少了；疊起三個丸子而不墜落，那麼失手的情況十次不會超過一次了；疊起五個丸子而不墜落，也就會像在地面上拾取一樣輕而易舉了。我立定身子，猶如臨近地面的斷木，我舉竿的手臂，就像枯木的樹枝；雖然天地很大，萬物品類很多，然而我一心一意只注意蟬的翅膀，從不思前想後、左顧右盼，絕不因紛繁的萬物而改變對蟬翼的注意，如此一來，怎麼能不成功呢？」

孔子轉身對弟子們說：「運用心志不分散，就是高度凝聚精神，恐怕說的就是這位駝背老人吧！」

【寓意】

「術業有專攻」。一個人如果能夠排除外界的一切干擾，集中精力，勤學苦練，就可以掌握一門高深的本領。

【延伸閱讀】

老漢黏蟬的故事告訴我們：任何一件事情，只要我們心無旁騖地認真做個一年半載，把別的誘惑、愛好暫時收斂和壓抑一下，養成不被外界打擾的習慣，專心致志地去做一件事，肯定是可以獲得成功的。佝僂老人的體質根本無法和一般人相比，但是他在捕蟬這件事情上卻遠遠超過了一般人的水準，其主要原因就在於專一和刻苦。

孔子聽了佝僂老人的這番話，立即用來教導跟在身後的學生們。「用志不分，乃凝於神」一語所描寫的，是人類

普遍擁有的潛能及其可觀的表現。學習任何技藝都需要專心致志、一心一意，否則很難有所成就。經過如此長期的努力之後，你在專業技藝方面的表現，在平常人看來，就是「乃凝於神」。在這裡，「凝」字通「疑」與「擬」，為「疑似」的意思。

莊子在《知北遊》篇中，還講述了一則類似的寓言。

大司馬家中有一個做腰帶帶鉤的人，已經80歲了，他所做的帶鉤沒有絲毫差錯。大司馬問他：「你是有技巧呢？還是有道術？」他說：「我有持守的原則。我20歲就喜歡做帶鉤，對別的東西根本看也不看，不是帶鉤就不仔細觀察。我用心於此，是因為我不用心於別的東西，才能專於此用，何況是無所不用心的人呢？萬物怎能不助成他呢？」

這位「捶鉤者」的祕訣只有十個字：「於物無視也，非鉤無察也。」這與承蜩老人的作法大同小異、如出一轍。一位只見蟬翼，一位只察帶鉤，結果都成了莊子筆下的成功人物。

其實莊子所肯定的並非某種技藝，而是執著和專注的精神。要精通一門技藝，必須專注到忽視其他萬物的程度。莊子寓言的深意大概應該在這裡。

韓愈在《師說》中說：「聞道有先後，術業有專攻。」意思是說：聽到道理有先後次序（有早有晚），技術知識各人有各人的專長，不能強求門門專、門門精，那幾乎是無稽之談。

想想人生，長期從事某一領域，做什麼就是做什麼的，沒有經過歷練和累積，就想在陌生領域出彩，那簡直就是癡人說夢、天方夜譚！

在任何一個領域卓有建樹的人，都是「術業有專攻」的結果。歐洲人喝葡萄酒是很講究的，因此品酒也成了一門專業技術。英國

哲學家休謨曾講過這樣一個故事：

　　有兄弟二人，出身品酒世家。在一次上流社會的晚宴中，主人特地從地窖中搬來一桶陳年老酒。像這樣的老酒，當然得請專家來品評一番了。於是兄弟二人上場了。哥哥嚐了一口，說：「酒是好酒，但裡面有皮帶的味道。」賓客哄堂大笑，認為那是瞎說，畢竟專家也有失常的時候。接著，弟弟嚐了一口，說：「除了皮帶的味道，還有鐵鏽的味道。」賓客更是一陣譁然，都認為這對兄弟大概是徒有虛名吧！

　　隨著晚宴的進行，大多數人都把兩兄弟的品評當成笑柄，但是當一桶酒喝光時，大家赫然發現桶底躺著一條皮帶，皮帶上的鐵環還生了鏽。

　　西方有一些品酒專家，你給他一杯葡萄酒，他一聞就知道那是什麼年份、什麼品牌的，產自何地，那一年雨量如何等等。這就是「術業有專攻」的妙處所在。

　　人的潛能是多方面的，只要在某一方面刻苦而專注，並且能持之以恆，你就能成為那一方面的專家能手。在這個世界上，雖然存在「萬事通」，但絕對不存在「萬事精」，所以，一旦你選擇了某一個方向，就要集中精力，排除外界的一切干擾，勤學苦練，成就你的美好人生。

　　人生大智慧：術業有專攻，排除干擾，掌握方向，精益求精。

第三十七章　呆若木雞

【原文】

紀渻子為王養鬥雞①。十日而問：「雞已乎②？」曰：「未也，方虛憍而恃氣③。」十日又問，曰：「未也，猶應向景④。」十日又問，曰：「未也，猶疾視而盛氣⑤。」十日又問，曰：「幾矣。雞雖有鳴者，已無變矣，望之似木雞矣，其德全矣⑥，異雞無敢應者⑦，反走矣⑧。」

——〈達生〉

【注釋】

①紀渻（ㄙㄥˇ）子：人名，「渻」或作「消」。王：指周宣王。

②雞已乎：雞馴養好了嗎？

③虛憍（ㄐㄧㄠ）：同「虛驕」，虛浮驕矜。虛憍而恃氣：虛浮驕傲，而且自恃意氣。

④猶應向景：還是聽到聲音或者見到影像就有所反應，意思是心還是為外物所牽制。猶，還是。向，通「響」。景，通「影」。

⑤疾視：顧看迅疾。盛氣：意氣強盛。

⑥德：德性，可以理解為作為鬥雞的基本素質。

⑦異雞：別的雞。無敢應者：沒有敢應戰的。

⑧反走：掉頭就跑了。

【譯文】

紀渻子為周宣王馴養鬥雞。過了十天周宣王問：「雞馴好了嗎？」紀渻子回答說：「不行，正虛浮驕矜、自恃意氣呀！」十天之後周宣王又問，回答說：「不行，還是聽見響聲就叫，看見影子就跳。」十天之後周宣王又問，紀渻子回答說：「還是那麼顧看迅疾，意氣強盛。」又過了十天周宣王問，紀渻子回答說：「差不多了。別的雞即使啼叫，牠也不會有什麼變化，看上去像木雞一樣，牠的德性真可說是完備了，別的雞沒有敢應戰的，掉頭就逃跑了。」

【延伸閱讀】

莊子認為，呆若木雞的雞並不是真呆，只是看著呆，實際上卻有很強的戰鬥力，貌似木頭的鬥雞根本不必出擊，就可以令其他的鬥雞望風而逃。相反地，活蹦亂跳、凶態畢露的雞，不見得有多厲害。由此可見，鬥雞的最高境界是「呆若木雞」。

莊子這則寓言很有趣，同時也表達了深刻的哲理，讓人不由得想到古人所說的「大智若愚」、「大巧若拙」、「大勇若怯」等等。在莊子看來，真正有大智慧的人表現出來的往往是愚鈍，真正有高超技巧的人看起來卻有些笨拙，真正勇敢的人往往被別人誤認為膽怯。但是，如果真正處於非常境況時，這些人往往能表現出非同尋常的能力。莊子透過這則寓言，正是要闡明「相反的兩極在某種高度便相互接近轉化」的道理，這也正是道家思想所特有的辯證思維。

在我國歷史上關於這方面的事例太多了，曹操煮酒論英雄算得上是眾所周知的經典故事。這裡我們欣賞一下劉備

【寓意】

大成若缺，大盈若沖，大智若愚，大巧若拙，大勇若怯，大直若屈，大辯若訥，看人看物不能只看表面現象，而要透過現象洞悉本質。

在曹操面前大智若愚的精彩表演。

西元196年，劉備兵敗暫時依附曹操，他擔心曹操識破他有帝王之野心，於是每日在許昌的官邸種菜，以掩人耳目，韜光養晦，等待時機。

一日，關羽、張飛說：「哥哥不留心天下大事，為什麼做這些農夫做的稼穡之事？」

劉備說：「你們不知道其中的玄妙。」這是劉備第一次裝糊塗。

又一日，關羽、張飛不在，劉備正在後花園澆菜，許褚、張遼帶數十人入園，說曹操請劉備喝酒，劉備大驚，在沒有弄清情況時，只好硬著頭皮來到亭中。曹操、劉備二人對坐，開懷暢飲，酒至半酣，忽然烏雲密布，驟雨將至，侍從們遙指天上掛著的一條雲龍，曹操和劉備憑欄觀看。曹操說：「玄德知道龍的變化嗎？」

劉備回答說：「不知道。」其實劉備豈能不知，只是裝糊塗而已。這是他第二次裝糊塗。

曹操見劉備不知，於是就對龍的變化做了一番描述，接著以龍喻人，問劉備：「當世誰是英雄？」

劉備說：「我肉眼凡胎，怎麼能識得英雄？」這是劉備第三次裝糊塗。

曹操不依不饒，步步緊逼，劉備無法，只好詞不達意說了幾個，什麼淮南袁術、河北袁紹、人稱八俊之一、威震九州的劉景升、江東領袖孫策、益州的劉璋以及張繡、張魯、韓遂等等，此時的劉備是在避重就輕，轉移曹操的目標，這是他第四次裝糊塗。

劉備所說的英雄被曹操一一否定，最後，曹操一語道破：「所謂英雄，應該胸懷大志，腹有良策，有包藏宇宙之機，吞吐天地之志。」

劉備問他：「誰能稱得上這樣的英雄？」

曹操用手指了指劉備和自己，說：「今天下英雄，唯有你我二人！」

劉備聽了大驚失色，十分慌張，以至手中的筷子在不覺之中落於地下。

此時正值大雨將至，雷聲大作，劉備遂從容彎腰俯首拾起筷子說：「一震之威，乃至於此。」此時劉備以害怕雷聲巧作掩護，這既是急中生智，又是在裝糊塗。這是他第五次裝糊塗。

在這段膾炙人口的故事裡，劉備的精彩表演令人嘆為觀止，他把大智若愚演繹得淋漓盡致，可謂曹操煮酒論英雄，劉備大智若愚裝糊塗。

當然，劉備這種大智若愚乃是一種假糊塗，是一種政治權術，是因形勢的變化而採取的韜光養晦之術。

絕大部分人還是推崇另一種大智若愚，就是小事糊塗，大事精明。這種大智若愚屬於善意的、包容的糊塗，是一種有意識的糊塗，不是裝的，是一種胸襟和器度的展現，更是一種人與人相處的智慧之道。

所以人們常說：「水至清則無魚，人至察則無徒！」過於清高精明的人往往與周圍的人拉開很大的距離，與社會也格格不入，這種人表面看來精明，實際上非常愚蠢。因此相比較而言，還是大智若愚的人更聰明！

有的人大智若愚，同樣也有的人大愚若智，區別就在於是否有自知之明，一個人不自我表現，反而顯得與眾不同，不自以為是，反而會超出眾人，不自誇成功，反而會成就大事業，這就是大智若愚；相反地，那些盲目自傲、不容人、耍小聰明、固執己見、自以為是、好大喜功、愛出風頭的人在任何一方面都難成大事，這便是

大愚若智。

　　成大事的人知道聰明是一筆財富，關鍵在於如何使用，即要做到深藏不露，不到火候的時候不會輕易使用，要靜水流深，貌若平常，讓人家不眼紅於你，從而最終達到目的；做人最忌諱一味地強出頭，不管必要或者不必要，不管合適不合適，時時處處顯露精明，那樣不僅不會有助於成就大事業，反而會成為招災引禍的根源。

　　因此，我們還是學著做個愚人吧！但這並不是一件容易的事情。想做一個愚人，那麼在生活當中就不要處處顯示自己的聰明，要低調做人，不要誇耀自己、抬高自己，做到厚積薄發、寧靜致遠，注重自身修為和素質的提升，對很多事情要做到大度、寬容，培養海納百川的境界，不要有太多抱怨，要踏實做事，對事情要求不要太高，只求自己能夠不斷得到累積就好。

　　想做一個愚人需要一步步的努力，正如俗話所講的，由糊塗到聰明難，由聰明到糊塗更難。我們首先要知道糊塗的道理，為什麼要糊塗，我們要的是什麼樣的糊塗；其次我們要知道如何使用糊塗的辦法處理每一件事情；再來就是堅持在任何時候、任何事件中真正能夠做到糊塗。透過自身的修養能夠做到「悟」，真的做到事事悟，時時醒，並且堅持下去，這樣的愚人才能成為大智者。

　　人生大智慧：大智若愚是一種人生的最高修養，也是做人的大智慧。

第三十八章　孔子觀於呂梁

【原文】

　　孔子觀於呂梁①，縣水三十仞②，流沫四十里，黿鼉魚鱉之所不能游也③。見一丈夫游之④，以為有苦而欲死也，使弟子並流而拯之⑤。數百步而出，被髮行歌而遊於塘下⑥。孔子從而問焉，曰：「吾以子為鬼，察子則人也。請問，蹈水有道乎⑦？」曰：「亡⑧，吾無道。吾始乎故⑨，長乎性⑩，成乎命⑪。與齊俱入⑫，與汨偕出⑬，從水之道而不為私焉⑭。此吾所以蹈之也。」孔子曰：「何謂始乎故，長乎性，成乎命？」曰：「吾生於陵而安於陵，故也；長於水而安於水，性也；不知吾所以然而然，命也。」

　　　　　　　　　　　　　　　　　　　　　　——〈達生〉

【注釋】

　　①觀於呂梁：在呂梁觀賞。
　　②縣（ㄒㄩㄢˊ）水：懸掛的水，指代瀑布。縣，古同「懸」，懸掛。三十仞（ㄖㄣˋ）：二、三十丈。仞，古代計量單位：一仞約合周尺八尺或七尺。周尺一尺約合二十三公分。
　　③黿（ㄩㄢˊ）：大鱉，亦稱「綠團魚」，俗稱「癩頭黿」，吻突而短，長不及眼徑的一半。腳上有較寬的蹼。鼉（ㄊㄨㄛˊ）：亦稱「揚子鱷」、「鼉龍」、「豬婆龍」，吻短，體長二公尺多，背部、尾部均有鱗甲，穴居江河岸邊。鱉（ㄅㄧㄝ）：亦稱「甲魚」、「團魚」，俗稱「王八」，生

活在水中，形狀像龜，背甲上有軟皮，無紋。肉可食，甲可入藥。

④丈夫：壯年男子。

⑤使：命令，派遣。並流：順著水流。拯：拯救。

⑥被（ㄆㄧ）髮：披頭散髮。

⑦蹈水：游水。道：特殊門道，訣竅。

⑧亡：沒有。

⑨始乎故：起初是故常。

⑩長乎性：長大是習性。

⑪成乎命：有所成就在於自然。

⑫與齊俱入：跟水裡的漩渦一塊兒下到水底。

⑬與汨（ㄍㄨˇ）偕出：跟向上的湧流一起游出水面。

⑭從水之道：順著水勢。不為私：不做任何違拗。

【譯文】

　　孔子在呂梁觀賞，瀑布高懸二、三十丈，沖刷而起的激流和水花遠達四十里，黿、鼉、魚、鱉都不敢在這一帶游水。但卻見到一個壯年男子游在水中，還以為是因想不開而想尋死的，於是便派弟子順著水流去拯救他。不料忽然見那壯年男子游出數百步遠而後露出水面，還披著頭髮邊唱邊在堤岸下散步。孔子緊跟在他身後而問他，說：「我還以為你是鬼呢，仔細觀察你卻是個人。請問，游水也有什麼特別的訣竅嗎？」那人回答：「沒有，我並沒有什麼特別的方法。我起初是故常，長大是習性，有所成就在於自然。我跟水裡的漩渦一起下到水底，又跟向上的湧流一起游出水面，順著水勢而不做任何違拗。這就是我游水的方法。」孔子問：「什麼叫作起初是故常，長大是習性，有所成就在於自然呢？」那人又回答：「我出生於山地就安於山地的生活，這就叫作故常；長大了又生活

在水邊就安於水邊的生活，這就叫作習性；不知道為什麼會這樣而這樣生活著，這就叫作自然。」

【延伸閱讀】

柳宗元在《種樹郭橐駝傳》中有這樣一句話：「能順之天以致其性。」意思是說要想種好樹，就要順應樹木的天性。冰心也說：「凡事順其自然，凡事不可強求。」意思是順乎萬物之本性，自然可以水到渠成。

我國古代有揠苗助長的寓言故事：

【寓意】

順遂萬物之本性，無往而不利。凡事莫要強求，順其自然，水到渠成。

古時候宋國有個農夫，種子出苗後，便希望能早早收成。

每天他到禾田時，發覺那些禾苗長得非常慢。他等得不耐煩了，心想：「怎麼樣才能使禾苗長得高，長得快呢？」想了又想，他終於想到了一個「最佳方法」，就是將禾苗拔高幾分。

經過一番辛勞後，他滿意地扛著鋤頭回家休息。然後得意洋洋地回去對家裡的人說：「今天可把我累壞了，我幫助禾苗長高了一大截！」

他兒子趕快跑到地裡去一看，結果禾苗全都枯死了。

禾苗生長自有禾苗生長的自然規律，違背禾苗的生長規律而一廂情願地去幫助莊稼生長，不僅沒有益處，反而會害死莊稼。

揠苗助長的道理尤其適用於教育領域。今天的父母們往往望子成龍、望女成鳳，那種急切的心情真可謂「可憐天下父母心」啊！因此，很多父母往往就會犯揠苗助長的錯

誤——孩子才只有幾歲的年紀，就被父母哄著逼著參加各種各樣的培訓班，學英語，學鋼琴，學書法，學象棋……父母們簡直想把自己的孩子鍛造成一個無所不能、無所不會、樣樣精通的全才。

貝多芬小的時候，父親常常逼著他練琴，一練就是好幾個小時，彈得不理想就施以家庭暴力，讓小貝多芬感到痛苦不堪。因此，貝多芬逐漸形成了暴躁的脾氣，而正是因為他的衝動性格，一輩子得罪了很多人，家庭生活也不盡如人意。

現在的父母們，往往只看到子女被塑造成天才神童的榮耀光環，進行揠苗助長，從而忽視了一些天才兒童所表現出來的負面問題。

教育孩子應根據孩子的生理特點和心理特點，循序漸進，並要考慮孩子的承受能力。過早地讓孩子學習知識，將過重的學習壓力放到孩子身上，結果很可能適得其反。使孩子喪失學習興趣，從而對學習產生厭煩心理，對以後的人生發展極其不利。

唯有順應孩子的天性，才能收到良好的效果，達到預期的目的。

教育是一項複雜的工程，也是技巧性很強的工作，無論採用什麼方法，其根本應該是不扼殺孩子的天性。當然，順其自然，並不是對孩子不聞不問，放任不管，這和種莊稼也是同樣的道理。要想莊稼收成好，必須認真管理莊稼，鋤草、施肥、澆水、治理病蟲害等等。同樣，要想孩子成才，就要對孩子給予及時的、必要的、適當的指導和管理。

人生大智慧：教育孩子不能揠苗助長，也不能放任不管。

第三十九章　東野稷敗馬

【原文】

東野稷以御見莊公①，進退中繩②，左右旋中規③。莊公以為文弗過也④，使之鈞百而反⑤。顏闔遇之⑥，入見曰：「稷之馬將敗⑦。」公密而不應⑧。少焉⑨，果敗而反。公曰：「子何以知之？」曰「其馬力竭矣，而猶求焉⑩，故曰敗。」

——〈達生〉

【注釋】

①以：因為。御：善於駕車。莊公：指魯莊公。

②中繩：符合筆直的墨線中，符合。

③旋：轉彎。規：圓規，像圓規畫出一樣的規整弧形。

④文：「父」字之誤，前脫「造」字。造父，周穆王時御手。

　弗：會。另一種講法：文通紋，指刺繡花紋

⑤鈞（ㄍㄡ）百：轉上一百圈。反：通「返」，返回原地。

⑥遇之：遇到了他。

⑦敗：翻倒。

⑧密而不應：默不作聲。密，同「默」，沉默。應，回答，理會。

⑨少焉：不一會兒，不久。

⑩猶：依然，還。求：驅趕不停，強求牠拚命奔跑。

【譯文】

　　東野稷因為善於駕車而被魯莊公召見，他駕車時進退能夠在一條直線上，左右轉彎形成規整的弧形。莊公覺得論駕車技術造父絕不會超過東野稷，於是要他轉上一百圈後再回來。顏闔遇上了這件事，入內會見莊公，說：「東野稷的馬一定會失敗的。」莊公默不作聲。過了沒多久，東野稷果然失敗而回。莊公問：「你為什麼事先就知道他一定會失敗呢？」顏闔回答說：「東野稷的馬已經精疲力竭，可是還強求牠拼命奔跑，所以說必定會失敗的。」

【寓意】

世間萬物，皆有一個限度。如果不認真把握這個限度，只是一味蠻幹或瞎指揮，到時候只會弄巧成拙或碰釘子。

【延伸閱讀】

　　東野稷的馬是非常優秀，他的馬術也確實高超。然而，他的表演卻「失敗」了，原因就在於東野稷的要求超過了馬的體力所許可的限度。正處於一個隨時會出現危機的時刻，馬之所以當時沒有出現意外，只是一種幸運。試想，當一匹馬不得不將所有力氣用於奔馳時，牠還有什麼體力去維持平衡呢？繼續讓馬跑下去，馬在承受了十二分體力付出後便不可避免的失敗了。

　　東野稷敗馬的道理同樣適用於生活的各個方面，許多人做事之所以跌落「失敗」的泥潭，並不是因為他們沒有本領，也不是因為他們不出力，而是因為他們過於賣力，主觀願望超過了客觀條件所允許的限度。凡事都要講究一個度。

　　一群猴子決定節食一天。

　　「在我們開始之前，我認為我們應該把節食結束時的食物準備好！」一個小猴子建議。

其他猴子紛紛表示贊成。「我認為在節食之前，我們還應該把香蕉分好，節食完畢時，我們就不需要花費時間來分香蕉了，可以想像那時我們該有多餓呀！」小猴子又建議。

猴子們又表示贊同，一一分好，各自收好自己的那份香蕉。

「為什麼我們不剝開一根香蕉，做好充分的準備呢？」小猴子接著說。

「好吧！」年長的猴子看看眾猴子說，「我們可以剝香蕉，但是無論如何不可以吃！」

猴子們開始剝好香蕉放在跟前，等著節食結束後吃。

「為什麼我們不把香蕉放在嘴裡呢？這樣我們在節食完畢後立刻就可以吃到了！」

年長的猴子猶豫了一會兒說：「只要不吃，這完全可以。」

就這樣，猴子們把香蕉放在嘴裡，開始節食。牠們含著香蕉，一起等著時間一點一點地過去。

結果，牠們的口水在嘴裡越積越多，猴子們試圖輕輕嚥一下，誰知道，香蕉很快便順著牠們的喉嚨消失了。節食宣告結束。

猴子們之所以節食失敗，是因為牠們準備香蕉的工作做過了頭，試想，一旦香蕉已經到了嘴裡，又有多少猴子能抵抗住誘惑不把它吃下去呢？即使猴子們在主觀願望上不想把香蕉吃下去，但猴子的這種主觀願望已經遠遠超過了牠們的能力所能承受的範圍，所以必然導致失敗。因此，不要自以為是地認為只要能守住心理的底線就沒問題，其實很多事情就像猴子嘴裡的口水一樣會越積越多，直到控制不住，就會釀成大錯。

回首中國歷史，小小的秦國憑藉其精明的軍事策略最終統一了中國，可是在之後的幾年裡，秦國大興土木，勞民傷財，修建阿房宮，使天下百姓處於水深火熱之中，這種作法嚴重超過了百姓所

能承受的限度，最終大秦王朝被楚人付之一炬，化為焦土，令人悲哉！秦國超過了治國準則的限度，所以才會一敗塗地。如果秦國治國有度。那或許會使秦國振興上千年，落個國泰民安呢！

努力拚搏是一項優秀的品質，但拚搏也應有適當時機，也要有個限度。從功效上看，盲目地開足馬力並不一定就有好的結果。就像馬拉松比賽一樣，你剛開跑就一鼓作氣，這當然讓你能在一開始時超越別人。但是別忘了──你前面還有幾十里的路程在等著你，你一鼓作氣免不了再而衰三而竭。最終，你就是想努力也會心有餘而力不足，只得與勝利失之交臂。人生說長也不長，說短也不短，一直在「努力」地奔馳，不是贏得人生旅程的籌碼，相反地，過於全力地奔馳容易導致跌倒、累跨，最終導致付出與回報成了反比。

請不要等到了「英年早逝」，「出師未捷身先死」時才領悟到這點。拚搏必須有個好身體做基礎，沒有這個基礎，再做多少努力也是白費工夫。

東野稷的馬術表演，用到八分力量與速度最為適宜。力不可使盡，勢不可去盡，福不可享盡，便宜不可佔盡，聰明不可用盡，世間萬事萬物都應該留有餘地。

一名著名的企業家去給眾人演講，有一個人問這個企業家，「你成功的祕訣是什麼？」這個企業家拿起粉筆在黑板上畫了一個沒有封閉的圓。下面有很多人開始猜測了，有人說意味著成功，有人說意味著圓滑……然後企業家說：「我畫這個不完整的圓，是想說無論做什麼事都要留有餘地。有時候不要把事情做得很圓滿，就像畫這個圓，一定要留有缺口，讓下屬去填滿它。」

做事給人留有餘地，並不是說明你的能力不強，實際上這是一種管理的智慧，是一種更高層次上帶有全局性的圓滿。給猴子一棵

樹，讓牠不停地攀登。給老虎一座山，讓牠自由縱橫。這是企業管理者用人的最高智慧。

美國一家大超市的經理傑克每天都到他的連鎖店去巡視一遍。有一次，他看見一名顧客站在櫃台前等待，但沒有一個售貨員對她稍加注意。那些售貨員在櫃台遠處的另一頭擠成一堆，彼此又說又笑。身為經理的他當然對這一情況很不滿意，一定要糾正這種不負責任的行為。但是傑克並沒有直接地去指責那些在上班時間閒聊的售貨員，他採取了巧妙暗示、保全員工面子的方法處理了這件事。他站在櫃台後面，親自招呼那位女顧客，然後把貨品交給售貨員包裝，接著他就走開了。售貨員當然看到了這個情況，自責的她們再沒有讓類似的情況發生。

傑克並沒有直接指責員工的不負責，而是親自去為顧客服務，為員工保留了自我反省的餘地和空間，讓員工意識到自己的失職，產生了間接糾正員工錯誤的作用。

相信大家都聽說這樣一句話：「萬事留一線，日後好相見。」說的就是留有餘地。意思是說與人相處，凡事都不可做絕，要記得給彼此留有餘地，以後不管在什麼場合見面，都不會難堪。

設計建築時，要留出一些餘地給綠樹，給陽光，給空氣；鋪築路面，每到一定距離，便要留下一條名為縮水線的「餘地」，以免路面發生膨脹而破裂；高速公路上，每過一段路程，就要在路邊留出一塊「餘地」，供有毛病的車輛應急停靠檢修；狡兔三窟，留有逃生的餘地；得勢不忘失勢，留有後退的餘地；退耕還林，是給樹林一份蒼翠的餘地；保護森林，是給自然留一份和諧的餘地；保護濕地，是給水禽留一份生存的餘地；保護隱私，是給心靈一份隱祕的餘地……

　　批評別人，要給對方留下改過自新的餘地；表揚別人，要給
對方留下繼續進取的餘地；制訂計畫，要留有變化的餘地；享受人
生，要留有養老的餘地；日常用度，要留有常備的餘地；再緊張的
工作，也要留有休息的餘地……

　　　人生大智慧：人在社會，無論是做人還是做事，都要學
會把握度，留有餘地。話不可說滿，事不可做絕。凡事留有餘地，
才能有足夠迴旋的空間。

第四十章　豐狐文豹

【原文】

　　夫豐狐文豹①，棲於山林，伏於岩穴，靜也；夜行晝居，戒②也；雖饑渴隱約③，猶旦胥疏於江湖之上而求食焉④，定⑤也。然且不免於罔羅機辟⑥之患，是何罪之有哉？其皮為之災也。

——〈山木〉

【注釋】

　　①豐狐：大狐。文豹：皮上有美麗花紋的豹。
　　②戒：戒備，警惕。
　　③隱約：潛藏。
　　④旦：白天。胥：互相。疏：疏遠。胥疏於江湖之上：互相遠
　　　　離於無人之處。
　　⑤定：安定。這裡有守本分不與人爭的意思。
　　⑥罔羅：捕鳥的網。罔，古同「網」，用繩線等結成的捕魚捉
　　　　鳥器具。機辟：捕捉鳥獸的器具。

【譯文】

　　皮毛豐厚的大狐和毛皮上有美麗花紋的豹，棲息於深山老林，潛伏於岩穴山洞，這是靜心；夜裡行動，白天居息，這是警惕；即使饑渴也隱形潛蹤，白天牠們還是全都在遠離人類生活的江湖覓食，這是求個安定啊；然而牠們最終還是不能免於羅網和機關的災禍。這兩種動物有什麼罪過呢？是牠們自身的皮毛給牠們帶來災

禍。

【延伸閱讀】

寓言中的「豐狐」、「文豹」靜靜地棲息藏匿於山林岩穴之中，牠們晝伏夜出，非常警惕，即使在潛藏時忍饑捱餓，也要獨來獨往，在無人之處覓食。儘管如此謹慎，牠們還是避免不了落入人們的羅網機關之中。這是因為牠們名貴華麗的皮毛給牠們招致了災禍。其實文章是在傳達這樣一種資訊：過人的才能是招致禍害的罪魁禍首，所以要安分守己，韜光養晦，遠禍全身。這是莊子的處世哲學。

讀到此處，肯定有不少人認為莊子的思想屬於消極避世，無所作為。其實不然，莊子（以及老子）的道意思想精髓是無為而無所不為。在紛繁複雜的世界中，要想保持自己的天性，要適應社會，要有所作為，首先要安分守己，韜光養晦，遠禍全身。樹大就會招風，才能外露，則很容易招來嫉妒。瘦小的樹木反而不會引人注目。水滴石穿，水是柔弱的，但是它卻能將巨石滴穿。洪水襲來的時候，淹沒農田，房屋倒塌，擋都擋不住。做人要像瘦小的樹木、柔弱的水滴一樣「處下不爭」，這樣才能消解爭端，培養容忍的胸懷。人在世間所要做的事情很多，不可能苛求每一件都取得成功。「處下不爭」並非自我放棄或自我否定，更不是逃避困難、逃避社會，遁入山林，它的意義在於順著自然的情狀去發揮你的才智。任何一個成功的人，都應該有博大的的胸懷、謙虛的態度。因為他會接觸到各種各樣的、不同階層的人，他要從中找到自己合適的位置，調整好自己的心態，學習各種交往技巧來應對這些人。他必須能夠容忍這些人的缺點，同時又能夠汲取他們的優點。這些人都是他學習的榜

【寓意】

安分守己，韜光養晦，遠禍全身；不要為身外之物所累。

樣，又是引以為戒的鏡子。

　　這則寓言還有另外一層寓意，即做人做事千萬不要為身外之物所累。莊子是道家代表，一生貧困卻樂在其中，一生看淡名利卻逍遙自在，更不會為這些身外之物所累。這在現實生活中，非常值得我們我們現代人借鑑。

　　從某種意義上講，生理上的某種缺陷同樣屬於身外之物。倘若一味偏執於自己的生理缺陷，一味抱怨，不敢面對現實，進而喪失生活的勇氣，同樣是被身外之物所累。

　　相信大家都知道海倫·凱勒的故事。

　　海倫·凱勒1880年6月27日出生於阿拉巴馬州北部的一個小城鎮——塔斯克姆比亞。她在年僅19個月時就被猩紅熱奪去了視力和聽力，導致了她完全成了瞎子和聾子。

　　在黑暗而又寂寞的世界裡，海倫·凱勒並沒有放棄，而是自強不息，並在老師安妮·莎莉文的努力下，用堅定的毅力克服生理缺陷所造成的精神痛苦。她熱愛生活並從中得到許多知識，學會了讀書和說話，並開始和其他人溝通。以優異的成績畢業於美國哈佛大學拉德克利夫學院，成為一個學識淵博，掌握英、法、德、拉丁、希臘五種文字的著名作家和教育家。她走遍美國和世界各地，為盲人學校募集資金，把自己的一生獻給了盲人福利和教育事業。獲得了世界各國人民的讚揚。並且她還完成了一系列著作，如《假如給我三天光明》、《我的生活》、《我的老師》等等。

　　海倫·凱勒沒有被身體上的缺陷所拘束，而是以堅定的鬥志和毅力戰勝了病魔和心魔，為人類做出了自己獨特的貢獻。海倫·凱勒的故事告訴我們這樣一個道理：上帝在為你關閉一扇門的同時，也為你打開了另一扇窗戶。用中國的一句古話來說，就是「塞翁失

馬，焉知非福」的道理。其實，人生就是得失相依的過程，有一得
必有一失，反之，有一失，也必有一得。只要你用心去體會，這個
道理是屢試不爽的。問題是在很多時候，我們的心智往往被種種障
礙所遮蔽，不能發現這個道理。作為肉體的生命，人是悲哀的，從
一出生開始，就不可逆轉地朝著死亡邁進，但作為精神的生命，人
卻是幸運的，老而彌慧。這或許就是一失一得的道理吧。

人生大智慧：安分守己，看輕看淡身外物。

第四十一章　君子之交淡若水

【原文】

　　孔子問子桑雽曰：「吾再逐於魯①，伐樹於宋②，削跡於衛③，窮於商周④，圍於陳蔡之間⑤。吾犯此數患⑥，親交益疏⑦，徒友益散，何歟？」

　　子桑雽曰：「子獨不聞假人之亡歟⑧？林回棄千金之璧，負赤子而趨⑨。或曰：「為其布歟⑩？赤子之布寡矣；為其累與？赤子之累多矣。棄千金之璧，負赤子而趨，何也？」林回曰：「彼以利合⑪，此以天屬也⑫。」夫以利合者，迫窮禍患害相棄也⑬。以天屬者，迫窮禍患害相收也。夫相收之與相棄亦遠矣。且君子之交淡若水，小人之交甘若醴⑭；君子淡以親，小人甘以絕。彼無故以合者，則無故以離。」孔子曰：「敬聞命矣！」徐行翔佯而歸⑮，絕學捐書⑯，弟子無挹於前⑰，其愛益加進。

　　　　　　　　　　　　　　　　　　——〈山木〉

【注釋】

　　①逐：驅逐。
　　②伐樹：伐樹的驚辱。
　　③削跡：剷除足跡。
　　④窮：窮困潦倒。
　　⑤圍：圍困。
　　⑥犯：遭逢，遭遇。患：災禍，災難。
　　⑦親交：親朋故交。益：越來越。疏：疏遠。

⑧假：國名。亡：逃亡。

⑨負：背著。赤子：剛生的嬰兒。趨：快走，逃跑。

⑩布：古代的一種錢幣。

⑪以利合：以利益相合。

⑫以天屬：以天性相連。

⑬迫：迫於。窮禍患害：困厄、災禍、憂患與傷害。相棄：相互拋棄。

⑭醴（ㄌㄧˇ）：甜酒。

⑮徐行：慢慢地走。翔佯：亦作「翔徉」、「翔羊」，徘徊，往返迴旋。

⑯絕學：終止學業。捐書：丟棄書簡。

⑰挹（ㄧˋ）：侍學。

【譯文】

孔子問桑雽道：「我兩次在魯國被驅逐，在宋國受到伐樹的驚辱，在衛國被人剷除足跡，在商、周之地窮困潦倒，在陳國和蔡國間受到圍困。我遭逢這麼多的災禍，親朋故交越來越疏遠了，弟子友人更加離散了，這是什麼原因呢？」

桑雽回答說：「你沒有聽說過那假國人在國家滅亡時逃亡的事情嗎？林回捨棄了價值千金的璧玉，背著剛剛出生的嬰兒就跑。有人議論說：『他是為了錢財嗎？初生嬰兒的價值太少太少了；他是為了怕拖累嗎？初生嬰兒的拖累太多太多了。捨棄價值千金的璧玉，背著嬰兒就跑，為了什麼呢？』林回說：『價值千金的璧玉跟我是以利益相合，而這個嬰兒跟我則是以天性相連。』以利益相合的，遇上困厄、災禍、憂患與傷害就會相互拋棄；以天性相連的，遇上困厄、災禍、憂患與傷害就會相互包容。相互包容與相互拋棄差別也就太遠了。而且君子的交誼淡得像清水一樣，小人的交情甜

得像甜酒一樣；君子淡泊卻心地親近，小人甘甜卻利斷義絕。大凡無緣無故而接近相合的，那麼也終將無緣無故地離散。」孔子說：「我會由衷地聽取你的指教！」於是慢慢地離去，悠閒自得地走了回來，終止了學業丟棄了書簡，弟子沒有一個侍學於前，可是他們對老師的敬愛反而更加深厚了。

【延伸閱讀】

　　「桃花潭水深千尺，不及汪倫送我情」。這是李白談論友情的詩句。常言道：「在家靠父母，在外靠朋友。」由此可見，在人的一生當中，朋友是萬萬少不了的。

　　莊子在本段文字裡，提出了「君子之交」和「小人之交」兩種朋友的概念，並且用兩個比喻來形容這兩種友誼關係，即君子之交淡如水；小人之交甘若醴。

　　唐朝貞觀年間，薛仁貴尚未得志之前，與妻子住在一個破窯洞中苦苦度日，衣食沒有著落，全靠王茂生夫婦經常接濟。後來，薛仁貴參軍，在跟隨唐太宗李世民御駕東征時，因薛仁貴平遼功勞甚大，被封為「平遼王」。一登龍門，身價百倍，前來王府送禮祝賀的文武大臣絡繹不絕，但是都被薛仁貴婉言謝絕了。他唯一收下的是普通老百姓王茂生送來的「美酒兩罈」。一打開酒罈，負責啟封的執事官嚇得面如土色，因為罈中裝的不是美酒而是清水！「啟稟王爺，此人如此大膽戲弄王爺，請王爺重重地懲罰他！」豈料薛仁貴聽了，不但沒有生氣，反而命令執事官取來大碗，當眾飲下三大碗王茂生送來的清水。在場的文武百官不解其意，薛仁貴喝完三大碗清水之後說：「我過去落難時，全靠

【寓意】

「君子之交淡如水，小人之交甘若醴」。用金錢利欲結成的關係是暫時的，不能經受患難的考驗；人與人之間的親情友誼，患難與共才是長久和永恆的。

王兄夫婦的周濟，沒有他們就沒有我今天的榮華富貴。如今我美酒不沾，厚禮不收，卻偏偏要收下王兄送來的清水，因為我知道王兄貧寒，送清水也是王兄的一番美意，這就叫君子之交淡如水。」

此後，薛仁貴與王茂生一家關係甚密，「君子之交淡若水」的佳話也就自此流傳下來了。

曾子曾說：「君子以文會友，以友輔仁。」《莊子·山木》中說：「君子之交淡若水，小人之交甘若醴。」「醴」即是美酒，而「文」自然是如水一樣清淡的了。「文」雖然是如水一樣清淡，但以文章學問相會，以志同道合相連，「淡中知其味、常裡識英奇」，反而能夠「淡以親」。所謂「人親喝口水也甜」，友情春常在。「醴」雖然醇濃香美，但以酒肉相聚，以利益相交，以利益為條件，不過是酒肉朋友罷了。「濃肥辛甘非真味」，結果是「金滿箱，銀滿箱，轉眼乞丐人皆謗」，不僅「甘以絕」，而且反目變成仇人，友誼便已不復存在。

莊子說：「君子之交淡若水，小人之交甘若醴。」君子之交應該是心與心的交流，是一種與天地共存的默契，如絲縷般交織在一起。而小人之交建立在利益關係的基礎上，在一起的酒肉朋友很快就會被遺棄，於是就有了爭吵和謾罵。正如歐陽修所說：「君子與君子以同道為朋，小人與小人以同利為朋。」那些「甘若醴」的友誼大都經不起考驗，正所謂「酒肉弟兄千個有，落難之中無一人」！因為這種友誼的基礎不是散發雅淡氣息的「同道」，而是充滿俗氣的「同利」。

古羅馬哲學家西塞羅說：「把友誼歸結為利益的人，我認為是把友誼中最寶貴的東西一筆勾銷了。」的確如此，真正的友誼應該是雅淡的，是與謀利絕緣的。那些「甘若醴」的友誼絕對不能地久天長。多一些「君子之交」，少一些「小人之交」，這世間才會

變得美好起來，朋友不在多，關鍵要看對方能否影響或幫助自己積極向上。魯迅曾贈與好友瞿秋白這樣一幅對聯：「人生得一知己足矣，斯世當以同懷視之。」此對聯道出了友誼的真諦。

　　真正的朋友之間的交往，平時並不見得有多麼親密，接觸不見得有多麼頻繁，甚至有時可能相隔很遠，分別時間很長，彼此交往就像水一樣淡。真正的友誼是人們在交往中相互理解、相互信任的基礎上建立起來的親密情誼。它有兩個重要特徵：一是超物質性，正如君子之交淡如水的道理，沒有一星半點的物質玷污；二是超功利性，其間不能夾雜任何的利用的卑鄙目的。

　　小人之交就是另外一回事了，表面上親密無間，關係好得像一個人似的，平日裡甜言蜜語，但是就如同甜水一樣，既不能解渴，也不能延續生命。只能錦上添花，絕不會雪中送炭，更有甚者還會落井下石。

　　用金錢利欲結成的關係注定是不能長久的，經受不起風雨的洗禮和患難的考驗；人與人之間的親情友誼，患難與共才是長久和永恆的。

　　人生大智慧：「君子之交淡若水，小人之交甘若醴」。

第四十二章　螳螂捕蟬，黃雀在後

【原文】

　　莊周遊於雕陵之樊①，睹一異鵲自南方來者，翼廣七尺，目大運才②，感周之顙而集於栗林③。莊周曰：「此何鳥哉，翼殷不逝④，目大不睹？」蹇裳躩步⑤，執彈而留之⑥。睹一蟬，方得美蔭而忘其身，螳蜋執翳而搏之⑦，見得而忘其形；異鵲從而利之⑧，見利而忘其真⑨。莊周怵然曰⑩：「噫！物固相累⑪，二類相召也！」捐彈而反走，虞人逐而誶之⑫。

　　莊周反入，三日不庭⑬，藺且從而問之⑭：「夫子何為頃間甚不庭乎⑮？」莊周曰：「吾守形而忘身，觀於濁水而迷於清淵。且吾聞諸夫子曰：『入其俗，從其令⑯』。今吾遊於雕陵而忘吾身，異鵲感吾顙，遊於栗林而忘真，栗林虞人以吾為戮⑰，吾所以不庭也。」

——〈山木〉

【注釋】

　　①雕陵：陵名，一說為栗園名。樊：籬笆。

　　②目大運寸：眼睛大若一寸。

　　③感：碰著。顙（ㄙㄤˇ）：額頭。集：群鳥棲止於樹上。栗林：栗樹林。

　　④翼：翅膀。殷：盛，大。不逝：飛不遠。

　　⑤蹇（ㄐㄧㄢˇ）：通搴（ㄑㄧㄢ）。搴裳：把衣服提起來。躩（ㄐㄩㄝˊ）步：快步疾走。蹇裳躩步：提著衣服小心地

快步疾走。形容謹慎而匆忙的樣子。

⑥執彈：拿著彈弓。留之：靜靜地等待著時機。

⑦執翳（一ㄟ）：用樹葉作隱蔽。翳，遮蔽，障蔽。搏：捕捉。

⑧從：緊隨其後。

⑨忘其真：喪失了自身的真性。

⑩怵（ㄔㄨˋ）然：驚恐而警惕。

⑪固：原本。相累：相互牽累、相互爭奪。

⑫虞人：看守栗園的人。逐：追著。誶（ㄙㄨㄟˋ）：責問。

⑬不庭：不出門庭。一說，庭當讀為「逞」。不逞，不快，心情不好。

⑭從而問：跟隨一旁問道。

⑮頃間：近來。甚：非常。不庭：不高興，另一種講法是「庭」為庭院；不庭，不出院子。

⑯從：服從。

⑰戮：羞辱，侮辱。

【譯文】

　　莊子在雕陵栗樹林裡遊玩，看見一隻奇異的怪鵲從南方飛來，翅膀寬達七尺，眼睛大若一寸，碰著莊子的額頭而停歇在栗樹林裡。莊子說：「這是什麼鳥呀？翅膀大卻飛不遠，眼睛大視力卻不敏銳？」於是提起衣裳快步上前，拿著彈弓靜靜地等候著時機。這時突然看見一隻蟬，正在濃密的樹蔭裡自在地休息而忘記了自身的安危；一隻螳螂用樹葉作隱蔽打算見機撲上去捕捉蟬，螳螂眼看即將得手而忘掉了自己形體的存在；那隻怪鵲緊隨其後認為那是最好的時機，眼看即將捕到螳螂而又喪失了自身的真性。莊子驚恐而警惕地說：「啊，世上的物類原來就是這樣相互牽累、相互爭奪的，

兩種物類之間也總是以利相召引！」莊子於是扔掉彈弓轉身快步而去，看守栗園的人大惑不解地在後面追著責問。

莊子返回家中，整整三天心情都很不好。弟子藺且跟隨一旁問道：「先生為什麼近來一直很不高興呢？」莊子說：「我留意外物的形體卻忘記了自身的安危，觀賞於混濁的流水卻迷惑於清澈的水潭。而且我從老聃老師那裡聽說：『每到一個地方，就要遵從那裡的習慣與禁忌。』如今我來到雕陵栗園便忘卻了自身的安危，奇異的怪鵲碰上了我的額頭，遊玩於果林時又喪失了自身的真性，管園的人不理解我又進而侮辱我，因此我感到很不愉快。」

【寓意】

「螳螂捕蟬，黃雀在後」比喻目光短淺，只顧眼前利益，而不知後患會隨之而來。

【延伸閱讀】

「螳螂捕蟬，黃雀在後」告訴我們不要只顧眼前利益而不考慮後果，它源自於春秋時期的一個歷史典故。

春秋時期，吳國國王闔閭準備攻打荊地（楚國），但遭到大臣的反對。吳王非常惱火，在召見群臣的朝會上警告說：「誰敢再勸阻就處死誰！」儘管如此，但還是有人想阻止吳王出兵。王宮中有一個青年侍衛官想出了一個好辦法：每天早晨，他拿著彈弓、彈丸在王宮後花園轉來轉去，露水濕透他的衣鞋，連續三天都是如此。吳王對此非常好奇，問道：「你這是為什麼啊？衣服都被露水打濕了。」侍衛道：「園子裡有一棵樹，樹上有一隻蟬，牠停在高高的樹上不停地歌唱，飲著露水，不知道有隻螳螂就在自己的身後想吃掉牠；螳螂屈著身子靠近蟬，想捕捉牠，卻沒想到黃雀就在自己身旁；黃雀伸長脖子想要啄食螳螂，卻不知道有人在樹下舉著彈弓瞄準自己。這三隻小動物，都力求得到牠們眼前的

利益，卻沒有考慮到牠們身後隱伏的禍患。」吳王想了想說：「你說得很好！」於是放棄了攻打楚國的念頭。

憂患意識對於當今企業的輸贏成敗或生死存亡具有重大意義。

前幾年，某肉類製品有限公司在開業時打出了一則「今日開業，何時倒閉，開業大愁」的獨特口號。這則口號掛出後，很多人認為這是不吉利的兆頭，紛紛為企業的命運捏把汗，然而出乎意料的是，幾年過後，這家企業在肉類製品市場普遍疲軟的情勢下，不但沒有「倒閉」，而且取得了很好的發展。

從表面上看，這家企業的興衰與它的開業口號並沒有什麼直接關係，但透過現象看本質，我們不難發現，企業的穩定快速發展與企業經營者這種「開業大愁」的憂患意識有著密切關係，可以說，正是這種憂患意識促成了這家企業的發展。

這件事不禁使人聯想到時下的一些企業或公司行號在開業時，大都是鞭炮、鼓樂齊鳴，彩旗招展，車水馬龍，好一派欣欣向榮的景象，而企業負責人在台上也總是慷慨激昂地大談上任後將如何如何大展鴻圖，要將企業建得如何如何強。甚少有人想到今後關門，有人甚至連「關門」、「倒閉」等類似的字眼也十分忌諱，很少有憂患意識。據統計，最近的一項研究表明，台灣企業面對突如其來的危機往往是措手不及。絕大多數企業的組織結構中有專門負責財務的、負責研究的、負責人力資源的，但很少有專門預防和處理意外事件的部門。

古人說得好：「生於憂患，死於安樂！」憂患最能發現危機，它能促使人變得不安和更加勤奮、謹慎，從而對自己進行不斷的否定和修正。因此可以說，誰具有憂患意識，誰的生命力就更強大，誰發展得就更快。

具有憂患意識，並不是只顧長遠利益而忽視眼前的困境或問

題，而是要妥善處理好眼前利益和長遠利益的關係，既要以長遠利益為導向，又要兼顧好眼前的利益，解決好眼下的困難，唯有如此，才能勝利在望，成功在握。

　　從前，有兩個饑餓難耐的人得到了一位長者的恩賜：一根魚竿和一簍活蹦亂跳的大魚。其中，一個人要了一簍魚，另一個人要了一根魚竿，隨後他們分道揚鑣了。得到魚的人原地就用乾柴搭起篝火煮起了魚，他狼吞虎嚥，一轉眼，連魚帶湯被他吃了個精光，沒過多久，他便餓死在空空的魚簍旁。另一個人則提著魚竿繼續忍饑挨餓，一步步艱難地向海邊走去，可他還未見到大海，便餓死在了半路上。

　　還有兩個饑餓的人，他們同樣得到了長者恩賜的一根魚竿和一簍魚。只是他們並沒有各奔東西，而是商定共同去找尋大海，在饑餓的時候，每次只煮一條魚。他們經過長途跋涉，最終來到了海邊，從此，他們倆開始了捕魚維生的日子，幾年後，他們蓋起了房子，有了各自的家庭、子女，有了自己建造的漁船，過上了快樂幸福的生活。

　　一個人如果只顧眼前的利益，得到的只能是短暫欲望的滿足，勢必不能長久；一個人若是只想著長遠利益而不顧及眼前的困難，則會遇到現實的窘迫和困難。只有把理想和現實結合起來，才有可能獲得成功。

　　【人生大智慧】：注重眼前，謀及長遠，既是一種策略，更是一種智慧。

第四十三章　亦步亦趨

【原文】

顏淵問於仲尼曰：「夫子步亦步，夫子趨亦趨①，夫子馳亦馳；夫子奔逸絕塵②，而回瞠若乎後矣③！」夫子曰：「回，何謂邪？」顏曰：「夫子步，亦步也；夫子言，亦言也；夫子趨，亦趨也；夫子辯，亦辯也；夫子馳，亦馳也；夫子言道，回亦言道也；及奔逸絕塵而回瞠若乎後者，夫子不言而信④，不比而周⑤，無器而民滔乎前⑥，而不知所以然而已矣」。

仲尼曰：「惡⑦，可不察歟！夫哀莫大於心死，而人死亦次之。日出東方而入於西極，萬物莫不比方⑧，有目有趾者⑨，待是而後成功⑩，是出則存，是入則亡。萬物亦然，有待也而死，有待也而生⑪。吾一受其成形⑫，而不化以待盡⑬，效物而動⑭，日夜無隙，而不知其所終，薰然其成形⑮。知命不能規乎其前⑯，丘以是日徂⑰。吾終身與汝交一臂而失之⑱，可不哀與！女殆著乎吾所以著也。彼已盡矣，而女求之以為有，是求馬於唐肆也⑲。吾服女也甚忘，女服吾也亦甚忘。雖然，女奚患焉！雖忘乎故吾，吾有不忘者存。」

――〈田子方〉

【注釋】

①趨：快步。

②奔逸絕塵：腳不沾地迅疾飛奔，形容走得極快。也形容人才十分出眾，無人企及。奔逸：疾馳；絕塵：腳不沾塵土。

③回瞠若乎後：乾瞪著眼落在後面。瞠，瞪著眼睛。

④不言：不說話。信：取信於人。

⑤不比：不表示親近。周：使情意傳遍周圍所有的人。

⑥無器：不居高位、不獲權勢。民滔乎前：人民如同滔滔流水般湧聚於身前。

⑦惡（ㄨ）：文言嘆詞，表示驚訝。

⑧莫不：沒有不。比方：順乎其道。

⑨有目有趾：有眼有腳。

⑩待是而後成功：期待著太陽的運行而獲取成功。

⑪有待也而生：仰賴太陽的升起而逐步生長。

⑫一：一旦。受其成形：稟受大自然賦予我的形體。

⑬化：變化。待盡：等待最終的衰亡。

⑭效物而動：隨應外物的變化而相應有所行動。

⑮薰然：溫和而又自然的樣子。

⑯知命：知道命運的安排。不能規乎其前：不能預先窺測。規，通「窺」，窺察。

⑰徂（ㄘㄨˊ）：過去，逝。

⑱終身：一輩子。汝：你。交臂：胳膊碰胳膊，指擦肩而過。形容當面錯過。失之：你卻不能真正瞭解我。

⑲求馬：尋求馬匹。唐肆：空蕩的集市。

【譯文】

顏淵向孔子問道：「先生行走我也行走，先生快步我也快步，先生奔跑我也奔跑；先生腳不沾地迅疾飛奔，學生只能乾瞪著眼落在後面了！」孔子說：「顏回，你這些話是什麼意思呢？」顏回說：「先生行走，我也跟著行走；先生說話，我也跟著說話；先生快步，我也跟著快步；先生辯論，我也跟著辯論；先生奔跑，我也

跟著奔跑；先生談論大道，我也跟著談論大道；等到先生快
步如飛、腳不沾地迅速奔跑而學生乾瞪著眼落在後面，是說
先生不用說什麼卻能夠取信於大家，不表示親近卻能使情意
傳遍周圍所有的人，不居高位、不獲權勢卻能讓人民如同
滔滔流水般湧聚於身前，而我卻不懂得先生為什麼能夠這
樣。」

　　孔子說：「唉，這怎麼能夠不加審察呢！沒有比心靈
的僵死更悲哀的事，而人的軀體死亡還是次一等的。太陽從
東方升起而隱沒於最西端，萬物沒有不遵循這一方向的，有
眼有腳的人，期待著太陽的運行而獲取成功，太陽升起便獲
得生存，太陽隱沒便走向死亡。萬物全都是如此，等候太陽
的隱沒而逐步消亡，仰賴太陽的升起而逐步生長。我一旦稟
受大自然賦予我的形體，就不會變化成其他形體而等待最終
的衰亡，隨應外物的變化而相應有所行動，日夜不停從不會
有過間歇，而且竟不知道變化發展的終結所在，是那麼溫和
而又自然地鑄就了現在的形體。我知道命運的安排不可能預
先窺測，因此我只是每天隨著變化而推移。我終生跟你相交
親密無間而你卻不能真正瞭解我，能不悲哀嗎！你大概只是
明顯地看到了我那些顯著的方面，它們全都已經逝去，但是
你還在尋求它們而肯定它們的存在，這就如同在空市上尋求
馬匹一樣。我對你形象的思存很快就會遺忘，你對我的形象
的思存也會很快成為過去。雖然如此，你還憂慮什麼呢？即
使忘掉了舊有的我，而我依然會有不被遺忘的東西存在」。

【寓意】

人生在世，必須保持自我本色，活出真我的風采。

【延伸閱讀】

　　「亦步亦趨」出自《莊子・田子方》，顏回的「亦步
亦趨」，原本只是跟老師緊緊相隨，刻意學習的意思。後來

用於形容步步緊跟別人，事事模仿別人。

人生於世，應該保持自我，切忌盲目效法和跟從別人。在這個世界上，沒有哪兩片樹葉是完全相同的。人也是如此，每個人都是獨一無二的，你就是你，你只需做你自己，你不必按照別人的眼光和標準來評判甚至約束自己，你更不必效仿別人，保持自我的本色，做一個真實的自己，這樣你才能活出自我的價值和風采。

之所以提倡保持自我本色，不要盲目效仿，是因為別人身上的東西不一定適合自己。如果你認為某件東西在別人身上能夠閃閃發光，放到你自己身上同樣能閃閃發光，那你就大錯而特錯了。盲目模仿別人的東西，不僅會讓你失去自我本色，而且還可能弄巧成拙，成為別人的笑柄。

《莊子·天運》裡有就有這樣一則故事：

大美女西施的心臟有點毛病，有一天她的舊病復發了，非常難受，於是她用手捂著胸口、皺著眉毛在村子裡行走。人們不知道西施生病了，看到她手捂胸口，雙眉緊鎖，面帶憂鬱的樣子，反而覺得她更加美麗和楚楚動人，大家跟在她身後，目不轉睛地看。有一個相貌很醜陋的人叫東施，她聽到人們都說西施那樣走路比以前更美，便學著西施的樣子，手捂著胸口，皺著眉毛跟在西施後面學她走路。不料她這一模仿，更是醜態畢露，村子裡的富人見了她的醜態，馬上關了大門；村子裡的窮人見了她的怪樣子，連忙領著孩子，遠遠地躲開了。這個傻東施只覺得西施皺眉的樣子很美，卻不知道為什麼美……

東施之醜並不在於她自身的長相難看，而是在於她喪失自我，惺惺作態，矯揉造作。物有貴賤之別，人有美醜之分，這是自然規律，也是大千世界豐富多彩之所在。如果天下物品都是一般無二，

那麼焉有這個五彩斑斕、色彩繽紛的大千世界？上天造人各有不同，人既有獨特性，也有差異性，這是自然的法則。更重要的是，基於人的獨特性上的創造性是人類社會前進的重要推動力。所以我們要保持本真自我，完善自我，千萬不要東施效顰，以至貽笑大方。

盲目仿效別人，有時還會適得其反。

一次，甲公司老闆應乙公司老闆邀請來到乙公司，無意中他發現乙公司的大門旁沒有打卡機，便問：「你們公司不需要打卡嗎？」乙公司老闆說：「本公司不僅不需要打卡，就連考勤人員也沒有。」甲公司老闆問：「那如何記錄員工有否遲到呢？」乙公司老闆回答說：「現在離上班時間還有5分鐘，你可以去各部門看一看，是否還有人沒到公司。」甲公司老闆問：「這是為什麼？」乙公司老闆說：「信任，就是最好的監督者。他們都是成年人，知道自己該怎麼做。」

甲公司老闆頗有感觸。回到公司後，他立即叫人搬走打卡機，撤銷考勤紀錄。可是事與願違，遲到現象愈演愈烈，就連從來不遲到的人，也出現了遲到現象。

這就是盲目效仿別人的後果。每個企業都各有其獨自的特性和實際情況，因此必須以客觀實際為基礎，採取相應的管理措施，如果硬要模仿其他公司。可能畫虎不成反類犬。

今天的社會，日新月異，快節奏和巨大的生活壓力使得很多人逐漸喪失自我。琳琅滿目的商品、觥籌交錯的盛宴、醉生夢死的夜生活讓大多數人有一種頭重腳輕、不知所措的感覺；在無止無休的應酬中，在拜金主義的浪潮中，在阿諛奉承和巴結逢迎中，還有幾個人能把持住真實的自己呢？於是，一大批現代「東施」出現了，

他們盲目崇拜，機械模仿，喜歡追逐流行，就如同牆頭草一樣隨風而倒，人云亦云，失去了本真和自我價值。

其實，每個人都有自我價值和社會價值，都有自己的特點。一個人人格的形成是各種環境綜合作用的結果，人的個性有優劣之分，人的能力有高低之別，不同的人之間有各種各樣的差別，但這種差別只有透過自我完善和學習別人的長處才能不斷地縮短，如果放棄自我，東施效顰般模仿別人，只能適得其反。縱觀古今中外，但凡有成就的人都是個性明顯、堅持自我且不斷完善自我的人：淡泊中求進取的老子、至死不改其志的孔子、放蕩不羈的李白、「創立民國」的孫中山等等，他們皆是極具個人魅力的歷史偉人。社會變革亦是如此，我國的經濟建設之所以能在六、七〇年代取得如此巨大的成就，締造亞洲的經濟奇蹟，就是因為我們堅持以自己的國情為出發點，根據實際情況進行經濟改革。而不是喪失自我、簡單模仿。

當然，保持自我並非自以為是、故步自封、妄自尊大，而是保持自己身上多年形成的好東西，堅持自己身上所具有的正義、善良、樂施好善以及其他獨有的優點。同時，我們在堅持自我的時候還應該學習他人身上的長處和優點，不斷地完善自我。

我們每個人的生活面貌都是由自己塑造而成的，如果我們能學會接受自己，發揮自己的長處，看清自己的短處，便能踏穩步伐，達到成功的彼岸。保持自我，秉持本色，這是一個人快樂幸福的要訣。

人生大智慧：保持本真自我，活出真我風采。

第四十四章　臭腐復化為神奇

【原文】

　　生也死之徒①，死也生之始，孰知其紀②！人之生，氣之聚也③；聚則為生，散則為死。若死生之徒，吾又何患！故萬物一也④，是其所美者為神奇，其所惡著為臭腐；臭腐復化為神奇，神奇復化為臭腐。故曰，通天下一氣耳⑤。聖人故貴一⑥。

　　　　　　　　　　　　　　　　　　　　——〈知北遊〉

【注釋】

　　①徒：徒黨，同一類或同一派別的人。
　　②孰：誰，哪個。紀：端緒，頭緒，端倪。
　　③聚：聚合。
　　④一：同一。
　　⑤通天下：整個天下。
　　⑥貴一：看重萬物同一的特點。

【譯文】

　　生是死的同類，死是生的開始，誰能知道它們的端緒！人的誕生，是氣的聚合，氣的聚合形成生命，氣的離散便是死亡。如果死與生是同類相屬的，那麼對於死亡我又憂慮什麼呢？因此，萬物說到底都是一體的，把那些所謂美好的東西看做是神奇，把那些所謂討厭的東西看做是臭腐；而臭腐的東西可以再轉化為神奇，神奇的東西可以再轉化為臭腐。所以說，整個天下只不過同是氣罷了。聖

人也因此看重萬物同一的特點。

【延伸閱讀】

　　莊子說，臭腐的東西可以轉化為神奇，神奇的東西也可以轉化為臭腐。誠如老子所說：「禍兮福之所倚，福兮禍之所伏。」意思是禍與福互相依存，可以互相轉化。壞事可以引出好的結果，好事也可以引出壞的結果。

　　因為任何事情的出現都只可能有兩種結果，一種是好的，另一種是壞的，各佔百分之五十的機率。世間萬事萬物莫不如此。當我們去做某件事情時，結果也只有兩種可能，一種是成功，另一種是失敗，各佔百分之五十的機率。所以說，成功與失敗對於我們是平等的，我們做某件事失敗了，只是正好落在了失敗的百分之五十的區域裡，但只要我們堅持不懈地努力，終會有成功的一天，因為成功對於我們來說也有百分之五十的可能。於是一些所謂的奇蹟就出現了。

　　有一個法國人，45歲了仍然一事無成，他自己也認為自己簡直倒楣透了：離婚、破產、失業……他不知道自己的生存價值和人生意義。他對自己非常不滿，變得古怪、易怒，同時又十分脆弱。有一天，一個吉普賽人在巴黎街頭算命，他隨意一試。吉普賽人看過他的手相之後，說：「您是一個偉人，您很了不起！」「什麼？」他大吃一驚，「我是個偉人，你不是在開玩笑吧？」吉普賽人平靜地說：「您知道您是誰嗎？」「我是誰？」他暗想，「我是個倒楣鬼，是個窮光蛋，我是個被生活拋棄的人！」但他仍然故作鎮靜地問：「我是誰呢？」「您是偉人，」吉普賽人說，「您知道嗎，您是拿破崙轉世！您身上流的血、您的勇氣和智

【寓意】

好與壞，死板與靈巧，無用與有用，失敗與成功，貧窮與富有，輝煌與落魄，在一定條件下都是可以相互轉化的。關鍵在於你怎麼想，怎麼做。

慧，都是拿破崙的啊！先生，難道您真的沒有發覺，您的面貌也很像拿破崙嗎？」「不會吧……」他遲疑地說，「我離婚了……我破產了……我失業了……我幾乎無家可歸……」「沒錯，但那都只是您的過去，」吉普賽人只好說，「您的未來可不得了！如果先生您不相信，就不用給錢好了。不過，五年後，您將是法國最成功的人啊！因為您就是拿破崙的化身！」他表面裝作極不相信的樣子離開了，但他心裡卻有了一種從未有過的偉大感覺。

回家後，他努力找與拿破崙有關的一切書籍著述來閱讀。漸漸地，他發現周圍的環境開始改變了，朋友、家人、同事、老闆，都換了另一種眼光、另一種表情對他。事情開始順利起來。後來他才領悟到，其實一切都沒有變，是他自己變了：他的膽識、思考模式都在模仿拿破崙，就連走路說話都像。13年以後，也就是在他58歲的時候，他成了億萬富翁、法國赫赫有名的成功人士。

他真是拿破崙轉世嗎？當然不是，那只是那個算命的吉普賽人給他設立的人生目標和行為榜樣。有了目標和榜樣之後，他便有了生活的激情和動力，透過努力，他最終成功了，完成了從臭腐到神奇的轉化。

這樣的例子俯拾皆是，不勝枚舉。

英國前首相邱吉爾的演講功力世人嗟嘆，其演講的措辭語調和手勢中透出非凡的勇氣和力量。「二戰」中最困難的時刻，英國軍民的精神支持，幾乎全靠邱吉爾每天的廣播演講。可是有幾個人知道，邱吉爾青年時期特別害羞，一講話就臉紅，期期艾艾，唯唯諾諾。當他確定了自己遠大的目標和抱負後，決心徹底改掉自己的弱點。於是每天對著鏡子練習演講，自演自看，自講自聽；每一句詞語，每一個語調，每一

個神態，都經過認真思考和反覆錘鍊，同時在現實生活中不斷地磨練、提高。幾年後，他終於風度翩翩，語驚四座了。

由此可見，只要相信自己，只要肯努力，化腐朽為神奇不是神話。

儘管世界有無數種可能，但對於做某件事來說，只有兩種可能，一種是成功，另一種是失敗。所以，正處在逆境中和不得志中的人們應該可以相信，成功對於你們和那些成功者來說都有百分之五十的可能。沒有誰是上帝的寵兒，抑或說我們都是上帝的寵兒，因為他給了我們每個人百分之五十的成功機率，只要我們肯堅持不懈地努力，這種可能就會實現。

人生大智慧：每個人都是平等的，只要根據自身的條件和能力來制訂目標。有信心，肯努力，失敗就可以轉化為成功，腐朽就可以轉化為神奇。

第四十五章　白駒過隙

【原文】

人生天地之間，若白駒之過郤①，忽然而已②。

——〈知北遊〉

【注釋】

①郤（ㄒㄧˋ）：同「隙」，空隙，裂縫。
②忽然：突然地，動作、行為的發生或情況的變化來得迅速又出乎意料地，引申為瞬間。而已：罷了。

【譯文】

人生於天地之間，就如同駿馬穿過一個狹窄的通道，瞬間而過罷了。

【延伸閱讀】

人生沒有彩排，人生的每一分每一秒都只能現場直播，而不能重來第二回，所以絕不能敷衍了事，總以為來日方長。

小時候，父親讓思雨拜一老先生學書法，用舊報紙練字多年，可是一直沒有大的進步。

老先生對父親說：「如果你讓你的孩子用最好的紙來寫，可能會寫得更好。」

父親照辦了。果然，思雨的字大有長進，問其原因，老先生

說：「因為當人用舊報紙寫字的時候，總感覺是在打草稿，即使寫得不好也無所謂，所以就不能完全專心；而用最好的紙，你就會感覺到機會的珍貴，有一種很正式的心態，從而也就更加專心致志，字也就能寫好。」

多年以後，驀然回首自己走過的人生歷程，確實有在草稿上練字的那種心態，以至於許多願望沒能實現。其實就是因為曾經以為來日方長，所以才一次次地失去難得的機遇，白白的浪費了一張又一張的人生好紙。總是在以一種非介入的心態做事，把許多事情當成演戲，而不是真刀真槍的實戰，所以沒能完全發揮出自己的潛能。

很多時候，我們總是在犯這樣的錯誤：總把希望寄託在明天，不珍惜今天。對人生就像寫字一樣，往往不注重字寫得怎樣，而只是看浪費了多少紙墨。

人生沒有草稿紙！生活不應該打草稿！而現實也不會給我們打草稿的機會，因為我們所認為的草稿，其實就已經是我們人生的答案卷——無法更改，更無法重繪，所以我們要珍惜每一次機會，認真對待每一天、每一刻、每一分、每一秒！

在我們工作的職位上，不順心的事情時時刻刻都會發生。比如，被駕駛員無緣無故罵一頓而倍受委屈，遭到同事誤解而生出矛盾，或是面對枯燥的工作而長吁短嘆。如果因為這些事我們就萎靡不振，對工作喪失熱情，整天掛著一張苦瓜臉，對所有同事都一臉冷漠，結果只會使自己一天比一天消沉，做什麼事都不可能成功，害怕去面對每一天。

只有調整好自己的心態，凡事認真去對待，才會有好心情去迎接美好的每一天，才會在自己的工作職位上盡職盡

【寓意】

時光如電，歲月如梭。因此要珍惜和把握好每一天、每一時、每一分、每一秒。

責，從而挖掘出一片屬於自己的美麗天空！

有人問：「人生到底有多少天？」不同的人有不同的答案，其實人的一生無一例外地只有三天：昨天、今天、明天，經營好這三天，就等於經營好了一生。

昨天的日子很長，說不清有多少天，但不管是受過挫折，還是取得輝煌，都不能代表將來。昨天貧困潦倒的人將來有可能變成富翁；昨天錦衣華食的人將來有可能淪為乞丐；昨天還是職員的人將來有可能變成老闆。世上沒有永遠的勝利，也沒有永遠的失敗，勝利和失敗在合適的條件下是可以相互轉化的。因此，我們不必為昨天的挫折而萎靡不振，也不必為昨天的輝煌而沾沾自喜。只有把過去的挫折和輝煌都作為今天的墊腳石，才能攀登美好的明天。

今天的日子很短，而且正在自己的腳下以秒為單位縮短。今天是昨天和明天的接力處，接力棒交得好，便會走向輝煌的明天；接力出問題，就有可能前功盡棄。因此，面對今天，我們不要總是懷念過去，過去的就讓它過去，只有從零開始，腳踏實地，全身心地經營好今天，才會結出豐碩的果實。今天的事一定要在今天做完，絕不能推到明天。明日復明日，明日何其多！說不定明日的明日就是人生的盡頭了，結果不但今天沒有經營好，明天也悄悄地溜走了。

明天的日子還有多長？誰也說不清。明天是輝煌，還是落魄？誰也不能把握好。明天既向我們顯示機遇，又向我們發出挑戰。明天的希望是美好的，但路途絕不會一帆風順，到處佈滿坎坷荊棘。但不管怎樣，有一點是可以肯定的，那就是花好月圓的明天只接納奮鬥不息的人。

因此，我們必須善於汲取昨天的經驗和教訓，利用今天做好跨越的準備，鬥志昂揚地去迎接和挑戰明天，才能為人生畫上一個圓滿的句號！

　　倘若把每天都當成一生來過，每天都度過不同的人生階段，這便是一種很好的生活方式。把每天當作一生來努力，把每天都當作一生來認真對待。這樣，人生就可以時時保持對世界的新鮮感，就如同有人說的，每天升起的都是一輪新的太陽；每天都充滿對生活、工作的熱情，因為每天都是一種新的嘗試、新的考驗和滿足；然後在工作之餘，也別忘記厚待自己，做幾件自己最喜歡、讓自己最快樂的事，每天都享受人生，即使明天生命就結束，也沒有半點遺憾！

　　人生一世，草木一秋，生命短暫，所以我們要好好珍惜時光，把握好生命中的每一天。只有把握好每一天，我們才能擁有一個實實在在的美好人生。

　　【人生大智慧】：活在當下，把握現在，過好每一天，就是過好一輩子。

第四十六章　以其所好籠之

【原文】

　　一雀適羿①，羿必得之，威也；以天下為之籠，則雀無所逃。是故湯以胞人籠伊尹②，秦穆公以五羊之皮籠百里奚③。是故非以其所好籠之而可得者④，無有也。

──〈庚桑楚〉

【注釋】

　　①適：往，向。羿：古人名，傳說是中國夏代有窮國的君主，善於射箭。亦稱「后羿」、「夷羿」。
　　②胞人：廚師。胞，通「庖」。籠：籠絡。
　　③五羊之皮：五張羊皮。
　　④是故：所以。

【譯文】

　　一隻小雀迎著后羿飛來，后羿一定會射中牠，這是后羿的威力；把整個天下當作雀籠，那麼鳥雀沒有一隻能夠逃脫的。因此商湯用庖廚來籠絡伊尹，秦穆公用五張羊皮來籠絡百里奚。所以說，不用其所好來籠絡人心而可以成功的，從來未曾有過。

【延伸閱讀】

　　有一次美國大思想家愛默生與獨生子打算將牛牽回牛棚，兩人一前一後使盡所有力氣，怎麼樣牛也不進去。家中女傭見兩個大男

人滿頭大汗，徒勞無功，於是便上前幫忙。她僅拿了一些草讓牛悠閒的嚼食，並一路餵牠，很順利地就將牛引進了柵欄裡，剩下兩個大男人在那裡目瞪口呆。

投其所好，則事半功倍；反之，則事倍功半，徒勞無功。這個道理尤其適用於當今的行銷領域。一樁交易能否成功，一個顧客能否再次光顧進而成為穩定客源，很重要的一點就在於經營者或行銷人員能否投顧客之所好。

當我們向客戶推銷業務時，要對客戶說他們想聽的話，而不是你自己想說的話。要知道客戶所需要的是什麼，然後針對其需要，說些他們想聽的建議和利益，而不是硬向客戶推銷您想賣出去的產品。

【寓意】

籠絡人心的最好方法就是投其所好。

請時刻謹記，釣魚時用的魚餌，不是你所喜歡吃的東西，而是魚最喜歡吃的食物。你與客戶交談溝通時，勿忘「投其所好」。

談論對方感興趣的事物，會使人感覺受到尊重，也是一種深刻瞭解人，並與之愉快相處的方式。打動人心的最佳方式是跟他談論他最感興趣的事物。

此外，人際交往少不了禮物饋贈。一件小禮品儘管值不了多少錢，但如果在上面花點小心思，使禮品能「投其所好」，就會令對方深感「禮輕情意重」。

投其所好，不僅穩住了客戶資源，而且發展了友誼，可謂一舉兩得。在拓展人脈關係上，「投其所好」者可謂比比皆是。某公司的老闆霍先生請大客戶吃飯時，習慣將對方愛吃的菜記在紙條上，以後再請客時，自己就幫他直接點愛吃的菜。銷售代表王小姐得知一潛在客戶特別喜歡游泳，所以春節前，辦了一張游泳會員卡贈送給他。

　　據瞭解，「投其所好」送上一件小禮品，往往能打動人，給對方留下深刻印象，使人脈關係更加牢靠。

　　在銷售領域，經營者要想實施「投其所好」之術，必須懂得以下道理：顧客的購買行為是受「需要」的驅使，因此，你所經銷的商品必須將顧客的需要置於首位。

　　一個好的經營者，應當在精確分析、判斷的基礎上，主動迎合不同顧客的需要，擴大銷售面，廣招財源。否則便是「盲人騎瞎馬，夜半臨深池」，在高度緊張激烈的競爭中只有敗下陣來。

　　人生大智慧：投其所好，事半功倍。

第四十七章 運斤成風

【原文】

　　莊子送葬，過惠子之墓①，顧謂從者曰：「郢人堊慢其鼻端②，若蠅翼，使匠石斲之③。匠石運斤成風④，聽而斲之，盡堊而鼻不傷，郢人立不失容⑤。宋元君聞之，召匠石曰：「嘗試為寡人為之。」匠石曰：「臣則嘗能斲之。雖然⑥，臣之質死久矣⑦。」自夫子之死也⑧，吾無以為質矣！吾無與言之矣。」

——〈徐無鬼〉

【注釋】

　　①過：路過。
　　②郢（一ㄥˇ）：楚國的都城。堊（ㄜˋ）：白色黏土。慢：通「墁」，塗抹。
　　③匠石：名叫石的匠人。斲（ㄓㄨㄛˊ）：通「斫」，砍。
　　④運：揮動。斤：斧頭。成風：快得像風一樣。
　　⑤失容：改變顏色。
　　⑥雖然：儘管如此。
　　⑦質：箭靶，引伸為搭檔，即郢人。
　　⑧夫子：那人，指惠子。

【譯文】

　　莊子送葬，經過惠子的墓地，回過頭來對隨從的人說：「郢地有個人讓白堊泥塗抹了他自己的鼻尖，白點像蚊蠅的翅膀那樣大

小，讓匠石用斧子砍削掉這一小白點。匠石揮動斧子呼呼作響，漫不經心地砍削白點，鼻尖上的白泥全部除去而鼻子卻一點也沒有受傷，郢地的人站在那裡也若無其事不失常態。宋元君知道了這件事，便召見匠石說：「你也為我這麼試試」。匠石說：『我確實曾經能夠砍削掉鼻尖上的小白點。雖然如此，可以和我搭檔的夥伴已經死去很久了。』自從惠子離開了人世，我再也沒有可以匹敵的對手了！我再也沒有可以與之論辯的人了！」

【延伸閱讀】

這則寓言告訴我們，實踐是非常重要的，功夫要長期修練，才能達到爐火純青的地步。透過反覆地實踐，匠石練就了得心應手的絕技，居然能對準郢人鼻尖上的小飛泥「聽而斫之」，「盡堊而鼻不傷」！動作之敏捷，運斧之迅速，實在令人嘆服。文中的匠石，形象非常鮮明，他不僅具有高超的技術，而且在斫鼻時顯示出了充分的自信和從容鎮定，自信和鎮定往往在很大程度上源自於技術的純熟和精湛。

【寓意】

如果想做到「運斤成風」，必須經過長期的修練和實踐，並且需要有人予以恰到其位的配合與協作。

宋代有個叫陳堯咨的人，非常善於射箭，當時的人都知道他是一個百發百中的神箭手，所以大家都對他很敬佩。而賣油的老翁只略表示讚許，卻笑著說：「這有什麼了不起？只不過是手法熟練些罷了！」陳堯咨聽了，不禁大怒說：「你這老頭有什麼本領，竟敢藐視我？」老翁回答：「我哪敢藐視你，我只是從幾十年的斟酒經驗中，知道對一件事情極其熟練後，便會找到竅門來的道理。」說著，老翁把一個油葫蘆放在地上，用一個銅錢蓋在葫蘆口上，將油通過錢孔灌入葫蘆中。油倒完了，把銅錢拿起來給大家看，錢

孔周圍竟沒有一絲油漬，大家看了都讚嘆不已。老翁微笑著對陳堯咨說：「我這也沒有什麼了不起的，只是熟能生巧罷了。」陳堯咨聽了，一聲不響便掉頭走了。

後來，人們便根據這故事引申出「熟能生巧」這個成語，用來說明熟悉了所做的事情，便能找出做得更好的辦法來。這則故事讓我們懂得：本領不是天生就有的，它要經過勤奮的工作才能獲得，只要肯下工夫，經過長期努力，一定會熟練掌握它的奧祕。

運斤成風的寓言還告訴我們，必須知人善用。有匠石的絕技，更要有郢人的「知人」。大家都很清楚，斧頭能把鼻子砍掉！郢人是否拿鼻子去冒險呢？當然不是！他深知「石之善斫，故敢使斫之也」。當飛斧橫過眼前，他卻「立不失容」。唯有知人至深，才能如此堅信不疑。

三國時，蜀國大臣李嚴犯了罪，丞相諸葛亮將他撤職，流放到偏遠的地方。諸葛亮死後，李嚴嚎啕大哭，說：「諸葛亮雖然撤了我的職，但是他瞭解我，知道我的才能，如果他活著，說不定哪天就會重新重用我。現在他死了，還有誰能夠瞭解我呢？」可見在李嚴的心目中，諸葛亮始終是他的知音。

韓愈曾說：「世有伯樂，然後有千里馬。千里馬常有，而伯樂不常有。」一個國家要想繁榮昌盛，一個企業要想發展壯大，既需要千里馬，更需要伯樂。匠石雖然有運斤成風的本事，沒有搗石灰的人配合也無法發揮作用。所以，有了伯樂的慧眼，有了搗石灰的人配合，千里馬才能各盡其才，匠石才能運斤成風。企業才能興旺，國家才能富強。

此外，運斤成風的寓言還告訴我們「配合」和「協作」的重要

性。匠石的絕技必須透過郢人的配合才能淋漓盡致地發揮出來，否則便無從展現。

伯牙善於彈琴，鍾子期善於欣賞。伯牙正在彈琴的時候，忽然想到了山嶺，在一邊聽著的鍾子期就說：「你的琴聲彷彿是巍峨的高山。」伯牙忽然又想到了河流，鍾子期就說：「你的琴聲彷彿是潺潺的流水。」鍾子期死後，伯牙把琴砸了，說：「我再也不彈琴了，因為我再也找不到鍾子期這樣的知音了。」

講到配合與協作，我們不得不聯想到團隊精神。當今社會，隨著知識經濟時代的到來，各種知識和技術不斷推陳出新，競爭日趨緊張激烈，社會需求越來越多樣化，從而使人們在工作學習中所面臨的情況和環境越來越複雜。在很多情況下，僅僅依靠個人的能力，已經很難完全處理各種錯綜複雜的問題並採取切實高效的行動。所有這些都需要人們組成團體，並要求組織成員之間進一步相互依賴、相互關聯、共同合作，建立合作團隊來解決，並且要進行必要的行動協調，開發團隊應變能力和持續的創新能力，依靠團隊合作的力量創造奇蹟。狼群就是很好的一個例子。

狼是群動之族，攻擊目標既定，群狼起而攻之。頭狼號令之前，群狼各就其位，各司其職，嗥聲起伏而互為呼應，默契配合，有序而不亂。頭狼昂首一呼，則主攻者奮勇向前，佯攻者避實就虛而後動，後備者厲聲而嗥以壯其威……

我們都知道，一隻孤狼並不可怕，但當狼以集體力量出現在攻擊目標之前，卻表現出異常強大的攻擊力。在狼成功捕獵過程的眾多因素中，嚴密有序的集體組織和高效的團隊協作是其中最明顯和最重要的因素。

由此可見，團隊精神是非常重要的。小溪只能泛起破碎的浪

花，百川納海才能激發驚濤駭浪。個人與團隊關係就如同小溪與大海，每個人都要將自己融入集體，才能充分發揮個人的作用。團隊精神的核心就是配合與協作。總之，團隊精神對任何一個組織來講都是不可缺少的精髓。

人生大智慧：勤學苦練，熟能生巧，知人善任，協調配合。

第四十八章　無以汝色驕人

【原文】

　　吳王浮於江，登乎狙之山①。眾狙見之，恂然棄而走②，逃於深蓁③。有一狙焉，委蛇攫搔④，見巧乎王⑤。王射之，敏給搏捷矢⑥。王命相者趨射之⑦，狙執死⑧。

　　王顧謂其友顏不疑曰：「之狙也，伐其巧恃其便以敖予⑨，以至此殛也⑩，戒之哉！嗟乎，無以汝色驕人哉⑪！」顏不疑歸而師董梧以助其色⑫，去樂辭顯，三年而國人稱之。

——〈徐無鬼〉

【注釋】

　　①狙（ㄐㄩ）：古書上說的一種猴子。

　　②恂（ㄒㄩㄣˊ）然：恐懼，惶急。棄而走：四散奔逃。

　　③蓁（ㄓㄣ）：同「榛」，荊棘叢生的樣子。

　　④搔：通搔。

　　⑤見巧：顯示牠的靈巧。見：同「現」，顯示。

　　⑥敏：敏捷地。搏：捕捉。捷矢：飛速射來的利箭。

　　⑦相者：左右隨從。趨射之：一起上前射箭。

　　⑧執死：躲避不及抱樹而死。

　　⑨伐其巧：誇耀牠的靈巧。伐，自誇。恃其便：仗恃牠的便捷。恃，倚仗。敖（ㄠˋ）：後通作「傲」，傲慢，驕傲，引申為蔑視，看不起。予：我。

　　⑩殛（ㄐㄧˊ）：懲罰。

⑪無以汝色驕人：不要用傲氣對待他人。

⑫以助其色：用以劙除自己的傲氣。

【譯文】

吳王渡過長江，登上獼猴聚居的山嶺。猴群看到吳王打獵的隊伍，驚恐地四散奔逃，躲進了荊棘叢林的深處。有一隻猴子留下了，牠從容不迫地騰身而起抓住樹枝跳來跳去，在吳王面前展示牠的靈巧。吳王用箭射牠，牠敏捷地接過飛速射來的利箭。吳王下命令叫來左右隨從打獵的人一起上前射箭，猴子躲避不及抱樹而死。

吳王回身對他的朋友顏不疑說：「這隻猴子誇耀牠的靈巧，仗恃牠的敏捷而蔑視於我，以致受到這樣的懲罰而死去！要以此為戒啊！唉，不要用傲氣對待他人啊！」顏不疑回來後便拜賢士董梧為師用以劙除自己的傲氣，棄絕淫樂，辭別尊顯，三年後全國的人個個稱讚他。

【延伸閱讀】

「木秀於林，風必摧之；堆出於岸，流必湍之，行高於人，眾必非之」，這句話出自三國時期魏人李康的《運命論》。在一片樹林裡，如果有哪棵樹長得太高而突出於其他的樹木，大風颳過來時必定最容易吹斷這棵突出的樹。這旨在告誡人們不要太過在眾人裡出風頭，風頭出多了，必將遭到其他勢力的阻礙刁難。

三國時期的楊修便是因為過於賣弄聰明，結果聰明反被聰明誤，被曹操結束了性命。

曹操建造花園時，動工前工匠們請曹操審閱花園工程的設計圖紙，曹操看了什麼也沒說，只在園門上寫了一個活

【寓意】

不管有多大的本領，也不可當作驕傲的本錢。謙虛謹慎，才能贏得人們的敬重。

字。工匠們不解其意，急忙去問楊修。楊修說：「丞相嫌園門設計
的太大了，」工匠們按楊修的提示修改了方案。曹操見了改造後的
園門，心裡非常高興，問工匠們如何知道自己的心意，工匠們說多
虧了楊主簿的指點。曹操口中稱讚楊修，心裡卻嫉恨楊修的才華。

　　曹操與楊修騎馬同行，當路過曹娥碑時，他們見石碑的背面鐫
刻了黃絹、幼婦、外孫、齏臼八個字，曹操問楊修瞭解這八個字的
意思嗎？楊修正要回答，曹操說：「你先別講出來，容我想想。」
直到走過三十里路以後，曹操才說：「我已明白那八個字的含意
了，你說說你的理解，看我們是否所見略同。」楊修說：「黃絹，
色絲也，並而為絕；幼婦，少女也，並而為妙；外孫為女兒的兒
子，合而為好；齏臼是受辛的器具，為辭（辤，辭的異體字）。這
八個字是『絕妙好辭』四字，是對曹娥碑碑文的讚美。」曹操驚嘆
道：「爾之才思，敏吾三十里也。」

　　曹操平漢中時，連吃敗仗。欲進兵，又擔心馬超拒守。欲收
兵，又恐蜀兵恥笑，心中猶豫不決。適逢庖官進雞湯，曹操見碗中
雞肋，沉思不語。這時有人入帳，稟請夜間口令，曹操隨口答：
「雞肋！」楊修見令傳雞肋，便讓隨行軍士收拾行裝，準備歸程。
將士們問何以得知魏王要回師，楊修說：「從今夜口令，便知魏王
退兵之心已決。雞肋，食之無味，棄之可惜。今進不能勝，退恐人
笑，在此無益，不如早歸。魏王班師就在這幾日，故早準備行裝，
以免臨行慌亂。」曹操早已忌恨楊修才高於己，今日見他又猜透了
自己的心事，便一怒以擾亂軍心的藉口定罪，殺了楊修。

　　其實楊修的死並不是因為曹操忌才，而是因為楊修恃才傲
物，時時處處賣弄自己的才華，所以犯了曹操的大忌。對於楊修的
死，《三國演義》中解釋為「原來楊修為人恃才放曠，數犯曹操之
忌」。這句話一針見血地指出，楊修之死與他的「恃才」和「犯曹
操之忌」有關。《三國志》中也寫道：「太祖既慮始終有變，以楊

修頗有才策，而又袁氏之甥也，於是以罪誅修」。這裡雖然提到楊修那「袁氏之甥」的身分也是導致其被殺的原因之一，但也承認楊修之死和他的才華有關。於是這又出現了另一個問題：說起才華的話，曹操手下，有才華的人可謂不計其數。像郭嘉、程昱、荀彧、賈詡之流哪一個不是才華橫溢。為什麼他們就沒有因為才華招來曹操的妒忌呢？那麼是因為楊修的才華犯了曹操的忌諱嗎？眾所周知，曹操這個人並非一個器量狹小之人。就拿張繡來說，當年發動兵變殺了曹操的兒子和愛將典韋，後來又投降曹操，還是受到了曹操的禮遇。大度的曹操連殺子之仇都可以諒解，為什麼就不可以原諒楊修對自己的冒犯呢？要真正的找出楊修被殺的原因，關鍵還得注意理解羅貫中說的這句話：「原來楊修為人恃才放曠，數犯曹操之忌。」曹操「忌」的究竟是什麼呢？曹操「忌」的是楊修不給他面子。關於面子，這是中國人的傳統中最關心和重視的東西，正所謂「人有臉，樹有皮」，楊修多次不給他的主子曹操面子，讓曹操忌恨他，這是做下屬的一大忌諱。

　　這個道理尤其適用於當今的職場。在職場中，如果你自以為是，處處爭先鋒，事事打頭陣，難免就會惹來賣弄之嫌。

　　當然，不提倡張揚賣弄並非要束縛和壓抑個性。其實我們華人有一個缺點，就是太注重類同於大眾，不注意發揚自身的個性之有利的一面。在當今這個崇尚個性的時代，如果你是一個有才有德之人，你張揚你的個性，將你的優點發揮到極致，對朋友無害，對社會無害，甚至對國家有利，那麼「木秀於林」也應該值得提倡。

　　總而言之，如果你非常優秀，你就必須學會適應環境，審時度勢，切不可清高自傲，一意孤行，我行我素；而應當虛懷若谷，團結他人，用自己的行動，帶動大家的能動性和創造性。這樣，你才能在社會上有一席之地。

人生大智慧：張揚個性，有節有度。

第四十九章　蝸角之爭

【原文】

魏瑩與田侯牟約①，田侯牟背之。魏瑩怒，將使人刺之。犀首聞而恥之曰②：「君為萬乘之君也③，而以匹夫從仇④！衍請受甲二十萬⑤，為君攻之，虜其人民，系其牛馬，使其君內熱發於背。然後拔其國⑥。忌也出走⑦，然後抶其背⑧，折其脊。」

季子聞而恥之曰⑨：「築十仞之城，城者既十仞矣，則又壞之，此胥靡之所苦也⑩。今兵不起七年矣，此王之基也。衍亂人，不可聽也。」

華子聞而醜之曰⑪：「善言伐齊者，亂人也；善言勿伐者，亦亂人也；謂伐之與不伐亂人也者，又亂人也。」君曰：「然則若何？」曰：「君求其道而已矣！」

惠子聞之而見戴晉人⑫。戴晉人曰：「有所謂蝸者，君知之乎？」曰：「然。」有國於蝸之左角者，曰觸氏，有國於蝸之右角者，曰蠻氏。時相與爭地而戰，伏屍數萬，逐北旬有五日而後反⑬。」君曰：「噫！其虛言與？」曰：「臣請為君實之。君以意在四方上下有窮乎⑭？」君曰：「無窮。」曰：「知遊心於無窮，而反在通達之國⑮，若存若亡乎⑯？」君曰：「然。」曰：「通達之中有魏，於魏中有梁⑰，於梁中有王。王與蠻氏，有辯乎⑱？」君曰：「無辯。」客出而君惝然若有亡也⑲。

客出，惠子見。君曰：「客，大人也⑳，聖人不足以當之。」惠子曰：「夫吹管也㉑，猶有嗃也㉒；吹劍首者㉓，吷而已矣㉔。堯舜，人之所譽也；道堯舜於戴晉人之前，譬猶一吷也。」

——〈則陽〉

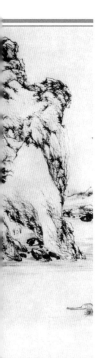

【注釋】

①魏瑩：即魏惠王，也稱梁惠王，名瑩。田侯：即齊威王，有人認為牟為威王一名（威珞一般稱為因齊）。約：訂立盟約。

②犀首：將軍公孫衍。聞：聽說。恥：認為可恥。

③萬乘之君：大國的國君。萬乘（ㄕㄥˋ），萬輛兵車。古時一車四馬為一乘。

④匹夫從仇：用普通百姓的手段去報仇。

⑤衍：公孫衍自稱。請：請求。受甲：統帶部隊。

⑥拔：攻佔，攻克。

⑦忌：指齊國將軍田忌。出走：逃跑。

⑧抶（ㄔˋ）：用鞭、杖或竹板之類的東西打。

⑨恥：認為可恥。

⑩胥靡：役使之人。

⑪醜：鄙夷。

⑫見：引見。

⑬逐北：追剿敗兵，追趕打敗的一方。旬有五日：十五天。旬，十日為一旬。反：同「返」，返回。

⑭意：意度，揣測，設想，認為。窮：盡頭。

⑮反在通達之國：返身於人跡所至的狹小的生活範圍。

⑯若存若亡：有時記在心裡，有時則忘記掉。用以形容若有若無，難以捉摸。

⑰於魏中有梁：在魏國中有一個大梁城。

⑱辯：同「辨」，區別。

⑲惝然若有亡：悵然若有所失。

⑳大人：了不起的人。

㉑管：竹管。

㉒嘹（ㄒㄧㄠ）：吹竹管聲。

㉓吹劍首：吹著劍首的環孔。

㉔唊（ㄒㄩㄝˋ）：如口吹物發出的小聲音。

【譯文】

　　魏惠王與齊威王訂立盟約，而齊威王違背了盟約。魏王為此大怒，打算派人刺殺齊威王，將軍公孫衍知道後認為這樣做非常可恥，於是說：「大王是大國的國君，卻用普通百姓的手段去報仇！我願統率二十萬部隊，替大王攻打齊國，俘獲齊國的百姓，牽走他們的牛馬，使齊國的國君心急如焚，熱毒發於背心。然後我就攻佔齊國的土地。齊國的大將田忌望風逃跑，於是我再鞭打他的背，折斷他的脊骨。」

　　季子知道後又認為公孫衍的作法十分可恥，說：「建築七、八丈高的城牆，築城已經七、八丈高了，接著又把它毀掉，這是役使之人所苦的事。如今戰爭不起已經七年了，這是王業的基礎。公孫衍實在是挑起禍亂的人，不可聽從他的主張。」

　　華子知道以後又鄙夷公孫衍和季子的作法，說：「極力主張討伐齊國的人，是撥弄禍亂的人；極力勸說不要討伐齊國的人，也是撥弄禍亂的人；評說討伐齊國還是不討伐齊國為撥弄禍亂之人的人，他本身就是撥弄禍亂的人。」魏王說：「既然如此，那究竟該怎麼辦呢？」華子說：「大王還是求助於清虛淡漠、物我兼忘的大道吧！」

　　惠子知道後，為魏惠王引見戴晉人。戴晉人對魏王說：「有一種叫蝸牛的小動物，國君知道嗎？」魏王說：「知道。」戴晉人說：「有個國家在蝸牛的左角，名字叫觸氏，有個國家在蝸牛的右角，名字叫蠻氏，正相互為爭奪土地而打仗，倒下的屍體不可勝數，追趕打敗的一方花去整整十五天方才撤兵而回。」魏王說：

「咦，那都是虛妄的言論吧？」戴晉人說：「讓我為你證實這些話。你認為四方與上下有盡頭嗎？」魏王說：「沒有止境。」戴晉人說：「知道使自己的思想在無窮的境域裡遨遊，卻又返身於人跡所至的狹小的生活範圍，這狹小的生活範圍處在無窮的境域裡恐怕就像是若存若失一樣吧？」魏王說：「是的。」戴晉人又說：「在這人跡所至的狹小範圍內有一個魏國，在魏國中有一個大梁城，在大梁城裡有你魏王。大王與那蠻氏相比，有區別嗎？」魏王回答說：「沒有。」戴晉人辭別而去，魏王心中不暢，悵然若有所失。

戴晉人離開後，惠子見魏惠王，魏王說：「戴晉人真是個了不起的人，聖人不足以和他相提並論。」惠子說：「吹起竹管，就會有嘟嘟的響聲；吹著劍首的環孔，只會有絲絲的聲音罷了。堯與舜，都是人們所讚譽的聖人；在戴晉人面前稱讚堯與舜，就好比那微弱的絲絲之聲罷了。」

【寓意】

不要因小失大，得不償失。

【延伸閱讀】

蝸牛那麼渺小，牠的兩隻角上的國家，還要不停地征戰，這不是很可笑嗎？

的確很可笑，因為牠們征戰了半天，也得不到寸土之地，卻使得自己精疲力盡，奄奄一息，實在是因小失大，得不償失。

然而在現實生活中，因小失大的人卻不在少數。有人買櫝還珠，有人飲鴆止渴，有人竭澤而漁，有人殺雞取卵，有人削足適履，有人諱疾忌醫……

以上這些人的共同特點就是因小失大。所謂小，也就是眼前的，往往也是明顯的、誘人的，並且是現實存在的，唾手可得是其特點，如果你急於得到並使用它，則前途隱藏

著危機；所謂大的，則相對較遠，可以想像也可以預見，但模糊存在，甚至在得到前可能還要付出不少辛苦。因此，很多人往往舍大取小，因小失大。

因小失大是庸碌人的通病，他們本末倒置，是非不分，總是從直觀正面入手，停留在事物的表面現象上做文章，只看到眼前的、暫時的狹隘利益，而不顧及長遠的打算。

我國歷史上的三國時期，就發生了不少因小失大的事情。

劉備因為衣帶詔之事敗露遭到曹操的大舉圍攻，不得不向袁紹求救。袁紹的謀士田豐敏銳地意識到，這是袁紹擊敗曹操、擴充勢力範圍的千載難逢的好機會，於是，便向袁紹建議，趁曹操傾巢而出之際，突擊他的後方，攻佔許都，進而一舉佔有最有利的地位。不料，田豐的良策對於袁紹來說就好像是對牛彈琴。袁紹的所有心思都放在了患重病的小兒子身上，根本無心打理自己的國家大事，對田豐的建議更是當作了耳邊風。對於劉備的求助，也是輕描淡寫地就拒絕了。

袁紹如此因小失大，為最終被實力遜於自己的曹操所消滅埋下了伏筆，後來在官渡之戰中，袁紹被曹操擊敗，從此一蹶不振，身死地失。

與袁紹相類，劉備最終也是敗在了因小失大上。

關羽被東吳殺死後，劉備勃然大怒，完全忘記了自己已經身為帝王的身分，恢復了過去憑著江湖義氣辦事的草莽作風，鐵了心要為關羽報仇，就連一向言聽計從的諸葛亮的勸諫也不聽了。他的衝動又助長了張飛的怒火，結果張飛也死於非命。劉備舉全國之力攻打東吳，東吳在大兵壓境求和不得的情況下，被迫投靠了曹魏。

　　戰爭開始後，劉備節節勝利，漸漸沖昏了頭腦，開始輕敵，結果被陸遜一把火燒得全軍覆沒。劉備倉惶逃回，最後死於白帝城。這一場戰役的失利，令蜀國元氣大傷，數十年來開創的基業也受到了極大損毀，給托孤的諸葛亮留下了一個爛攤子。此後，蜀國苦苦支撐，苟延殘喘，最後被魏國消滅。

　　為了結義之情，劉備失掉了一國江山，可以說，這是三國時期最典型的因小失大事件。

　　古今中外，因小失大的事情不勝枚舉。

　　國王查理三世準備背水一戰了。里奇蒙德伯爵亨利帶領的軍隊正迎面撲來，這場戰鬥將決定誰統治英國。

　　戰鬥進行的當天早上，查理派了一個馬夫去備好自己最喜歡的戰馬。「快點給牠釘馬掌，」馬夫對鐵匠說，「國王希望騎著牠打頭陣。」

　　「你得等等，」鐵匠回答，「我前幾天給國王全軍的馬都釘了掌，現在我得打點兒鐵片來。」

　　「我等不及了。」馬夫不耐煩地叫道，「國王的敵人正在推進，我們必須在戰場上迎擊敵兵，有什麼你就用什麼吧！」

　　鐵匠埋頭工作，從一根鐵條上弄下四個馬掌，把它們砸平、整形，固定在馬蹄上，然後開始釘釘子。釘了三個馬掌後，他發現沒有釘子來釘第四個馬掌了。

　　「我需要一兩根釘子，」他說，「得需要一點時間砸出兩根。」

　　「我告訴過你我等不及了，」馬夫急切地說，「我聽見軍號，你能不能想想辦法，不用那麼講究？」

　　「我能把馬掌釘上，但是不能像其他幾個那麼結實。」

「能不能固定住？」馬夫問。

「應該可以，」鐵匠回答，「但我沒把握。」

「好吧，就這樣，」馬夫叫道，「快點，要不然國王會怪罪到我們倆頭上的。」

兩軍交鋒後，查理國王衝鋒陷陣，鞭策士兵迎戰敵人。「衝啊！衝啊！」他喊著，率領部隊衝向敵陣。遠遠地，他看見戰場另一頭自己的幾個士兵退卻了。如果別人看見他們這樣，也會後退的，所以查理策馬揚鞭衝向那個缺口，召喚士兵調轉頭戰鬥。

他還沒走到一半，一隻馬掌掉了，戰馬跌倒在地上，查理也被摔在地上。

查理還沒有抓住韁繩，驚恐的馬就跳起來逃走了。查理環顧四周，他的士兵們紛紛轉身撤退，敵人的軍隊立即包圍了上來。

他在空中揮舞寶劍，「馬！」他喊道，「一匹馬，我的國家傾覆就因為這一匹馬。」

他沒有馬騎了，他的軍隊已經分崩離析，士兵自顧不暇。不一會兒，敵軍俘獲了查理，戰鬥結束了。

查理三世損失了一個偌大的國家都是因為少了一個馬釘。因此，從那時起，人們開始紛紛流傳：少了一根鐵釘，丟了一個馬掌；少了一個馬掌，丟了一匹戰馬；丟了一匹戰馬，敗了一場戰役；敗了一場戰役，失了一個國家！用中國的古語講，即千里之堤潰於蟻穴！

現實生活中，因小失大的事情隨時隨地都在上演，比如，有的人家中失了火，他們為了錢財不被火燒掉，不顧生命危險去搶救那些財物，結果可能由此枉送了性命；有的人得了病，他們會因為心疼錢而導致病情惡化，等到病情加重，不得不治時，就會花去幾十倍、幾百倍的錢，甚至傾家蕩產，也不見得能把病治好，更甚者花

　　了大錢還斷送了性命；時下有人目光短淺，為了眼前的小利小惠，大量開發不可再生資源，大肆污染環境，嚴重地破壞了自然環境和生態結構，為我們的後世子孫的生存埋下了不可饒恕的隱患，所以被人斥責為「吃子孫飯」……

　　相反地，只有懂得以大局為重，適時捨棄一些小的利益，才不失為智者。

　　因此，我們無論做什麼，都必須分清緩急，辨清輕重，掌握關鍵，千萬別犯因小失大的錯誤。

　　那麼，怎樣做才不會因小失大呢？

　　首先，人是最重要的，是至高無上的，忽略了人的重要性，而把利益價值放在了舉足輕重的位置上，實為捨本逐末，本末盡失，與人相比，其他都是比較不重要的，是次要的。俗話說：「留得青山在，不怕沒柴燒。」這是智者的座右銘，因為他抓住了問題的本質，並在時刻提醒人們分清大小主次。

　　其次，當兩種利益發生矛盾衝突時，一定要保持冷靜、理智的頭腦，不要被情緒和小利小惠所左右，要本著以大局為重的宗旨去指導你的行動，才不至於因小失大。

　　人生大智慧：不要捨本逐末，因小失大。

第五十章　勿鹵莽

【原文】

　　長梧封人問子牢曰①：「君為政焉勿鹵莽②，治民焉勿滅裂③。昔予為禾，耕而鹵莽之，則其實亦鹵莽而報予；芸而滅裂之④，其實亦滅裂而報予，予來年變齊⑤，深其耕而熟耰之⑥，其禾繁以滋⑦，予終年厭飧⑧。」

　　莊子聞之曰：「今人之治其形，理其心，多有似封人之所謂，遁其天，離其性，滅其情，亡其神，以眾為⑨。故鹵莽其性者，欲惡之孽⑩，為性萑葦蒹葭⑪，始萌以扶吾形，尋擢吾性⑫，並潰漏發⑬，不擇所出，漂疽疥癰⑭，內熱溲膏是也⑮。」

　　　　　　　　　　　　　　　　　　　──〈則陽〉

【注釋】

　　①長梧地名。封人：官名。《周禮》謂地官司徒所屬有封人，掌管修築王畿、封國、都邑四周疆界上的封土堆和樹木。春秋時各諸侯國都設有封人，典守封疆。同時掌管築城之官亦稱封人。

　　②勿：不要。鹵莽：也作「魯莽」，冒失，粗疏。

　　③滅裂：草率，粗略。

　　④芸：古同「耘」，鋤草。

　　⑤變齊：改變了原有的方式。

　　⑥深其耕：深深地耕地。熟耰（一ㄡ）：細細地平整。耰，古代弄碎土塊、平整土地的農具。引申為播種後翻土、蓋土。

⑦繁（ㄈㄢˊ）：同「繁」，繁茂。

⑧終年：一年到頭。厭飧（ㄙㄨㄣ）：吃得飽。厭，通饜，滿足。飧，晚飯、熟食，此泛指食物。

⑨以眾為：這都因為粗疏鹵莽所致。

⑩欲惡：欲念與邪惡。孽：禍根。

⑪萑（ㄏㄨㄢˊ）葦：兩種蘆類植物，蒹長成後為萑，葭長成後為葦。蒹葭（ㄐㄧㄢ　ㄐㄧㄚ）：一種植物，指蘆荻，蘆葦。蒹，沒有長穗的蘆葦。葭，初生的蘆葦。。

⑫尋：逐漸。擢：拔除。性：本性。

⑬並：全身，遍體。潰：毒瘡。漏發：一起潰發。

⑭漂疽（ㄐㄩ）即瘭（ㄅㄧㄠ）疽。膿瘡之類。漂，通「瘭」。疥（ㄐㄧㄝˋ）一種傳染性皮膚病，非常刺癢，是疥蟲寄生而引起的。通常稱「疥瘡」，亦稱「疥癬」。癰（ㄩㄥ）：一種皮膚和皮下組織的化膿性炎症，易生於頸、背部，常伴有畏寒、發熱等全身症狀。

⑮溲（ㄙㄡ）膏：遺精。溲，大小便，特指小便。

【譯文】

　　長梧地方守護封疆的人對子牢說：「你處理政事不要太粗疏，治理百姓不要太草率。從前我種莊稼，耕地粗疏馬虎，而莊稼收穫時也就用粗疏馬虎的態度來報復我；鋤草也輕率馬虎，而莊稼收穫時也用輕率馬虎的態度來報復我。我第二年改變了原有的方式，深深地耕地，細細地平整，禾苗繁茂果實累累，我一年到頭不愁糧食不足。」

　　莊子聽了後說：「如今人們治理自己的身形，調理自己的心思，很多人都像這守護封疆的人所說的情況，逃避自然，悖離天性，泯滅真情，喪失精神，這都因為粗疏鹵莽所致。所以對待本性

和真情粗疏鹵莽的人，欲念與邪惡的禍根，就像萑葦、蒹葭蔽遮禾黍那樣危害人的本性，開始時似乎還可以用來扶助人的形體，逐漸地就拔除了自己的本性，就像遍體毒瘡一起潰發，不知選擇什麼地方泄出，毒瘡流膿，內熱遺精就是如此。」

【延伸閱讀】

文章中說，處理政事不能太粗疏，治理百姓不能太草率。耕地種莊稼如果粗疏馬虎，那麼莊稼收穫時也會用粗疏馬虎的態度來報復你。因此說，無論做什麼事，都不能粗疏鹵莽。

【寓意】

做事切忌魯莽馬虎。

做事粗疏鹵莽包含兩方面的涵義，一是不細心，馬馬虎虎，草草了事，這樣的態度不但事情辦不好，有時還會鬧出笑話。

如果馬虎只是引發一些諸如此類的小笑話，倒也並不可怕，可怕的是它還會帶來很多意想不到的慘重後果。

一天下午，某建築工地便發生了驚險的一幕：一台水泥攪拌機發生故障後不受操作指揮，將旁邊的一個工人生生「吞」進了機器內並開始攪拌，在場的另外一名工人將電源切斷後及時撥打了「119」報警，並叫救護車。

消防人員趕到現場後看到，眾多工人都聚集在水泥攪拌機旁。工人們紛紛安慰受傷的工人，見到消防隊員到來，他們紛紛指著攪拌機的進料口大叫救人，此時，受傷的工人正被卡在攪拌機的進料口內，他渾身是血，情況十分危急。

經過商量，消防隊員決定先將攪拌機的金屬外殼拆掉，再將受傷的工友抬出。十幾分鐘後，經過工地技術人員

以及消防隊員的拆卸，攪拌機被拆出一個大口，滿臉是血的工人被成功抬出，並立即送往醫院救治。

據在場知情人士透露，事發時這台攪拌機正在攪拌水泥，不知道為什麼突然停止運轉不工作了。那名工人卻沒有關掉電源，直接就想鑽進攪拌機內查找故障原因。正在此時，攪拌機突然開始工作了，於是就把那名工人給捲了進去。

由此可見，馬虎就像一位製造災害的隱形人，稍微一丁點的疏忽和馬虎，就有可能付出生命的代價。

粗疏魯莽的另一層含義就是做事應該深思熟慮，三思而後行，切勿因一時衝動而鑄成大錯。

馬先生在一家汽車維修廠工作。一次，他由於不小心被機器砸傷右腳。受傷後，老闆又不聞不問，馬先生只好自行墊付醫藥費住院治療了一個月。出院後，他多次找老闆討要醫藥費用，老闆均以各種理由推諉，馬先生越想越氣憤，於是與老闆廝打起來，結果老闆被打成重傷。後果可想而知，馬亮不但沒有要回醫藥費還被司法機關給予審判。

這就是魯莽惹的禍。即使馬先生不懂法律，他也應該知道打人是違法的，必然會受到法律的制裁。工傷應當向工作部門申請工傷認定，然後透過工作仲裁來維護當事人的合法權益，衝動和魯莽的結果只能是得不償失。

總而言之，無論做任何事情，都必須三思而後行，認認真真，仔仔細細。

人生大智慧：摒棄馬虎與衝動，三思而謹慎。

第五十一章　涸轍之鮒

【原文】

　　莊周家貧，故往貸粟於監河侯①。監河侯曰：「諾②。我將得邑金③，將貸子三百金④，可乎？」莊周忿然作色曰⑤：「周昨來，有中道而呼者⑥。周顧視車轍中⑦，有鮒魚焉⑧。周問之曰：『鮒魚來！子何為者邪⑨？』對曰：『我，東海之波臣也⑩。君豈有斗升之水而活我哉⑪？』周曰：『諾。我且南遊吳越之王⑫，激西江之水而迎子⑬，可乎？』鮒魚忿然作色曰：「吾失我常與⑭，我無所處⑮。吾得斗升之水然活耳⑯，君乃言此，曾不如早索我枯魚之肆！」」

——〈外物〉

【注釋】

　　①故：因此。貸粟（ㄙㄨㄟˋ）：借糧。粟，穀子，去皮後稱為小米。這裡泛指糧食。貸，借。監河侯：即魏文侯。也有人認為是作者假託的人物。

　　②諾（ㄋㄨㄛˋ）：答應的聲音，表示同意。

　　③邑金：封建統治者在自己的封地裡剝削得來的收入。邑：古代貴族受封的領地。

　　④子：您，對人的尊稱，多指男子。

　　⑤忿（ㄈㄣˋ）然：生氣的樣子。作色：臉上現出怒色。作，發作，發出。

　　⑥中道：道中，半路上。

⑦顧：回頭看。

⑧鮒（ㄈㄨˋ）魚：鯽魚。焉：在那裡。

⑨何為：做什麼。邪：通「耶（一ㄝˊ）」：疑問語氣詞，相當於現代漢語的「嗎」、「呢」。

⑩波臣：海神的臣子。

⑪豈有：有沒有。活：使……活。

⑫且：將要。遊：遊說。吳、越之王：吳：周代諸侯國，國都在今江蘇省蘇州市。越：周代諸侯國，國都在今浙江省紹興市。

⑬激：引（水）。遏阻水勢，使它急流。

⑭常與：經常在一起的，這裡指水。

⑮處：居住、存身的地方。

⑯然：則，就。

⑰曾：還，簡直。索：尋找。枯魚之肆：賣魚乾的店舖。肆：店舖。

【譯文】

　　莊周家境貧寒，於是向監河侯借糧。監河侯說：「行，我即將收取封邑之地的稅金，打算借給你三百金，好嗎？」莊周聽了臉色驟變，忿忿地說：「我昨天來的時候，有人在半道上呼喚我。我回頭看看路上車輪輾過的小坑窪處，有條鯽魚在那裡掙扎。我問牠：『鯽魚，你叫我做什麼呢？』鯽魚回答：『我是東海水族中的一員。你也許能用斗升之水使我活下來吧？』我對牠說：『行啊！我將到南方去遊說吳王、越王，引發西江之水來迎候你，可以嗎？』鯽魚變了臉色，生氣地說：『我失去我經常生活的環境，沒有安身立命之處。眼下我只要能得到斗升那樣多的水就可以活下來了，而你竟說出這樣的話，還不如早點到乾魚店裡找我！』」

【延伸閱讀】

　　成語「涸轍之鮒」告訴我們，幫助別人要雪中送炭，而非錦上添花。口渴以後再送水是雪中送炭，口渴餵水是施恩的一大特徵，別人有難處才需要幫忙，這是最起碼的常識。

　　每個人的內心都有一些需求，有緊迫的，有不重要的，而我們在急需的時候遇到別人的幫助，則內心將會感激不已，甚至終生不忘。瀕臨餓死時送一份食物和富貴時送一座金山，就內心感受來說，完全不一樣。

　　三國爭霸之前，周瑜並未受重視。他曾在軍閥袁術麾下為官，只被袁術任命當過居巢長——一個小縣的縣令罷了。

　　這時候地方上發生了饑荒，年成既壞，兵亂間又損失不少，糧食問題也就日漸嚴峻起來。居巢的百姓沒有糧食吃，就吃樹皮、草根，活活餓死了很多人，軍隊也餓得失去了戰鬥力。周瑜作為父母官，看到這種悲慘的情形急得心慌意亂，不知如何是好。

　　有人獻計，說附近有個樂善好施的財主魯肅，他家素來富裕，想必囤積了不少糧食，不如去向他借。

　　周瑜帶著人馬登門拜訪魯肅，剛剛寒暄完，周瑜就直接說：「不瞞您說，小弟此次造訪，是想借點糧食。」

　　魯肅一看周瑜豐神俊朗，顯而易見是個才子，日後必成大器，他根本不在乎周瑜現在只是個小小的居巢長，哈哈大笑說：「此乃區區小事，我答應就是。」

　　魯肅親自帶周瑜去查看糧倉，這時魯家存有兩大倉糧

【寓意】

當別人有困難的時候，應該誠心誠意、力所能及地給予幫助，絕不能只說大話，開空頭支票。

食。魯肅痛快地說：「也別提什麼借不借的，我把其中一倉送給你好了。」周瑜及其手下一聽他如此慷慨大方，都愣住了，要知道，在饑饉之年，糧食就是生命啊！周瑜被魯肅的言行深深感動了，兩人當下就交上了朋友。

後來周瑜發達了，當上了將軍，他牢記魯肅的恩德，將他推薦給孫權，魯肅終於得到了成就一番事業的機會。

而名動天下的商業領袖，一代官商胡雪巖的發達可以說就是雪中送炭種下的善果。

胡雪巖出身貧寒，剛出道時，他在信和錢莊做學徒。

一年中秋，他奉老闆之命去討債，拿到了五百兩原以為是死賬的銀子。正好在這期間，胡雪巖在茶樓裡結交了文人王有齡。王有齡是一位有才能，有志向，想做出一番事業的人，他想出人頭地，但苦於沒錢趕考。儘管他們相識時間不長，彼此還沒有深交，但是當胡雪巖瞭解到王有齡並非沒有門路，而是沒有錢作為旅費時，立即主動將收到的五百兩債銀拿出來，送給了王有齡，他說：「我願傾家蕩產，助你一臂之力。」胡雪巖的義舉讓王有齡感激涕零，他信誓旦旦他說：「我若富貴了，絕不會忘記胡兄！」

對身處困境中的人僅僅有同情之心是遠遠不夠的，而應當給以具體的幫助，使其度過難關，這種雪中送炭，分憂解難的行為最易引起對方的感激之情，進而形成友情。

周旺做生意賠了本，他向好幾位朋友借錢，但都遭到回絕。後來他向一位平時交往不多的同鄉伸出求援之手，在他說明情況之後，對方毫不猶豫地借錢給他，使他度過了難關，他從打內心裡感

激對方。後來，他發達了，依然不忘這一借錢的交情，常常給對方
以特別的關照。

「雪中送炭」與「錦上添花」是兩種不同的助人方式，而雪
中送炭更能展現出一個人的品德高尚，更能令人感動，讓人銘記於
心，也正因為這份感動與記憶，有時雪中送炭會讓你意想不到地友
情、名利齊雙收。

人生大智慧：助人要雪中送炭，並且要拿出實際行動。

第五十二章　任公子釣魚

【原文】

　　任公子為大鉤巨緇①，五十犗以為餌②，蹲乎會稽③，投竿東海，旦旦而釣④，期年不得魚⑤。已而大魚食之⑥，牽巨鉤，錎沒而下⑦，驚揚而奮鬐⑧，白波若山，海水震蕩，聲侔鬼神⑨，憚赫千里⑩。任公子得若魚，離而臘之⑪，自制河以東⑫，蒼梧以北⑬，其不厭若魚者⑭。已而後世輇才諷說之徒⑮，皆驚而相告也。夫揭竿累⑯，趣灌瀆⑰，守鯢鮒⑱，其於得大魚難矣；飾小說以干縣令⑲，其於大達亦遠矣⑳。是以未嘗聞任氏之風俗㉑，其不可與經於世亦遠矣㉒。

　　　　　　　　　　　　　　　　　　　　——〈外物〉

【注釋】

　　①任：周代諸侯國名，在今山東濟寧東南。公子：諸侯之子。
　　　為：製作。緇（ㄗ）：黑絲繩。
　　②犗（ㄐㄧㄝˋ）：閹割過的牛，指肥壯的牛。
　　③會（ㄍㄨㄟˋ）稽：山名，在今浙江紹興東南。
　　④旦旦：天天。
　　⑤期（ㄐㄧ）年：一整年，滿一年。
　　⑥已而：後來。
　　⑦錎（ㄒㄧㄢˋ）：同「陷」，沉入。
　　⑧驚（ㄨˋ）：奔馳，迅急。揚：昂頭揚尾。奮：扇動。鬐
　　　（ㄑㄧˊ）：古通「鰭」，魚鰭，即魚翅。

⑨侔（ㄇㄡˊ）：類似。

⑩憚（ㄉㄢˋ）赫：駭人的聲威。

⑪離：分，剖開。臘（ㄌㄚˋ）：乾肉，這裡是動詞，製成乾肉。

⑫制河：制，浙河，今錢塘江。

⑬蒼梧：山名，在今湖南省南部。相傳舜死後葬於此山。

⑭厭：通「饜」，飽食。

⑮輇（ㄑㄩㄢˊ）：小，輕，比喻低劣。輇才：才疏學淺的人。

⑯揭：提，舉。竿：釣魚竿。累：細微，這裡借指釣線。

⑰趣：疾走。瀆（ㄉㄨˊ）：小溝渠。

⑱鯢（ㄋㄧˊ）鮒：鯨魚和鯽魚，這裡泛指小魚。

⑲小說：淺薄荒誕的話。干：求。縣（ㄒㄩㄢˊ）令：即高名令聞，指美好的名聲。縣：高。令：美好。

⑳大達：博學明理，大通於至道。

㉑風俗：作風。

㉒經：治理。

【譯文】

　　任國公子做了個大魚鉤繫上粗大的黑繩，用五十頭牛牲做釣餌，蹲在會稽山上，把釣竿投向東海，每天都這樣釣魚，然而整整一年一條魚也沒釣到。不久大魚食吞魚餌，牽著巨大的釣鉤，急速地沉沒到海底，又迅急地揚起脊背騰身而起，掀起如山的白浪，海水劇烈震蕩，吼聲彷彿鬼神，震驚千里之外。任公子釣得這樣一條大魚，將牠剖開製成魚乾，從浙江以東，到蒼梧以北，沒有誰不因為這條魚而吃得飽飽的。這以後那些淺薄之人和喜好品評議論之士，都大為吃驚奔相走告。他們舉著釣竿絲繩，奔跑在山溝小渠

旁，等候小魚上鉤，至於想得到大魚那就很難很難了。修飾淺薄的言辭以求得廣大的美名，對於達到通曉大道的境界來說，距離也就極為遙遠了，因此說不曾瞭解過任公子有所大成的志趣，恐怕也不可以說是善於治理天下，而且其間的差距也十分遙遠。

【延伸閱讀】

這是一則寓言，故事雖然被誇大了，但有其深刻的現實意義。常言道：「三年不開工，開工吃三年。」這是形容那些做大買賣的大氣。任公子的作風就是：寧可三年不開工，但是，一旦開了工，就氣勢如虹。這與楚莊王的「三年不鳴，一鳴驚人；三年不飛，一飛沖天」如出一轍，即志存高遠，厚積薄發。

【寓意】

有遠志的人必須有所捨棄才能有所大成，要想成就一番大事業，就得胸懷大志，朝著既定的目標一直走下去，持之以恆，下狠功夫，才會抵達勝利的彼岸。

周敬王二十四年（西元前496年），越王允常死，勾踐即位。吳王闔閭趁越喪亂之際興兵伐越，勾踐起兵抵抗，戰於檇李（今浙江嘉興市）。吳軍戰敗，闔閭受箭傷死於回國途中。他的兒子夫差即位後，時時不忘殺父之仇，用了二年多的時間練兵，以報大仇。

三年後，夫差發兵越國，勾踐聽說吳王夫差日夜練兵，打算先伐吳國。范蠡對勾踐說：「吳國練兵快三年了。這回決心報仇，來勢兇猛。我們不如守住城，不要跟他們作戰。」勾踐不同意，於是也出動大軍去跟吳國人拚命。兩國的軍隊在太湖一帶展開激戰，結果越軍大敗。

越王勾踐帶著五千殘兵敗將逃到會稽，被吳軍圍困起來了。勾踐一點辦法也沒有了，他對范蠡說：「真懊悔當初沒有聽你的話，弄到現在這步田地，現在該怎麼辦好呢？」

范蠡說：「我們趕快去求和吧！」

勾踐派文種到吳王營裡去求和。文種在夫差面前把勾踐願意投降的意思說了一遍。吳王夫差想同意，可是伍子胥堅決反對，文種回去後，打聽到吳國太宰伯嚭是個貪財好色的小人，於是，就把一批美女和一些珍寶，私下送給伯嚭，請他在夫差面前講好話。接下來，文種又一次到吳營裡去求和，並叩頭說：「希望大王能夠赦免勾踐的罪過，勾踐願把國中所有的財寶獻給大王；如果大王不肯饒恕的話，勾踐決心殺掉自己的妻子兒女，燒毀財寶，率領他那五千人馬與大王決一死戰，大王恐怕也要付出相同的代價。」這時，伯嚭也在一旁勸吳王說：「赦免越王讓他做臣子，這對吳國也有利。」於是吳王夫差不顧伍子胥的勸阻，同意了勾踐的請求，但要勾踐夫婦到吳國為他服役。勾踐將國內事情託付給文種等大臣，帶著夫人和范蠡去吳國。大臣們見國君為保國復仇甘受屈辱，都哭著向他保證一定會治理好越國，百姓也都哭著為他送行。

勾踐抵達吳都，夫差有意羞辱他，要他住在其父闔閭墳前的一個小石屋裡守墳餵馬。夫妻兩人就整日蓬頭垢面地鋤草餵馬，在馬廄裡挑水洗馬糞。而范蠡就一直跟在勾踐夫婦身邊，為他們拾柴做飯。吳王不放心，夜間派人悄悄地去偷聽，也沒有聽到任何怨言，甚至連嘆息聲也沒有。吳王有時騎馬出門還故意要勾踐牽馬從國人面前走過。每逢夫差外出，勾踐就步行在車的左右，寸步不離，以便時時聽從夫差的使喚。有人指著他說：「那個僕人就是越王勾踐！」他忍氣吞聲，雖然內心震怒，但表面上卻裝出一點也不在乎、恭敬從命的樣子，絲毫看不出有任何慍怒之色。勾踐忍辱負重，面無恨色，小心侍候著夫差，做到百依百順，勝過夫差手下的僕役。夫差出去遊獵時，勾踐要跪伏在馬下，讓夫差踩著他的脊背上馬。勾踐三人受盡嘲笑和羞辱，為圖復國大計，勾踐頑強地忍耐著吳國對他的精神和肉體折磨，對吳王夫差表現得恭敬馴服，吳王

因此也就放鬆了對勾踐的警惕，甚至慢慢地生出了同情之心。

有一天，夫差生病，勾踐請求去探視。這天夫差的心情特別沮喪，見勾踐進來，就拿他出氣說：「出去出去！不用你假仁假義的來看我，你恨不得我快點死是不是？我死了你就好回國，你休想！」嚇得勾踐站在那裡不知如何是好。此時夫差要大便，揮著手要勾踐出去。勾踐卻要觀察夫差的糞便，並當著夫差的面，掀開馬桶用手指蘸著夫差的糞便放到嘴裡去品嚐之後說：「剛才我嚐了大王的糞便，又觀其顏色，知大王的病氣已經全排泄出來，您的病很快就會好的。」果然沒幾天夫差的病便好了。夫差因為勾踐的忠誠，很受感動，時間過去三年了，由於勾踐盡心服侍，再加上伯嚭不時接受文種派人所送之禮而在夫差面前為勾踐說好話，使夫差認為勾踐已真心臣服，他決定釋放勾踐夫婦和范蠡回國。放虎歸山，撤消了先王的滅越計畫，種下了吳國覆亡的種子！

勾踐歸國後，臥薪嘗膽，用范蠡、文種、計然之謀，十年生聚，十年教訓，誓復吳仇。二十四年，卒滅吳國，夫差自殺。旋揮師北渡江淮，會諸侯於徐州。是時越兵橫行江淮間，諸侯皆來朝賀，號稱霸王。

俗話說得好：「心字頭上一把刀，一事當前忍為高。」無論是做人還是做事，我們都要做到忍耐，忍耐是以退為進的謀略，以靜制動的法寶。最可貴的忍耐莫過於忍辱負重、厚積薄發。越王勾踐的故事正說明了這一點。勾踐運用韜晦之計，忍受了所有的恥辱，在時機成熟的情況下一舉消滅了吳國。在敵對之間的政治鬥爭中，弱國更需要依賴韜晦之術，更應該學會向對手示弱。透過示弱，表面上向強國一方表示臣服順從，甚至不惜採取一些「非常」的手段，來換取強國對弱國生存的容忍和許可，並且盡可能地有意誇大本國弱小的程度，使強國一方感到無足輕重而掉以輕心，從而創造

出積蓄力量、改變力量對比、以弱克強、以小勝大的可能性。在生活中，總有很多事是我們不能控制的，我們就是生活中的弱者，這時你不要因此而灰心喪氣，而要對自己充滿信心。

　　我們要像勾踐一樣，學會等待時機。等待，是一種知識上的累積，可以在為人處事上得到提高；等待，是一種意志上的磨練，可以在性格心胸上得到修養。因此可以說，學會等待，就等於找到了走向成功的敲門磚，就等於擁有了登上頂峰的奠基石。學會等待，才能走向成熟，才能擁抱成功。

　　歷史上像勾踐這樣的厚積而薄發者比比皆是。孫敬憑藉其獨特的「頭懸樑」苦學精神，終能通今博古、滿腹經綸，成為晉時知名的大儒；蘇秦為吸取廣博知識，夜以繼日發憤苦讀，困乏時以「錐刺股」振奮精神，終有大成；車胤立志苦讀，家中貧寒，晚上看書沒錢點燈，他捉些螢火蟲放在袋子裡，藉著螢光苦讀；孫康映著雪光讀書，砥礪求進，終成晉時很有名望的學者；北宋大文豪歐陽修充分利用時間，在馬上、枕上、廁上，善用時間，積少成多，終於在文學上大有作為……

　　有志者事竟成，一個人、一個民族、一個國家要想立於不敗之地，必須要有奮發向上的精神，中國的歷史就是一部奮鬥史，無數史實和人物都證明了這一點，他們是教育我們胸懷大志、奮發圖強的活教材。

　　人生大智慧：厚積薄發，樹立遠大的志向並為之奮鬥，從小事做起，從自我做起，要有持之以恆、百折不撓的精神。

第五十三章　神龜託夢

【原文】

　　宋元君夜半而夢人被髮窺阿門①，曰：「予自宰路之淵②，予為清江使河伯之所③，漁者餘且得予④。」元君覺，使人占之，曰：「此神龜也。」君曰：「漁者有餘且乎？」左右曰：「有。」君曰：「令餘且會朝⑤。」明日，餘且朝。君曰：「漁何得？」對曰：「且之網得白龜焉，其圓五尺，」君曰：「獻若之龜。」龜至，君再欲殺之，再欲活之，心疑，卜之，曰：「殺龜以卜吉⑥。」乃刳龜⑦，七十二鑽而無遺筴⑧。仲尼曰：「神龜能見夢於元君⑨，而不能避餘且之網；知能七十二鑽而無遺筴，不能避刳腸之患。如是，則知有所困，神有所不及也。雖有至知，萬人謀之⑩。魚不畏網而畏鵜鶘⑪。去小知而大知明，去善而自善矣⑫。嬰兒生無石師而能言⑬，與能言者處也。」

────〈外物〉

【注釋】

　　①夜半：半夜。被髮：披散著頭髮。窺阿門：在側門旁窺視。
　　②自：來自。宰路之淵：名叫宰路的深淵。
　　③予為清江使河伯之所：我作為清江的使者出使河伯的居所。
　　④漁者：漁夫。餘且：人名。得予：捕捉了我。
　　⑤令：命令。會朝：朝見天子。
　　⑥殺龜以卜吉：殺掉白龜用來占卜，一定大吉。
　　⑦刳（ㄎㄨ）：從中間破開再挖空。

⑧遺筴（ㄘㄜˋ）：亦作「遺策」或「遺筞」，失策，失算。

⑨見（ㄒㄧㄢˋ）：同「現」，出現，顯露。

⑩謀：謀算。

⑪畏：害怕。鵜鶘（ㄊㄧˊ　ㄏㄨˊ）：水鳥，體長可達二公尺，翼大，嘴長，尖端彎曲，嘴下有一個皮質的囊，羽毛為灰白色，翼上有少數黑色羽毛。善於游泳和捕魚，捕得的魚存在皮囊中。多群居在熱帶或亞熱帶沿海。

⑫去善：除去矯飾的善行。自善：使自己真正回歸到自然的善性。

⑬石師：石通「碩」，碩師、大師，高明的老師。能言：能學會說話。

【譯文】

　　宋元君半夜裡夢見有人披散著頭髮在側門旁窺視，說：「我來自名叫宰路的深淵，我作為清江的使者出使河伯的居所，漁夫餘且捕捉了我。」宋元君一覺醒來，命人占卜，說：「這是一隻神龜。」宋元君問：「漁夫有名叫餘且的嗎？」左右侍臣回答：「有。」宋元君說：「叫餘且前來朝見我。」第二天，餘且來朝。宋元君問：「你捕撈到了什麼？」餘且回答：「我的網捕捉到一隻白龜，周長五尺。」宋元君說：「獻出你捕獲的白龜」。白龜送到，宋元君一會兒想殺掉，一會兒又想養起來，心中十分疑惑，便占卜問吉凶，說：「殺掉白龜用來占卜，一定大吉。」於是把白龜剖開挖空，用龜板占卜數十次推斷起來也沒有一點失誤。孔子知道後說：「神龜能顯夢給宋元君，卻不能避開餘且的魚網；才智能占卜數十次也沒有一點失誤，卻不能逃脫剖腹挖腸的禍患。如此說來，才智也有困窘的時候，神靈也有考慮不到的地方。即使存在最高超的智慧，也匹敵不了萬人的謀算。魚兒即使不畏懼魚網卻也會

害怕鵷鶵。摒棄小聰明方才顯示大智慧，除去矯飾的善行方才能使自己真正回歸到自然的善性。嬰兒生下地來沒有高明的老師指導也能學會說話，只因為跟會說話的人自然相處。」

【延伸閱讀】

神龜想免去殺身之禍，於是託夢給宋元君，結果仍不免被剖殺，還被宋元君用其龜甲占卜，神龜如果不託夢，下場也許不會這麼慘，這說明個人的智慧是有限的，即使神靈也有失算的時候。由此可見，耍小聰明是不行的，否則，只能慘遭失敗。

【寓意】

不要耍小聰明，智者千慮必有一失；近朱者赤，近墨者黑。

歐洲一些國家的公共交通系統售票處大部分是自助的，你想到那兒去，只需根據目的地自行買票，沒有查票員。一名留學生發現了這個管理上的「漏洞」。在他留學的幾年間，他一共因逃票被抓了三次。幾年後，這名留學生向很多跨國公司投送了求職履歷，可都被拒之門外。最後一次，他衝進了人力資源部經理的辦公室，要求對方給他一個不予錄用的理由。經理是這樣答覆他的：「我們很重視你，因為我們公司一直在開發亞洲市場，需要優秀的本土人士來協助，但我們不能用你，因為我們發現你有3次乘車逃票的紀錄。」

僅僅因為乘車沒有買車票，就使一名專業上很傑出的人才無法找到用武之地，這就是他為自己一時的「小聰明」付出的慘重代價。

這件事足以證明：耍小聰明勢必吃大虧！因為善於耍

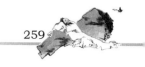

小聰明的人，往往都是善於投機取巧的人，他們往往不尊重規則，想盡辦法尋找規則中的漏洞並惡意使用，所以這種人存在嚴重的道德問題，不值得信賴。

因此，無論你從事什麼工作，也不管你做的事情是大是小，是為自己做還是替別人做，都要不得半點「小聰明」。

即使你是一個真正的智者，也不要自以為是，掉以輕心，要知道智者千慮必有一失！

范睢失去了封邑原韓地的汝南。秦昭王對他說：「賢卿喪失自己的封地汝南以後，是不是很難過呢？」范睢回答說：「臣並不難過。」昭王說：「為什麼不難過？」范睢說：「梁國有一個叫東門吳的人，他的兒子雖然死了，可是他並不感到傷心憂慮，因此他的管家就問他：『主人你疼愛兒子，可以說是天下少見，現在不幸兒子死了，為什麼不難過呢？』東門吳回答說：『我當初本來沒兒子，沒兒子時並不難過；現在兒子死了等於恢復沒兒子時的原狀，我為什麼難過呢？』臣當初只不過是一個小民，當平民的時候並不憂愁，如今失去封地汝南，就等於恢復原來平民的身分，我又有什麼好難過的呢？」

秦昭王不信，於是就對將軍蒙驁說：「如果有一個城池被敵人圍困，寡人就會煩惱得寢食不安，可是范睢丟了自己的封土，反而說自己毫不難過，寡人認為他這話不合情理。」蒙驁說：「讓我去瞭解一下，到底是怎麼回事！」

蒙驁就去拜會范睢說：「我想要自殺！」范睢很驚訝：「將軍你怎麼能說這種話呢？」蒙驁回答說：「君王拜閣下為師，全天下的人都知道這件事。現在我蒙驁僥倖成為秦國將軍，眼看弱小的韓國竟敢違逆秦國奪走閣下的封土，我蒙驁還有什麼臉活著？還不如早點死了好！」范睢趕緊向蒙驁答拜說：「我願意把奪回汝南之事

託付您！」於是蒙驁就把范睢的話回奏了秦昭王。

從此，每當范睢談論到韓國，秦昭王就不想再聽，認為范睢是在為奪回汝南而謀劃。

正所謂「智者千慮、必有一失」。范睢想要表現一下自己的高風亮節，卻反而被秦王用計套出了真正的想法。

莊子在寓言中還提到，嬰兒沒有高明的老師也能學會說話，只因為跟會說話的人相處在一起。跟會說話的人在一起，自然就會說話。如果嬰兒出生後就跟猴子在一起，那估計長到20歲也不會說人話。由此可見，跟有智慧的人在一起，自然就有智慧！跟平凡的人混在一起，自然就只會變得庸碌無為！這就是所謂的「近朱者赤，近墨者黑」。

孟子對戴不勝說：「你希望你的君王向善嗎？我明白告訴你吧。比如說有一位楚國的大夫，希望他的兒子學會說齊國話，是找齊國的人來教他好呢？還是找楚國的人來教他好？」戴不勝說：「找齊國人來教他好。」

孟子說：「如果一個齊國人來教他，卻有許多楚國人在他周圍用楚國話來干擾他，即使你每天鞭打他，要求他說齊國話，那也是不可能的。反之，如果把他帶到齊國去，住在齊國的某個街市，在那裡生活幾年，那麼，即使你每天鞭打他，要求他說楚國話，那也是不可能的了。你說薛居州是個好人，要他住在王宮中；如果在王宮中的人，無論年齡大小還是地位高低都是像薛居州那樣的好人，那君王和誰去做壞事呢？相反地，如果在王宮中的人，無論年齡大小還是地位高低都不是像薛居州那樣的好人，那君王又和誰去做好事呢？」

　　孟子用「近來者赤，近墨者黑」的道理說明了周圍環境對人的影響的重要性。這個道理並不難理解，實際上也就是《大戴禮記·曾子制言》所說的：「蓬生麻中，不扶自直；白沙在涅，與之俱黑」的意思。

　　「孟母三遷」說明的也是這個道理，孟母之所以三遷，擇鄰而居，不就是為了找一個周圍環境好一點的地方，以利於孟子的教育與成長嗎？孟子是從小就受到這方面的薰陶，自然早有切身體會了。

　　終日遊走於市井小巷，結交不學無術的友人，很難有所進步。書籍對人的思想有很強的引導作用，開卷未必有益，取其精華，棄其糟粕，才能真正「腹有詩書氣自華」。「智慧不可以傳遞，但和有智慧的人在一起，卻可以學到智慧。」周圍環境的影響是潛移默化的，不容忽視。

　　既然周圍環境的影響力如此之大，我們就要積極採取有效措施，營造有利環境，讓自己朝著積極的方向發展；為人父母、為人師，就要盡力為孩子營造一個好的學習環境、生活環境，為孩子指明前進的方向。

　　人生大智慧：摒棄小聰明方才顯示大智慧；智者千慮必有一失；近朱者赤，近墨者黑。

第五十四章　得魚忘筌

【原文】

　　德溢乎名①，名溢乎暴②，謀稽乎諔③，知出乎爭，柴生乎守④，官事果乎眾宜。春雨日時⑤，草木怒生，銚鎒於是乎始修⑥，草木之到植者過半⑦，而不知其然。

　　靜然可以補病，眥搣可以休老⑧，寧可以止遽⑨。雖然，若是，勞者之務也⑩，非佚者之所未嘗過而問焉⑪。聖人之所以駴天下⑫，神人未嘗過而問焉⑬；賢人所以駴世，聖人未嘗過而問焉；君子所以駴國，賢人未嘗過而問焉；小人所以合時，君子未嘗過而問焉。

　　演門有親死者⑭，以善毀爵為官師⑮，其黨人毀而死者半⑯。堯與許由天下，許由逃之；湯與務光⑰，務光怒之。紀他聞之⑱，帥弟子而踆於窾水⑲；諸侯弔之⑳，三年，申徒狄因以踣河㉑。

　　荃者所以在魚㉒，得魚而忘荃；蹄者所以在兔㉓，得兔而忘蹄；言者所以在意，得意而忘言。吾安得夫忘言之人而與之言哉！

——〈外物〉

【注釋】

　　①德：德性。溢：外溢。名：名聲。

　　②暴：顯露，曝露，張揚。

　　③謀：謀略。稽：考究。諔（ㄒㄧㄢˊ）：急迫。

　　④柴：阻塞，閉塞。守：維持原狀，不想改變。

　　⑤春雨日時：春雨應時而降。

　　⑥銚鎒（ㄧㄠˊㄋㄡˋ）：同「銚耨」，鋤地的農具。始修：

開始整修。

⑦植者過半：再生超過半數。

⑧皆嫲（ㄕㄚˋㄇㄧˋㄇㄧˋ）：摩摩擦擦。休老：延緩衰老。

⑨寧：寧靜安定。止：止息。遽：急，倉猝。

⑩勞者之務：操勞的人所務必要做到的。

⑪佚者：閒逸的人。未嘗過而問：從不予以過問。

⑫馘（ㄒㄧㄝˋ）：古同「駭」，驚懼。

⑬神人：神仙。

⑭演門：東門口。有親死者：有個死了親人的人。

⑮以：因為。善毀：格外哀傷日漸消瘦。爵為官師：加官進爵
　　封為官師。

⑯黨人：同鄉。

⑰湯：商湯。與：把天下讓給。務光：人名。

⑱聞之：聽說了這件事。

⑲帥：率領。踆（ㄑㄩㄣ）：隱居，窾（ㄎㄨㄢˇ）水：地
　　名。

⑳吊：通「弔」，慰問。

㉑蹈（ㄅㄛˊ）河：投河自殺。

㉒荃（ㄑㄩㄢˊ）：古同「筌」，捕魚的竹器。

㉓蹄（ㄊㄧˊ）：兔網，捕兔的工具。

【譯文】

　　德性的外溢是由於名聲，名聲的外溢是由於曝露和張揚，謀略的考究是由於危急，才智的運用是由於爭鬥，閉塞的出現是由於停滯不前，官府事務處理果決是由於順應了民眾。春雨應時而降，草木勃然而生，鋤地的農具開始整修，田地裡雜草鋤後再生超過半數，而人們往往並不知道為什麼會這樣。

沉靜可以調養病體，摩擦活動可以延緩衰老，寧靜安定可以止息內心的急促。雖然如此，像這樣，仍是操勞的人所務必要做到的，閒逸的人卻從不予以過問。聖人用來驚駭天下的辦法，神人不曾過問；賢人用來驚駭時世的辦法，聖人不曾過問；君子用來驚駭國人的辦法，賢人不曾過問；小人用來苟合於一時的辦法，君子也不曾過問。

東門口有個死了親人的人，因為格外傷心，日漸消瘦而加官進爵封為官師，他的同鄉仿效他，也消瘦毀容卻死者過半。堯要禪讓天下給許由，許由因而逃到箕山；商湯想把天下禪讓給務光，務光大發脾氣；紀他知道了這件事，率領弟子隱居在窾水一帶，諸侯紛紛前往慰問，過了三年，申徒狄仰慕其名而投河自溺。

竹筍是用來捕魚的，捕到魚後就忘掉了魚筍；兔網是用來捕捉兔子的，捕到兔子後就忘掉了兔網；言語是用來傳告思想的，領會了意思就忘掉了言語。我怎麼能尋找到忘掉言語的人而跟他談一談呢！

【寓意】

兔死狗烹、鳥盡弓藏是歷史的必然，因此必須學會自覺轉換角色。

【延伸閱讀】

一個漁夫到河邊捕魚，他把竹器筌投進水裡，全神貫注觀看浮標，終於有一條紅鱊魚上筌了。他十分高興地取下魚把筌拋在一邊，快步回家吹噓自己的功勞。妻子說這是筌的功勞，問他筌到哪裡去了，漁夫這才想起忘記帶筌回家了。

這就是「得魚忘筌」的故事。從古至今，有很多詞語形容這種人，如卸磨殺驢、兔死狗烹、鳥盡弓藏、過河拆橋等等。這些詞語在我們大多數人的印象中，皆屬於悲情的字眼。在中國歷史上，這些詞常常指那些當權者當自己得到權

力後，就把那些曾經為自己立下汗馬功勞的功臣殺掉。

　　春秋末年，吳、越爭霸，越國被吳國打敗。越王勾踐臥薪嚐膽，任用大夫文種、范蠡整頓國政，十年生聚，使國家轉弱為強，終於大敗吳國，洗雪國恥。吳王夫差兵敗出逃，連續七次求和，文種、范蠡堅絕不允。夫差無奈，把一封信繫在箭上射入范蠡營中，信上寫道：「兔子捉光了，捉兔的獵狗沒有用處了，就被殺了煮肉吃；敵國滅掉了，為戰勝敵人出謀獻策的謀臣沒有用處了。兩位大夫為什麼不讓吳國保存下來，替自己留點餘地呢？」

　　文種、范蠡依然拒絕議和，夫差只好拔劍自刎。越王勾踐滅了吳國，發覺范蠡不知去向，只在太湖邊找到了范蠡的外衣，大家都以為范蠡投湖自殺了。可是過了不久，有人給文種送來一封信，上面寫著：「飛鳥打盡了，彈弓就被收藏起來；野兔捉光了，獵狗就被殺了煮來吃；敵國滅掉了，謀臣就被廢棄或遭害。越王為人，只可與他共患難，不能與他同安樂……」不久，勾踐果然登門探望文種，臨別時留下一把佩劍，正是當年吳王夫差逼忠良伍子胥自殺的那把劍。他頓悟，只得引劍自盡。

　　兔死狗烹、鳥盡弓藏的的故事在中國歷史上不斷上演。

　　漢高祖曾問群臣：「吾何以得天下？」群臣回答皆不得要領。劉邦遂說：「我之所以有今天，得力於三個人——運籌帷幄之中，決勝千里之外，吾不如張良；鎮守國家，安撫百姓，不斷供給軍糧，吾不如蕭何；率百萬之眾，戰必勝，攻必取，吾不如韓信。三位皆人傑，吾能用之，此吾所以取天下者也。」然而，由於韓信功高震主，卻毫無自我保護意識，最終在未央宮陰謀中死於呂后的毒手。

　　其實，如果拋開感情因素，兔死狗烹在某種意義上講，乃是

一種宿命，是歷史發展的必然。這樣說是符合歷史唯物主義的。為什麼這麼說呢？我們拿雞蛋殼來舉例說明吧：在小雞沒有出生的時候，雞蛋殼對裡面的受精卵是具有保護作用的，當孵化成小雞，小雞快破殼而出的時候，這時候的蛋殼就是一種束縛，它也完成了自己的歷史使命，就會被小雞啄破。不然，一個新的生命就會被活活扼殺。

小雞與蛋殼的關係，是一個極好的隱喻，它向我們揭示了這樣一個道理：當一種新的、更有生命力的事物產生時，必然要打破甚至採用暴力手段來肅清那些束縛、阻礙自己發展的一切障礙物，甚至潛在的威脅都不允許存在。這個時候，作為曾經的功臣——「狗」或「弓」，要麼順應潮流，實現自身的轉型，要麼被宰被棄。

那麼，如何才能不被宰、不被棄呢？在這一點上，范蠡和張良做得非常好。成功後，范蠡改行經商，張良隱居起來，不問世事，成功地把自己由「任人宰棄的工具」變成了人。

人在不同的場合會扮演不同的角色，同樣的物種在不同的時空背景下也會發生不同的角色轉變。比如，古代老虎與人的敵對關係在現代已經轉變為人自覺地保護老虎，而老虎也變為人在動物園的欣賞對象之一。因此說，處於哲學現實意義的思考，當狗或弓經歷了歷史巨變之後，在狗或弓面對新的環境、新的主人、新的工作時，不能把希望寄託在掌握烹狗或是藏弓的主人身上，而是狗和弓應該自覺完成角色的轉變，讓主人既不烹狗，也不藏弓。

人生大智慧：為了避免得魚忘筌、兔死狗烹、鳥盡弓藏的悲劇發生在自己身上，必須學會自覺轉換角色。

第五十五章　隨珠彈雀

【原文】

　　韓魏相與爭侵地。子華子見昭僖侯①，昭僖侯有憂色。子華子曰：「今使天下書銘於君之前②，書之言曰：『左手攫之則右手廢③，右手攫之則左手廢，然而攫之者必有天下④。』君能攫之乎？」昭僖侯曰：「寡人不攫也。」子華子曰：「甚善！自是觀之，兩臂重於天下也，身亦重於兩臂。韓之輕於天下亦遠矣，今之所爭者，其輕於韓又遠。君固愁身傷生以憂戚不得也⑤！」僖侯曰：「善哉！教寡人者眾矣，未嘗得聞此言也。子華子可謂知輕重矣。」

　　魯君聞顏闔得道之人也⑥，使人以幣先焉⑦。顏闔守陋閭⑧，苴布之衣而自飯牛⑨。魯君之使者至，顏闔自對之⑩。使者曰：「此顏闔之家與？」顏闔對曰：「此闔之家也。」使者致幣，顏闔對曰：「恐聽者謬而遺使者罪⑪，不若審之⑫。」使者還，反審之，復來求之，則不得已⑬。故若顏闔者，真惡富貴也。

　　故曰，道之真以治身⑭，其緒餘以為國家⑮，其土苴以治天下⑯。由此觀之，帝王之功，聖人之餘事也，非所以完身養生也⑰。今世俗之君子，多危身棄生以殉物⑱，豈不悲哉！凡聖人之動作也，必察其所以之與其所以為⑲。今且有人於此⑳，以隨侯之珠彈千仞之雀㉑，世必笑之，是何也？則其所用者重而所要者輕也㉒。夫生者，豈特隨侯之重哉！

——〈讓王〉

【注釋】

①見：拜見。

②書銘：書寫銘記。

③攫：抓取。廢：使……作廢，引申為砍掉。

④有天下：擁有天下。

⑤愁身傷生：愁壞身體、損害生命。

⑥得道之人：得道的高人。

⑦使人：派出使者。以幣先：先行送去聘禮表達敬慕之意。

⑧守：居住。陋閭（ㄌㄡˋ ㄌㄩˊ）：陋巷。

⑨苴布（ㄐㄩ ㄅㄨˋ）：麻織的粗布。飯牛：餵牛。

⑩自：親自。對：接待。

⑪謬：錯誤。罪：過失。

⑫不若：不如。審：仔細思考，反覆分析、推究，引申為回去
　　再仔細問個明白。

⑬不得：找不到。

⑭真：真諦。以：用來。治身：養身。

⑮緒餘：殘餘，剩餘。

⑯土苴（ㄊㄨˇㄐㄩ）：渣滓，糟粕。比喻微賤的東西。

⑰完身養生：保全身形、修養心性。

⑱危身：危害身體。棄生：棄置稟性。殉物：一味地追逐身外
　　之物，為追求物質利益而喪生。

⑲必：必定。察：審察。

⑳有人於此：有這樣的人。

㉑隨：國名。隨侯之珠：比喻珍貴的物品。彈：彈打。千仞之
　　雀：飛得很高很高的麻雀。

㉒所用者：所使用的東西。重：貴重。所要者：所希望得到的
　　東西。輕：微不足道。

【譯文】

　　韓國和魏國相互爭奪邊界上的土地。子華子拜見昭僖侯，昭僖侯正面帶憂色。子華子說：「如今讓天下所有人都來到你面前書寫銘記，書寫的言辭說：『左手抓取東西那麼右手就砍掉，右手抓取東西那麼左手就砍掉，不過抓取東西的人一定會擁有天下。』君侯會去抓取嗎？」昭僖侯說：「我是不會去抓取的。」子華子說：「很好！由此來看，兩隻手臂比天下更為重要，而人的自身又比兩隻手臂重要。韓國比起整個天下實在是微不足道的了，如今兩國所爭奪的土地，比起韓國來又更是微不足道的了。你又何苦愁壞身體、損害生命，而擔憂得不到那邊界上的彈丸之地呢！」昭僖侯說：「好啊！勸我的人很多很多了，卻不曾聽到過如此高明的言論。子華子真可說是懂得誰輕誰重呢！」

　　魯國國君聽說顏闔是一個得道的人，派出使者先行送去聘禮表達敬慕之意。顏闔居住在極為狹窄的巷子裡，穿著粗麻布衣而且親自餵牛。魯君的使者來到顏闔家，顏闔親自接待了他。使者問：「這裡是顏闔的家嗎？」顏闔回答：「這裡就是顏闔的家。」使者送上禮物，顏闔巧妙地說：「恐怕聽話的人聽錯了而給使者帶來過失，不如回去再仔細問個明白。」於是使者返回，查問清楚了，然後再次來找顏闔，卻再也找不到了。像顏闔這樣的人，真正是厭惡富貴的。

　　所以，大道的真諦可以用來養身，大道的剩餘可以用來治理國家，而大道的糟粕才用來統治天下。由此來看，帝王的功業，只不過是聖人餘剩的事，不是可以用來保全身形、修養心性的。如今世俗所說的君子，大多危害身體、棄置稟性而一味地追逐身外之物，這難道不可悲嗎？大凡聖人有所動作，必定要仔細地審察他所追求的方式以及他所行動的原因。如今卻有這樣的人，用珍貴的隨侯之珠去彈打飛得很高很高的麻雀，世上的人們一定會笑話他，這是為

什麼呢？乃是因為他所使用的東西實在貴重而所希望得到的東西實在微不足道。至於說到生命，難道只有隨侯之珠那麼珍貴嗎？

【延伸閱讀】

如果有這樣的人，用珍貴的隨侯之珠去彈打飛得很高很高的麻雀，世人一定會笑話他，這是為什麼呢？原因就在於他所使用的工具實在太貴重，而所希望得到的東西又實在微不足道。人只要能懂得辯證法，就不會不先思考的往前直衝，也才真能成就大事。用「隨珠彈雀」，不僅是貽笑大方，而且實在是人生的愚蠢和浪費！因此，無論是為人，還是做事，我們都必須懂得輕和重，大和小。

我國自古以來就有很多有關輕重大小的俗語，像「避重就輕」、「因小失大」、「千里之堤，潰於蟻穴」、「勿以善小而不為，勿以惡小而為之」、「小不忍則亂大謀」等等。由此可見，「小」完全有能力毀掉「大」！

而因小失大的例子在古今中外不勝枚舉。三國時期的《火燒連營》便是其中之一。

三國時期，蜀皇劉備因為東吳殺死了自己的結拜兄弟關羽和張飛，心生悲憤，於是一睹氣率領七十五萬大軍進攻東吳。但由於紮營不當和氣候問題，被東吳的軍師陸遜用火攻，導致蜀國的軍隊火燒連營，幾乎全軍覆沒。

劉備為了一口沒爭到的氣而致使七十五萬大軍命喪黃泉，多麼悲慘啊！值得嗎？本來，蜀國糧草充足、兵多將廣、實力強大，文有臥龍諸葛孔明，武有五虎猛將。但由於劉備一時衝動，讓怒氣沖昏了頭，不聽手下的勸阻，氣沖沖

【寓意】
無論做什麼事，都必須講究得失輕重。為了沒什麼價值的東西而丟掉十分寶貴的東西，這是一種得不償失的愚蠢行為。

地去攻打東吳，結果把更多士兵的性命都賠了上去！自從那一仗之後，蜀國便因小失大，實力大減，成了三國之中實力最弱的一國！

　　從古至今，因小失大的事情不止這一例。周幽王為博得褒姒一笑，不惜以江山社稷為代價，烽火戲諸侯；商紂王為了醫治妲己所謂的「病」，不惜剜掉忠臣比干的心，結果失去一個國家的棟樑；隋煬帝為了自己出遊方便，為了一己之私，不惜勞民傷財開鑿了大運河，結果喪失民心、斷送江山……

　　讀過這些歷史故事，不禁聯想到生活，生活中因小失大的事情也是比比皆是。

　　因此，做人千萬不要因小失大，衝動用事，否則，你將失去很多很多。

　　俗話說得好：「千里之行，始於足下」；「不積跬步，無以至千里」。涓涓細流匯成汪洋大海，點滴汗水澆灌出累累碩果。因此，「小」同樣有能力成就「大」。

　　清代的蒲松齡為了寫《聊齋志異》，每天在鬧市中擺一張方桌，請過往的行人坐下來喝口茶、抽袋菸，講述民間的鬼神傳說。經歷了很長時間的累積，最終寫成了耳熟能詳的「驚天地，泣鬼神」的《聊齋志異》一書。

　　古今中外，這樣的由小成大的例子更是數不勝數：李時珍寫《本草綱目》耗費了他一生的精力；歌德寫《浮士德》花費了整整六十五年的時間……

　　總而言之，「大」可以因「小」而失，同樣能因「小」而成。因此，我們要正確處理、把握好「大」與「小」之間的關係，千萬不要因小失大，而是要從小事做起不斷壯大，最終做成一件大事。

　　人生大智慧：切勿因小失大，更要學會「以小鑄就大」！

第五十六章　捉襟見肘

【原文】

　　曾子居衛①，縕袍無表②，顏色腫噲③，手足胼胝④。三日不舉火，十年不制衣，正冠而纓絕⑤，捉衿而肘見⑥，納屨而踵決⑦。曳、縰而歌商頌⑧，聲滿天地，若出金石。天子不得臣⑨，諸侯不得友。故養志者忘形⑩，養形者忘利⑪，致道者忘心矣⑫。

　　　　　　　　　　　　　　　　　　　　——〈讓王〉

【注釋】

　　①曾子：曾參（ㄕㄣ），孔子學生。居衛：居住在衛國。

　　②縕（ㄩㄣˋ）：碎麻。縕袍無表：用亂麻作為內襯的袍子已經破破爛爛。

　　③腫噲：浮腫。

　　④胼胝（ㄆㄧㄢˊ　ㄓ）：磨出了厚厚的老繭。

　　⑤正冠：整一整帽子。纓絕：帽帶斷掉。

　　⑥捉衿：提一提衣襟。肘見：臂肘外露。

　　⑦納屨：穿一穿鞋子。踵決：鞋後跟裂開。

　　⑧曳：拉，牽引。縰（ㄕˇ）：古同「纚」，古時用來束髮的布帛。歌：吟詠。商頌：《詩經》中《頌》的一部分，共五篇。前三篇《那》、《烈祖》、《玄鳥》為祭祀樂歌，不分章，產生的時間較早。後二篇《長髮》、《殷武》是歌頌宋襄公（西元前650～前637年在位）伐楚的勝利，皆分章，產生的時間較晚。敘事具體，韻律和諧。

⑨不得臣：不能把他看作是臣子。

⑩養志者：修養心志的人。忘形：忘卻形骸。

⑪養形者：調養身形的人。忘利：忘卻利祿。

⑫致道者：得道的人。忘心：忘卻心機與才智。

【譯文】

曾子居住在衛國，用亂麻作為內襯的袍子已經破破爛爛，滿臉浮腫，手和腳都磨出了厚厚的老繭。他已經三天沒有生火做飯，十年沒有添置新衣，扶一扶帽子帽帶就會斷掉，提一提衣襟臂肘就會外露，一穿鞋子鞋後跟就會裂開。他還拖著散亂的髮帶吟詠《商頌》，聲音洪亮充滿天地，就像用金屬和石料做成的樂器發出的聲響。天子不能把他看作是臣僕，諸侯不能跟他結交成朋友。所以，修養心志的人能夠忘卻形骸，調養身形的人能夠忘卻利祿，得道的人能夠忘卻心機與才智。

【寓意】

即使身處困窘之境，也不能灰心喪氣，而應該保持積極、樂觀、豁達的心態。

【延伸閱讀】

美國成功學大師拿破崙‧希爾關於心態的意義說過這樣一段話：「人與人之間只有很小的差異，但是這種很小的差異卻造成了巨大的差異！很小的差異就是所具備的心態是積極的還是消極的，巨大的差異就是成功和失敗。」的確如此，一個人面對困難、兇險或失敗等逆境所持的心態往往決定他一生的命運。

古時有一位國王，夢見山倒了，水枯了，花也謝了，便叫王后給他解夢。王后悲觀地說：「大勢不好！山倒了指江山要倒；水枯了指民眾離心，君是舟，民是水，水枯了，

身也不能行了；花謝了指好景不長了！」國王驚嚇出了一身冷汗，從此患病，臥床不起，並且愈來愈重。一位大臣要參見國王，國王在病榻上說出了他的心事，哪知大臣一聽，大笑說：「太好了，山倒了指從此天下太平；水枯了指真龍現身，國王，你是真龍天子；花謝見果呀！」國王聽了全身輕鬆，不久就痊癒了。

由此看來，事物都有其兩面性，問題就在於當事者如何去對待它。積極的心態是心靈的健康和基礎，這樣的心靈，能吸引財富、成功、快樂和健康；消極的心態是心靈的疾病和垃圾，這樣的心靈，不但排斥財富，成功，快樂和健康，甚至會奪走生活中已有的一切。

強者對待事物，不看消極的一面，只取積極的一面。如果摔了一跤，把手摔出血了，他會非常慶幸：幸虧沒把胳膊摔斷；如果遭了車禍，撞折了一條腿，他會樂觀地想：大難不死必有後福。強者把每一天都當作新生命的誕生而充滿希望，儘管這一天有許多麻煩事等著他；強者又把每一天都當作生命的最後一天，備加珍惜。而弱者恰恰相反。

積極的心態有助於培養人樂觀向上的性格和人生態度，天天享受快樂的人生。

孔子的弟子曾參居住在衛國的時候，生活非常艱苦，經常一連三天不生火做飯，十年之內沒做一件新衣服。他戴的帽子破舊不堪，扶一扶帽子，繫帽的繩帶就斷了；一拉衣襟，就露出了胳膊肘；一穿鞋，鞋後跟就裂開。儘管如此窮困，但他沒有因此而憂心忡忡，而是時常高歌《商頌》。

如此樂觀豁達的心態，實在令人可敬可佩！積極的心態還有助於人們克服困難，使人看到希望，保持進取的旺盛鬥志。

大自然給每個人的機會都是平等的，如果你積極樂觀，那麼原

本沒有機會的你也會得到機會的垂青，那將是一件多麼可喜的事；如果你消極悲觀，原本屬於你的機會也會與你擦肩而過，那將是一件多麼遺憾的事。

積極樂觀的心態可以讓你獲得財富、擁有幸福、健康長壽；消極悲觀的心態卻可以讓這些東西遠離於你，或剝奪一切使你的生活富有意義的東西。積極心態可以使你達到人生的頂峰，並讓你盡享人生的快樂與美好；消極心態則可以使你的一生中都處於低谷的地位，困苦與不幸一直纏身。

積極的心態創造人生，消極的心態摧毀人生。積極的心態是成功的起點，是生命的陽光和雨露，讓人的心靈成為一隻翱翔的雄鷹。消極的心態是失敗的泉源，是生命的慢性殺手，使人受制於自我設置的種種陰影。選擇了積極的心態，就等於選擇了成功的希望；選擇消極的心態，就註定要走入失敗的沼澤。

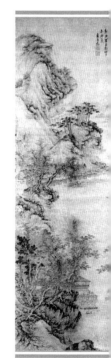

人在人生的各個階段，會有不同的生活態度，樂觀、悲觀、積極、消極也宛如四種旋律，忽強忽弱，交迭彈奏。當我們遇到挫折而變得消極悲觀時，最好的自救方法，不是撥雲見日，變得樂觀又積極，而是接受悲觀的現實，哪怕積極一點；或者，姑且先留著消極，不妨樂觀一點。就如同一個遭受打擊的拳擊手，痛得站不起來的時候，先抬頭。當人們學會了接受現實，我們很快就能學會樂觀與積極。

人生大智慧：如果你想成功，想把美夢變成現實，就必須摒棄扼殺你潛能、摧毀你希望的消極心態。

第五十七章　成者英雄敗者賊

【原文】

　　滿苟得曰：「小盜者拘，大盜者為諸侯，諸侯之門，義士存焉。昔者桓公小白殺兄入嫂而管仲為臣①，田成子常殺君竊國而孔子受幣②。論則賤之，行則下之，則是言行之情悖戰於胸中也③，不亦拂乎④！故書曰：『孰惡孰美？成者為首，不成者為尾。』」

　　　　　　　　　　　　　　　　　　　　——〈盜跖〉

【注釋】

　　①昔：昔日，當年。桓公小白：齊桓公小白。入嫂：娶了嫂嫂。
　　②田成子：春秋末齊國權臣，名常。其後人廢姜氏在齊國為君。殺君：殺了齊簡公。竊國：控制了政權。受幣：接受了（田成子常）贈與的布帛。
　　③言行之情：言語和行動的實情。悖戰於胸中：在胸中相互矛盾和鬥爭。
　　④拂：情理上極不相合。

【譯文】

　　滿苟得說：「小的盜賊被拘捕，大的強盜卻成了諸侯，諸侯的門內，方才存有道義之士。當年齊桓公小白殺死兄長、娶了嫂嫂而管仲卻做了他的臣子；田成子常殺死齊簡公控制了政權而孔子卻接受了他贈與的布帛。談論起來總認為桓公、田常之流的行為卑下，

做起事來又總是使自己的行為更加卑下，這就是說言語和行動的實情在胸中相互矛盾和鬥爭，豈不是情理上極不相合嗎！因此古書上說過：『誰壞誰好？成功的居於尊上之位，失敗的淪為卑下之人。』」

【延伸閱讀】

　　春秋時期，小的盜賊被抓起來，而竊國大盜卻成了諸侯。齊桓公小白殺死了他的哥哥才當上齊國的國君，當上國君後又把嫂子據為己有。對這樣的人，著名的賢人管仲卻心甘情願地為他效命。齊國的大臣田常殺死了齊王，竊取了齊國，自己當了齊王。對這樣的竊國大盜，聖人孔子也毫無愧色地接收了田常送給他的錢。要是議論起來，這種事情實在令人不足掛齒，可是連聖賢們都對他們沒有非議。其實這事有什麼奇怪呢？《尚書》上說：「孰惡孰美？成者為首，不成者為尾。」說的就是這個道理。

　　其實不僅限於春秋時期，後來的社會也是如此。北宋蘇軾在《孔北海贊序》中說：「世以成敗論人物，故（曹）操得在英雄之列。」可惜的是，莊子、蘇軾這樣的大聲疾呼卻是不常聽到。與此相對的一個成語是「不以成敗論英雄」。然而持有此種觀點者多半是失敗的一方。不管是歷史，還是後世之人，多半都是以成敗論英雄。

　　項羽是貴族後代，是能力拔山河的西楚霸王；而劉邦只是個沛縣小混混。然而，兩個人較量的結局是：劉邦知人善任，麾下群臣才華橫溢，他們君臣攜手，同心同德，最終打敗了兵多將廣、不可一世的項羽。作為對手，項羽完全沒有意識到劉邦的強大。他孤傲自負、剛愎自用，一意孤行，一錯再錯，終於兵敗垓下，自刎於烏江。

【寓意】

評價一個歷史人物，不能簡單地說「勝者為王，敗者為寇」。

然而，我們如果冷靜地分析一下，便不難發現，劉邦的勝利並非出自偶然。

項羽是一位傑出的軍事家。他英勇善戰，身先士卒，所向披靡，屢立戰功。此外，直爽闊豪的項羽敬愛和尊重部下，他甚至能為士兵吸瘡療毒。但項羽剛愎自用。要知道，戰爭是一種群體力量的較量，它需要勇敢，更需要智慧。垂死時刻也不忘向部下誇示勇敢的項羽，正因不納范增的諫言，放虎歸山，最終四面楚歌；正因為剛愎自用，不聯盟韓信，結果腹背受敵，釀成一個英雄的悲劇。此外，項羽沒有卓越的政治頭腦。稱王易，守國難。俗語有云：「得民心者得天下。」而項羽殺子嬰焚秦宮，坑降卒毀協議，殺義帝背合約。如此，能得民心所向嗎？

而劉邦則完全不同，他善於用人。他總結項羽失敗的原因時說：「運籌帷幄之中，決勝千里之外，我不如張良；輸糧草，保供給，治國安民，我不如蕭何；親臨前線，揮兵殺敵，我不如韓信。他們三人都是當世不可多得的豪傑，我雖然在某些方面比不上他們，但我卻能重用他們，充分發揮他們的才能，所以，我才戰勝項羽得到天下。」如此重用能人的人，能不成功嗎？此外，劉邦還採用平民化政策，廣施福利，收攏民心，比如著名的「約法三章」便是劉邦拉攏民心的一個典型舉措。

這是一個英雄的時代，是一個英雄輩出的時代。劉邦是英雄，項羽是英雄，韓信是英雄，張良、陳平、蕭何等人也都是英雄。只不過他們是不同的英雄而已；項羽是本色英雄，他所表現的是自己的英雄本色，是沒有遮掩顧忌、不計利害成敗地把它表現出來，因此在「成者王敗者寇」這樣一種歷史傳統中，項羽依然能得到人們的憑弔和同情。劉邦是時勢造出來的英雄，他順應了時代的潮流，完成了時代賦予他的歷史使命，並透過不斷地學習使得自己在這個過程中成為了一個成功的英雄。

其實公平地說，莊子「成者英雄敗者賊」的觀點有些脫離實際。俗話說：「時勢造英雄，而非英雄造時勢」，英雄也好，平民也罷，都不能脫離當時的歷史去看待他們，用今人的眼光去看四大發明，肯定覺得技術落後而不是先進，然而在當時的科學環境下，它們就是非常了不起的大事。重要的是看這些英雄們是否促進了社會的進步、科學的發展，對當時和後代的人民大眾是否做出了重大貢獻。

人生大智慧：評價一個歷史人物，不能單純地說「成者英雄敗者賊」，主要看他是否促進了社會進步，是否為人類社會做出了某些貢獻。

第五十八章　説劍

【原文】

昔趙文王喜劍①，劍士夾門而客三千餘人②，日夜相擊於前，死傷者歲百餘人，好之不厭③。如是三年，國衰。諸侯謀之④。太子悝患之⑤，募左右曰⑥：「孰能說王之意止劍士者⑦，賜之千金。」左右曰：「莊子當能⑧。」

太子乃使人以千金奉莊子⑨。莊子弗受⑩，與使者俱，往見太子，曰：「太子何以教周，賜周千金？」太子曰：「聞夫子明聖，謹奉千金以幣從者⑪，夫子弗受，悝尚何敢言。」莊子曰：「聞太子所欲用周者，欲絕王之喜好也。使臣上說大王而逆王意⑫，下不當太子⑬，則身刑而死，周尚安所事金乎⑭？使臣上說大王，下當太子，趙國何求而不得也！」太子曰：「然，吾王所見，唯劍士也。」莊子曰：「諾。周善為劍。」太子曰：「然吾王所見劍士，皆蓬頭突鬢⑮，垂冠⑯，曼胡之纓⑰，短後之衣⑱，瞋目而語難⑲，王乃說之⑳。今夫子必儒服而見王，事必大逆㉑。」莊子曰：「請治劍服㉒。」治劍服三日，乃見太子。太子乃與見王，王脫白刃待之㉓。

莊子入殿門不趨㉔，見王不拜。王曰：「子欲何以教寡人㉕，使太子先㉖？」曰：「臣聞大王喜劍，故以劍見王。」王曰：「子之劍何能禁制㉗？」曰：「臣之劍，十步一人㉘，千里不留行。」王大悅之，曰：「天下無敵矣。」

莊子曰：「夫為劍者㉙，示之以虛㉚，開之以利㉛，後之以發㉜，先之以至。願得試之。」王曰：「夫子休㉝，就舍待命㉞，令設

戲請夫子㉟。」王乃校劍士七日㊱，死者六十餘人，得五六人，使奉劍於殿下，乃召莊子。王曰：「今日試使士敦劍㊲。」莊子曰：「望之久矣㊳！」王曰：「夫子所御杖㊴，長短何如？」曰：「臣之所奉皆可㊵。然臣有三劍，唯王所用，請先言而後試。」

王曰：「願聞三劍。」曰：「有天子劍，有諸侯劍，有庶人劍。」王曰：「天子之劍何如？」曰：「天子之劍，以燕溪石城為鋒㊶。齊岱為愕㊷，晉衛為脊㊸，周宋為鐔㊹，韓魏為夾㊺，包以四夷，裹以四時，繞以渤海，帶以常山㊻，制以五行㊼，論以刑德㊽，開以陰陽㊾，持以春夏㊿，行以秋冬。此劍直之無前㉛，舉之無上，案之無下，運之無旁。上決浮雲㉜，下絕地紀。此劍一用，匡諸侯㉝，天下服矣。此天子之劍也。」文王芒然自失，曰：「諸侯之劍向如？」曰：「諸侯之劍，以知勇士為鋒，以清廉士為愕，以賢良士為脊，以忠聖士為鐔，以豪桀士為夾。此劍直之亦無前，舉之以無上，案之亦無下，運之亦無旁。上法圓天，以順三光㉞；下法方地，以順四時；中和民意，以安四鄉㉟。此劍一用，如雷霆之震也，四封之內，無不賓服而聽從君命者矣。此諸侯之劍也。」王曰：「庶人之劍何如？」曰：「庶人之劍，蓬頭突鬢，垂冠，曼胡之纓，短後之衣，瞋目而語難。相擊於前，上斬頸領，下決肝肺。此庶人之劍，無異於鬥雞，一旦命已絕矣，無所用於國事。今大王有天子之位而好庶人之劍，臣竊為大王薄之㊱。」

王乃牽而上殿㊲，宰人上食㊳，王三環之㊴莊子曰：「大王安坐定氣，劍事已畢奏矣㊵！」於是文王不出宮三月，劍士皆服斃其處也㊶。

——〈說劍〉

【注釋】

①昔：過去，從前。趙文王：趙惠文王，名何。喜劍：喜歡劍

術。

②夾門而客：客居宮門左右。

③好（ㄏㄠˋ），喜好。厭：滿足。

④謀：謀圖。之：趙國。

⑤悝（ㄎㄨㄟ）：趙惠文王的太子名悝。

⑥募：募集，召募。左右：指左右幕僚。

⑦說（ㄕㄨㄟˋ）：說服。

⑧當：能做到。

⑨奉：送給，給予。

⑩弗受：不接受。

⑪以幣從（ㄘㄨㄥ）：用幣以為勸進。

⑫臣：莊子自稱，我。逆：違逆。

⑬當（ㄉㄤ）：合。不當太子：有負太子的委任。

⑭尚：還。安：何。事：用。

⑮蓬頭：蓬亂的頭髮。突鬢：鬢毛突出。

⑯垂：同「唾」，重。垂冠。即重冠，表示威武。

⑰曼胡（ㄇㄛˊ　ㄏㄨˊ　）：同「模糊」，不分明，不清
　　楚。纓：冠纓，盔纓。

⑱短後之衣：後身短而便於起坐的衣服。

⑲瞋（ㄔㄣ）目：發怒時睜大眼睛。語難：用言語相互詰難。

⑳說：同「悅」。

㉑事必大逆：此事必然不順。

㉒治劍服：製作劍士的服裝。

㉓脫白刃：拔出利劍。

㉔殿門：宮殿的門。不趨：不快走。

㉕寡人：趙惠文王自稱。

㉖使太子先：透過太子先稟。

㉗禁制：制服。
㉘十步一人：十步殺一人。
㉙為劍：用劍。
㉚示人以虛：示人以虛空不能測。
㉛開之以利：用劍叫人不及提防。
㉜後之以發：發動在後。
㉝休：休息。
㉞就舍：住在旅館。
㉟戲：試劍術。
㊱校：較量。
㊲敦劍：對劍。
㊳望：期待。
㊴杖：與仗同。兵器的總稱。所御杖，所用劍。
㊵奉：通「捧」。所奉：所用的劍。
㊶燕溪：燕國中的地名。百城：北方的山名。鋒：劍端。
㊷岱：泰山。愕：通「鍔」，劍刃。
㊸脊：劍背。
㊹鐔（ㄊㄢˊ）：劍環，劍鼻。
㊺夾：通「俠」，劍柄。
㊻常山：恆山。
㊼五行：水火木金土。
㊽刑法：生殺的意思。
㊾開：指開合變化。
㊿持：把握。
(51)直：伸。無前：前面無擋的。
(52)決：斷開。
(53)匡：正。

54三光：日、月、星。

55四鄉（ㄒㄧㄤ）：四方。

56薄：鄙薄。

57牽：帶，引。

58宰人：主管家務的人。上食：奉上食物。

59環：環繞。

60畢奏：奏已畢。

61服斃：伏劍自殺。服，同伏。

【譯文】

　　當年趙文王喜好劍術，所以擊劍的人蜂擁而至，門下食客有三千餘人，在趙文王面前日夜相互比試劍術，死傷的劍客每年都有百餘人，而趙文王喜好擊劍的慾望從來就沒有得到過滿足。像這樣過了三年，國力日漸衰退，各國諸侯都在謀算如何攻打趙國。太子悝為此十分擔憂，徵求左右近侍說：「誰能夠說服趙王停止比試劍術，贈予他千金。」左右近侍說：「只有莊子能夠擔當此任。」

　　太子於是派人攜帶千金厚禮贈送給莊子。莊子不接受，跟隨使者一起，前往會見太子說：「太子有什麼見教，賜給我千金的厚禮？」太子說：「聽說先生通達賢明，謹此奉上千金用以犒賞從者。先生不願接受，我還有什麼可說的！」莊子說：「聽說太子想要用我，打算斷絕趙王對劍術的愛好。如果我對上遊說趙王卻違拗了趙王的心意，對下又不能符合太子的意願。那也就一定會遭受刑戮而死去，我還哪裡用得著這些贈禮呢？如果我對上能說服趙王，對下能合於太子的心願，在趙國這片天地裡我希望得到什麼難道還得不到？」太子說：「是這樣的。父王的心目中，只有擊劍的人。」莊子說：「好的，我也善於運用劍術。」太子說：「不過父王所見到的擊劍人，全都頭髮蓬亂、鬢毛突出、帽子低垂，帽纓粗

實，衣服緊身，瞪大眼睛而且言語粗暴，大王竟然喜歡見到這樣打扮的人。如今先生一定是穿儒服去會見趙王，事情一定會搞砸的。」莊子說：「請讓我準備劍士的服裝。」三天以後劍士的服裝裁製完畢，莊子再去面見太子。太子就跟莊子一起拜見趙王，趙王解下利劍等待著莊子。

　　莊子不急不忙地進入殿內，見到趙王也不行跪拜之禮。趙王說：「你想用什麼話來開導我，而且讓太子先做引薦。」莊子說：「我聽說大王喜好劍術，特地用劍術來參見大王。」趙王說：「你的劍術怎樣能遏阻劍手、戰勝對方呢？」莊子說：「我的劍術，十步之內可殺一人，行走千里也不會受人阻礙。」趙王聽了大喜，說：「天下沒有誰是你的對手了！」

　　莊子說：「擊劍的要領是，有意把弱點顯露給對方，再用有機可乘之處引誘對方，後於對手發起攻擊，同時要搶先擊中對手。希望有機會能試試我的劍法。」趙王說：「先生暫回館舍休息等待通知，我將安排好擊劍比武的盛會再請先生出面比武。」隨後，趙王用七天時間讓劍士們比武較量，死傷六十多人，從中挑選出五、六人，讓他們拿著劍在殿堂下等候，這才召見莊子。趙王說：「今天可讓劍士們跟先生比試劍術了。」莊子說：「我已經盼望很久了。」趙王說：「先生所習慣使用的寶劍，長短怎麼樣？」莊子說：「我的劍術長短都適應。不過我有三種劍，任憑大王選用，請讓我先做些說明然後再行比試。」

　　趙王說：「我願意聽聽你介紹三種劍。」莊子說：「有天子之劍，有諸侯之劍，有百姓之劍。」趙王說：「天子之劍怎麼樣？」莊子說：「天子之劍，拿燕溪的石城山做劍尖，拿齊國的泰山做劍刃，拿晉國和衛國做劍脊，拿周王畿和宋國做劍環，拿韓國和魏國做劍柄；用中原以外的四境來包紮，用四季來圍裹，用渤海來纏繞，用恆山來做繫帶；靠五行來統馭，靠刑律和德教來治理；遵循

陰陽的變化而進退，遵循春秋的時令而作息，遵循秋冬的到來而運行。這種劍，向前直刺一無阻擋，高高舉起無物在上，按劍向下所向披靡，揮動起來旁若無物，向上割裂浮雲，向下斬斷地紀。這種劍一旦使用起來，可以匡正諸侯，使天下人全部歸服。這就是天子之劍。」趙文王聽了茫然若有所思，說：「諸侯之劍怎麼樣？」莊子說：「諸侯之劍，拿智勇之士做劍尖，拿清廉之士做劍刃，拿賢良之士做劍脊，拿忠誠聖明之士做劍環，拿豪傑之士做劍柄。這種劍，向前直刺也一無阻擋，高高舉起也無物在上，按劍向下也所向披靡，揮動起來也旁若無物；對上效法於天而順應日月星辰，對下取法於地而順應四時序列，居中則順和民意而安定四方。這種劍一旦使用起來，就彷彿雷霆震撼四境之內，沒有不歸服而聽從國君號令的。這就是諸侯之劍。」趙王說：「百姓之劍又怎麼樣呢？」莊子說：「百姓之劍，全都頭髮蓬亂、鬢毛突出、帽子低垂，帽纓粗實，衣服緊身，瞪大眼睛而且言語粗暴。相互在人前爭鬥刺殺，上能斬斷脖頸，下能剖裂肝肺，這就是百姓之劍，跟鬥雞沒有什麼差別，一旦命盡氣絕，對於國事就什麼用處也沒有。如今大王擁有奪取天下的地位卻喜好百姓之劍，我私下認為大王應該鄙薄這種作法。」

趙文王於是牽著莊子來到殿上。廚師獻上食物，趙王繞著座席慚愧地繞了三圈。莊子說：「大王安坐下來定定心氣，有關劍術之事我已經啟奏完畢。」於是趙文王三月不出宮門，劍士們都在自己的住處自刎而死。

【延伸閱讀】

〈說劍〉表面上是寫莊子說劍：趙文王喜歡劍，整天與劍士為伍，不料理朝政，莊子前往對趙王講課。莊子說劍道有三種，即天子之劍，諸侯之劍都是治國方略，剩下就是庶民之劍。莊子委婉地

指出趙文王的所為，實際上不過是庶民之劍，進而希望他能提升他自我的價值，成為天子之劍。其實，劍亦有道，劍道的原理可以推而廣之到做人做事，即人要不斷提升自我價值，積極進取，精益求精，而不能甘於平庸，滿足於現狀，惰怠不前。

如今的社會，競爭異常激烈，物競天擇，優勝劣汰，如果你不懂得提升自我價值，滿足現狀，安於平庸，就意味著你終將被淘汰出局。

不錯，平庸雖然不是最差的，但卻是最好當中最差的。如果你安於平庸，你遲早會被淘汰出局。

然而，生活和工作中也不乏這樣一些人，他們有強烈的使命感和憂患意識，不甘寂寞，逆水行舟，渴望有所作為。他們不願隨波逐流，他們希望出人頭地，因此，他們最終將成為偉大的成功者。

【寓意】

安於現狀，甘於平庸必敗；積極進取，不斷自我提升必勝。

一位成功學家曾聘用一名年輕女孩做助手，替他拆閱、分類信件，薪水與相關工作的人相同。有一天，這位成功學家口述了一句格言，要求她用打字機紀錄下來：「請記住：你唯一的限制就是你自己腦海中所設定的那項限制。」

她將打好的文件交給老闆，並且有所感悟地說：「你的格言令我深受啟發，對我的人生大有價值。」

這件事並未引起成功學家的注意，但是，卻在女孩心中打上了深深的烙印。從那天起，她開始在晚飯後回到辦公室繼續工作，不計報酬地做一些不屬於自己份內的工作——譬如替老闆給讀者回信。

她認真研究成功學家的語言風格，以至於這些信回得和自己老闆一樣好，有時甚至更好。她一直堅持這樣做，並

不在意老闆是否注意到自己的努力。終於有一天，成功學家的祕書因故辭職，在挑選合適人選時，老闆自然而然地想到了這個女孩。

在沒有得到這個職位之前已經身在其位，這正是女孩獲得提升最重要的原因。當下班的鈴聲響起之後，她依然堅守在自己的職位上，在沒有任何報酬承諾的情況下，依然努力工作，最終使自己有資格接受更高的職位。

這位年輕女孩的能力如此優秀，從而引起了更多人的關注，其他公司紛紛提供更好的職位邀請她加入。為了挽留她，成功學家多次提高她的薪水，與最初當一名普通速記員時相比已經高出了4倍。對此，做老闆的也無可奈何，因為她不斷提升自我價值，使自己變得不可替代了。

無論你目前從事什麼工作，無論你認為你的工作多麼微不足道，你在認真對待它的同時，每天都要使自己獲得一個機會，使你能在平常的工作範圍之外，從事一些對其他人有價值的服務。在你主動提供這些幫助時，你應當瞭解，自己這樣做的目的並不是為了獲得金錢上的報酬，而是為了訓練和培養更強烈的進取心。你必須先擁有這種精神，然後才能在你所選擇的終身事業中，成為一名傑出的人物。

如果你不想甘於平庸，如果你想積極提升自我價值，請將下面三點銘記於心：

第一，無論做什麼事，都要追求卓越。仔細體會一下這句話中蘊藏的智慧：「如果一件事情值得做，就值得把它做好。」所有的工作都是重要的，應該盡最大的努力把它做好。唯有做得出色，你才會賺到更多的錢，才會獲得更大的滿足感。滿足感是你真正的財富的來源。

第二，憎恨「甘於平庸」。甘於平庸絕對不能幫助你實現夢

想。沒有一個爸爸願意聽孩子說：「我爸爸太普通了。」沒有一個員工願意聽老闆說：「你只是一個一般的推銷員。」如果你的外表、思想、言語、行為都很普通，那麼，肯定沒有人願意誇獎你。

第三，與最好的人進行競爭，只有讓自己接受更大的挑戰，你才會知道自己是多麼優秀。平庸的人需要有人陪伴，看到別人逐漸淪為同類，他們會感到很高興。所以，你一定不能讓平庸者這樣的希望得逞。榜樣的力量是無窮的。你應該從勝利者那裡尋求建議，以最好的作為自己的榜樣，一直朝卓越的目標邁進，並享受卓越帶給你的回報。

第四，反覆練習，養成習慣。據研究，一種舉動或行為，只要每天重複操練，21天後就可以養成習慣。我們不斷重複，強化自身的「積極因素」，使之溶入我們的血液，成為自然而然的習慣。

優秀人才總是為社會所需要。「適者生存」的法則並非僅僅建立在殘酷的優勝劣汰基礎上，而是基於公平正義，是絕對公平原則的一部分。若非如此，企業如何能發展壯大？美德如何能發揚光大？社會又如何能取得進步？那些積極進取、不斷提升自我價值的人與那些安於現狀、甘於平庸的人相比，最終將是天壤之別！

人生大智慧：不要安於現狀，不斷提升自我價值。

第五十九章　去八疵，無行四患

【原文】

　　人有八疵①，事有四患，不可不察也。非其事而事之，謂之摠②；莫之顧而進之，謂之佞③；希意道言④，謂之諂；不擇是非而言，謂之諛⑤；好言人之惡，謂之讒⑥；析交離親⑦，謂之賊⑧；稱譽詐偽以敗惡人⑨，謂之慝⑩；不擇善否⑪，兩容頰適⑫，偷拔其所欲⑬，謂之險。此八疵者，外以亂人，內以傷身，君子不友，明君不臣。所謂四患者，好經大事⑭，變更易常，以掛功名⑮，謂之叨⑯；專知擅事⑰，侵人自用，謂之貪；見過不更，聞諫愈甚，謂之很⑱；人同於己則可，不同於己，雖善不善，謂之矜⑲。此四患也。能去八疵，無行四患，而始可教已。

　　　　　　　　　　　　　　　　　　　——〈漁父〉

【注釋】

　　①八疵：八種毛病。

　　②摠（ㄗㄨㄥˇ）：同「總」，做不是你應該做的事，叫作「摠」。

　　③佞（ㄋㄧㄥˋ）：善辯，巧言諂媚。

　　④希意道言：迎合對方順引話意。

　　⑤諛（ㄩˊ）：諂媚，奉承。

　　⑥讒：在別人面前說陷害某人的壞話。

　　⑦析交離親：離間故交挑撥親友。

　　⑧賊：害，傷害。

⑨稱譽詐偽以敗惡人：稱譽偽詐敗壞他人。

⑩慝（ㄊㄜˋ）：奸邪，邪惡。

⑪不擇：不分。善否（ㄆㄧˇ）：善惡，好壞。

⑫兩容頰適：好壞相容而臉色隨應相適。

⑬偷拔：暗暗攫取。其所欲：自己想要的東西，合於己意的東西。

⑭好：喜好，喜歡。經：管理。大事：國家大事。

⑮掛：釣取。

⑯叨（ㄊㄠ）：古同「饕」，貪婪，貪得無饜。

⑰專知：自恃聰明。擅事：獨斷專行。

⑱很：強頭強腦。

⑲矜：自負矜誇。

【譯文】

　　人有八種毛病，事有四種禍患，不可不清楚明察。不是自己職務之內的事也搶著去做，叫作攬；沒人理會也說個沒完沒了，叫作佞；迎合對方順引話意，叫作諂；不辨是非巴結奉承，叫作諛；喜歡背地裡說人壞話，叫作讒；離間故交挑撥親友，叫作害；稱譽偽詐敗壞他人，叫作慝；不分善惡好壞，好壞相容而臉色隨應相適，暗暗攫取合於己意的東西，叫作險。有這八種毛病的人，外能迷亂他人，內則傷害自身，因而有道德修養的人不和他們交往，聖明的君主不以他們為臣。所謂四患，喜歡管理國家大事，隨意變更常規常態，用以釣取功名，叫作貪得無饜；自恃聰明專行獨斷，侵害他人剛愎自用，叫作利欲薰心；知過不改，聽到勸說卻越錯越多，叫作強頭強腦；跟自己相同就認可，跟自己不同即使是好的也認為不好，叫作自負矜誇。這就是四種禍患。能夠清除八種毛病，不再實行四種禍患，方才可以教育。

【延伸閱讀】

　　本文中說，人有八種毛病，事有四種禍患。唯有清除這八種毛病，肅清這四種禍患，方能不斷完善自我。

　　「金無足赤，人無完人」，一個人只有能夠面對真實自我，能夠承認自己的缺點，能夠向自我挑戰，那麼，成功也就離他不遠了。

　　在這個世界上，十全十美的人是不存在的，每個人都會有自己各種各樣的缺點。有些人不敢正視自己的缺點，總是想辦法逃避或掩飾，害怕別人笑話。其實，這樣做反而會使人感到虛偽，矯揉造作，讓別人不願意與你交往，進而遠離你。正確的方法是坦然面對自己的缺點，勇於挑戰自我，這樣才能不斷突破自己，成為真正的贏家。

【寓意】

人無完人，只有正視和改正自己的缺點與毛病，才能不斷突破自我，完善自我，成就非凡。

　　有一個年輕人，在一次偶然的聚會中，被一個女孩溫柔的話語深深所吸引。儘管女孩子相貌平平，不怎麼漂亮，但女孩子的清靜、多才多藝給年輕人留下了深刻的印象，使年輕人陷入了無法自拔的單相思。

　　然而，年輕人心想自己身材矮小，相貌平平，又沒有出眾的才華，憑什麼去追這樣的女孩呢？經過一段激烈的思想抗爭，年輕人終於給女孩寄去了一封情書，但信寄出去了一個多月了，依然查無音訊，年輕人的心猶如被冷水潑涼。

　　在希望即將破滅之際，一個偶然的機會，讓年輕人知道了女孩的電話號碼。為了撥這次電話，年輕人不知道在內心掙扎了多少次，但他最終鼓起勇氣，拿起話筒，電話終於有人接了，她的聲音出現在話筒裡，是那樣的溫柔，而年輕人原先準備的「台詞」此刻一點也用不上。怎麼辦呢？年輕

人還是逼自己至少跟她聊上五分鐘。最後五分鐘過去了，他們還沒有放下話筒，聊的不外乎是生活、學習上的一些瑣事。就這樣，每個週末他們透過電話線來拉近彼此的心靈，加深彼此的瞭解。

後來，年輕人終於把她約了出來，度過了一個美妙的夜晚。

年輕人能正視自己的缺點，並勇於突破自我，他的努力最終得到了回報，他贏得了他的初戀。人生就應該如此，如果連自己都突破不了，那麼還指望有什麼作為呢？我們應該勇於面對自身的缺點，並努力克服它。那麼，你離成功就會越來越近。

其實，影響一個人成功的缺點很多，需要突破、克服的也很多。首要的缺點就是不敢與人交往。不敢與人交往可能是存在自卑心理，在現代社會，自卑心理已經成為阻礙一個人發展的關鍵。面對競爭激烈的社會，要想有所發展，就一定要樹立信心，要敢與陌生人談話。為了能適應與不熟識的各類人打交道，在踏入社會之初就應該多參加各種社交活動，從中接觸到各色各樣的人，諳熟各行人士的種種心理，那麼這種自卑的心理就會慢慢消失，相應的自信心也就會自然而然地增強。另外，不敢在熟人面前現醜也是一種不良習慣。人的許多毛病或不良習慣可能是從小形成的，也許正是這些不良習慣，讓我們與成功擦肩而過。害怕現醜，就永遠沒有機會成功。其實，展示自我沒有什麼大不了的，醜媳婦總得見公婆，只要敢於走出這第一步，你就會擺脫這種陰影，你就會越來越自信了。

世界上最大的敵人莫過於自己，不敢承認自己的弱點而逃避現實的人，會永遠與成功絕緣。相反，能夠拿出勇氣，向自我挑戰的人，成功就會離他越來越近。

不斷完善自我，還需要具有自我反省的素質。戰國時期的荀況所說的「君子博學而自參省乎己，則智明而行無過矣」便是一個證

明。在現實生活中，人是很難有自知之明的。這不光因為「身在此山中」，難識「廬山真面目」，更是因為人們的自卑和自以為是，不敢正視自己的缺點不足，不敢自我審視、反省、懺悔，以至於不能夠更好地完善自我。

唐太宗李世民就是一位勇於和善於自檢和不斷完善自我的明君。唐太宗時期，國家逐漸繁榮，唐太宗對此功不可沒。這是因為他有「一面鏡子」，這面鏡子可以使他不斷地自我審視。這面鏡子就是敢直言進諫的魏徵。唐太宗一心為國家著想，所以虛心地接受魏徵對自己指出的不足，然後努力地克服，達到自我完善的目的，從而使國家出現了盛世局面。

在我們達到自己目標的過程中，難免要遭到許多困難和挫折，當我們跌倒時，要頑強地站起來再繼續走下去。但是我們不能急於邁出腳步，以免下次會因為同樣的問題而跌倒。這時我們所需要的就是自我審視，總結自己失敗的原因，正視自己的不足之處，自我反省一下。這樣才能在失敗中認識到自身問題，下次就不會犯類似的錯誤，從而達到自我完善的目的。

一個人能夠正視自己的缺點與不足，然後再加以改正，這是很不容易的。因為每個人都是有虛榮心的，不希望去承認自己的不足。因此，如果我們真正克服了這種心魔，不斷地反省自我，糾正失敗的自身原因和自我的缺點，最後不僅能磨練自己的心志，還可以不斷地完善自我。

自我反省和自我完善是一種能力，一種品德，一種高貴的人格境界，我們只要經常地自我反省，就能達到成功的彼岸！

人生大智慧：正視自我，審視自我，反省自我，完善自我！

第六十章　屠龍之技

【原文】

朱泙漫學屠龍於支離益①，單千金之家②，三年技成而無所用其巧③。

——〈列御寇〉

【注釋】

①朱泙漫：人名。屠龍：屠龍的技術。支離益：人名。

②單：同殫（ㄉㄢ），竭盡。全句意為將千金家產耗費光了。

③無所用其巧：沒有什麼機會可以施展這樣的技巧。

【譯文】

朱泙漫向支離益學習屠龍的技術，耗盡了千金的家產，三年後學成技術卻沒有什麼機會可以施展這樣的技巧。

【延伸閱讀】

世界上根本就沒有龍，所以「朱泙漫」雖然學了殺龍的技術卻沒有什麼實際用處，這並不奇怪。可奇怪的是，今天在某些企業也存在著類似的現象。特別是一些公司為了提高員工的實際技能，經常組織一些實際技能課程和實際考核。應當說，在教育員工進行理論學習的同時，面向實際技能，這樣作為解決生產和工作中出現的實際問題，以及對提高員工的素質都大有益處，是一個進步。然而，美中不足的是，一些公司所學和所考核的內容有一部分跟實際

工作脫節，出現了實際考核和實際技能學習不「實際」的現象。比如，就拿採油行業來說，「鉸板套扣」、「千分尺」、「游標卡尺」等內容就經常出現在一些公司員工的實際技能學習和考核中。而這些內容卻早已過時，都屬「屠龍之技」。相反地，有些與實際生產緊密相關，在工作中大有用處的技能卻常常被「冷落」，實在讓人扼腕惋惜！

常言道：「學有所用，學以致用。」學習的目的就是將所學的東西用到實際生活中去，用以解決實際問題。否則，你學的東西再「高深」，也只不過是「無所用其巧」的「屠龍之技」。因此，企業要多吸取「朱泙漫」的教訓，一定要把時間和精力多放在引導員工多學點實用的東西上。相信，這對於員工，對於企業都大有好處！

目前社會上眾多大學生就業困難，而職業學校學生基本上能夠百分之百地就業，為什麼會這樣，因為大學生在大學課堂上所學的不少知識和本領其實都屬於「屠龍之技」。

「學以致用」是中國的古訓，這個「用」字非常精闢，比「實踐」這個詞更有概括力。「用」字中是包括能力在內的，單有知識是不夠的，還要把知識轉化為能力。具備了這個能力，才可以用到實處。現在我們的教育存在的問題是學生的知識量少、知識門類狹窄，這不能責怪學校，學校只要按教學大綱授課就行，因此，學生必須大量閱讀課外書以彌補教材的不足。大學開設的課程再多，也不能代替課外的自我充實。大學期間力求知識面要寬，知識內容要雜，切不能只限於自己的專業。單一的知識無法充分開發人的心智，要用多學科來耕耘，哲學能啟迪人的思辨能力，社會科學能使人進入社會深層，從而提高認識社會和分析社會的能力。文學藝術可以培養人的審美能力，激發人的想像力。

【寓意】

學習必須從實際出發，講求實效。如果脫離了實際，再大的本領也毫無用處。學習一定要有明確的目的，一定要能夠解決實際問題。如果無的放矢，為了學習而學習，那麼學來的本領再好也是不值一文的。

　　「學而不思則罔」，學不但要與用結合，而且要與思結合，將知識經過消化、實際運用到實際工作上，這就是能力。知識的物化要透過思，沒有思，知識在腦海裡永遠就只是紙上的空泛符號，就無法轉化到實際工作中去，就無法提高人的能力。只有透過思，將知識轉化為內在的東西，才能引導人接近事理，才能對各種現象做出準確的判斷，從而做出相應的對策。在實際生活中，就需要可以將知識消化、運用的人才，這樣的人才放到工作崗位上，馬上就能有所發揮。然而現在相當多的在校學生，不善於運思，不注重培養思維的靈敏度，對風雲變化的世界敏感度不夠，看表情就是傻傻的，談生活，還能附和上幾句，這幾句也是常規常理，根本沒有屬於自己的見解，說到事物的義理，就目瞪口呆。思是一種精神工作，思產生在「求甚解」的過程中，陶淵明標榜的「讀書不求甚解」貽誤了多少人，不求甚解就是不運思，學知識時囫圇吞棗，即使讀了書，能背上幾句現成結論，也還是無法脫去身上的傻氣，帶著傻氣走上工作職位，不可能有所作為，說這些人學的是「屠龍之技」也不為過。

　　學以致用，責任不僅在於學校和有關部門，也在於我們自己，因為我們完全有能力辨別哪些是屠龍之技，哪些是有用武之地的真材實料。在學好規定的屠龍之技的同時，我們可以利用大量的課餘時間去學習一些真本領。

　　人生大智慧：摒棄屠龍之技，學以致用。

第六十一章　人心險於山川

【原文】

孔子曰：「凡人心險於山川①，難於知天②；天猶有春秋冬夏旦暮之期，人者厚貌深情③。故有貌願而益④，有長若不肖⑤，有順懁而達⑥，有堅而縵⑦，有緩而釬⑧。故其就義若渴者⑨，其去義若熱⑩。故君子遠使之而觀其忠⑪，近使之而觀其敬⑫，煩使之而觀其能⑬，卒然問焉而觀其知⑭，急與之期而觀其信⑮，委之以財而觀其仁⑯，告之以危而觀其節⑰，醉之以酒而觀其側⑱，雜之以處而觀其色⑲。九徵至⑳，不肖人得矣㉑。」

—— 〈列御寇〉

【注釋】

①險於：比……還要險惡。

②知：認識，瞭解。天：自然界及其規律。

③厚貌深情：外貌厚道而深藏其思想感情，不流露於外表或言辭。

④願：謹願，指謙虛謹慎，端莊老實。益：通「溢」，驕溢自滿。

⑤長（ㄓㄤˇ）：善，指有良好的才智，一說指優良的品德。不肖：指沒才智。

⑥順：溫順，柔順。懁（ㄒㄩㄢ）：性急，急躁。達：通達。

⑦堅：堅強。縵（ㄇㄢˋ）：渙散，軟弱。

⑧緩：和緩。釬（ㄏㄢˋ）：通「悍」，急。

⑨就義：趨義，追求正義。若渴：如饑似渴，甚急。

⑩去義：逃避正義，拋棄正義。若熱：如逃避熱火一樣快。

⑪遠使之：派在遠處做事。忠：忠誠。

⑫近使之：派在身邊做事。敬：恭敬不怠。

⑬煩：煩雜，複雜。能：治亂的能力，不亂。

⑭卒（ㄘㄨˋ）：通「猝」，突然。知：通「智」，此處指清醒與否。

⑮急：急迫，緊迫，期：約。信：信用，指不背信棄義。

⑯委，委託。財：錢財。仁：仁德，不貪。

⑰危：危急，危險。節：節操。

⑱側：儀則，規則，規矩，儀態。

⑲雜：混雜。色：在色這方面是正是邪。

⑳徵：證驗，檢驗。至：做到。

㉑不肖人：指內外終始不如一的人。得：得到。

【譯文】

孔子說：「人心比山川還要險惡，比預測天象還要困難；自然界尚有春夏秋冬和早晚變化的一定週期，可是人卻面容複雜多變，情感深深潛藏。有的人貌似老實卻內心驕溢，有的人貌似長者卻心術不正，有的人外表拘謹、內心急躁卻又通達事理，有的人外表堅韌而內心渙散，有的人表面舒緩平和而內心卻很強悍。所以人們趨赴仁義猶如口乾舌燥思飲泉水，而他們拋棄仁義也像是逃離熾熱、避開烈焰。因此君子總是讓人遠離自己任職而觀察他們是否忠誠，讓人就近辦事而觀察他們是否恭敬，讓人處理紛亂事務觀察他們是否有能力，對人突然提問觀察他們是否有心智，交給期限緊迫的任務觀察他們是否守信用，把財物託付給他們觀察是否清廉，把危難告訴他們觀察是否持守節操，用醉酒的方式觀察他們的儀態，用男

女雜處的辦法觀察他們對待女色的態度。上述九種表現一一得到證驗，不好的人也就自然能挑撿出來。」

【延伸閱讀】

孔子說：「人心比山川還要險惡，比預測天象還要困難；自然界尚有春夏秋冬和早晚變化的一定週期，而人卻面容複雜多變，情感深深潛藏。有的人貌似老實卻內心驕溢，有的人貌似長者卻心術不正，有的人外表拘謹、內心急躁卻又通達事理，有的人外表堅韌卻懈怠渙散，有的人表面平和舒緩而內心卻很強悍。」由此可見，知心比知天還難。

【寓意】

人心險惡，要學會識人辨人。

去年，張夢的表哥打算開一家公司，叫張夢參加投資，張夢由於個人原因並沒有答應，只是力所能及地借了一些錢給表哥。張夢剛好有個十分要好的朋友，跟他感情極好，他之前曾跟張夢說過想做生意的事情，於是張夢找到自己的這位朋友，並說明了情況。他的朋友非常爽快，答應投資一部分錢，並另外借給張夢的表哥一部分錢。朋友加親戚的雙重關係，讓張夢對表哥非常信任，所以也沒讓他寫借條。

不料後來生意失敗，公司倒閉了，張夢的結拜兄弟和張夢的表哥因為金錢的問題出現了糾紛。

本來做生意產生金錢糾紛很正常，幾個關係人坐下來，說事實講道理，劃定金錢的用途，投資歸投資，借貸算借貸。但是張夢沒想到他表哥會這樣無恥，明明自己的錢是借給他的，可他卻一口咬定是張夢投資給他的，張夢的朋友的錢也是。意圖很明顯，做生意失敗了，張夢的表哥想賴賬，想把所有人都拉下火坑！

　　張夢和他的朋友犯的最大錯誤就是當初過於信任人，所以借的錢沒有打借條！結果到了現在，張夢的表哥居然反咬一口，說所有借的錢都是投資的。人心險惡，由此可見一斑！真是害人不淺啊！

　　因此，我們在與人交往的過程中，務必把握住「害人之心不可有，防人之心不可無」這條鐵律！

　　既然人心如此險惡，那麼我們應當如何識人辨人呢？對此，莊子提出了辨別人物的九徵之說：

　　第一，「遠使之而觀其忠」：把他放到較遠的地方使用，來觀察他是否忠誠；

　　第二，「近使之而觀其敬」：把他放在身邊使用，來觀察他是否恭敬；

　　第三，「煩使之而觀其能」：讓他承擔繁雜的事物，來觀察他是否有能力；

　　第四，「猝然問焉而觀其知」：突然向他提問，來觀察他的智慧；

　　第五，「急與之期而觀其信」：臨時與他約定時間，來觀察他的誠信；

　　第六，「委之以財而觀其仁」：讓他管理財務，來觀察他的品行；

　　第七，「告之以危而觀其節」：告訴他處於危難，來觀察他的氣節；

　　第八，「醉之以酒而觀其則」：讓他喝醉酒，來觀察他是否有章法；

　　第九，「雜之以處而觀其色」：讓他在複雜的男女環境中辦事，來觀察他是否會失德。

　　如此看來，識人辨人可真是個複雜耗時的過程，正如白居易所

說：「試玉要燒三日滿，辨材須待七年期。」反反覆覆的試探和考驗，最終才能真正認識和瞭解一個人的本質！

古人在實踐中累積了一套識人用人的經驗，歸納為如下四點：「富而視其所為，達而視其所舉，窘而視其所謂，貧而視其所取。」這非常值得我們今天借鑑和品味。

第一，「富而視其所為」。一個人當他發財致富了，會以一個怎樣的面孔立於世間？對己對人又會是一個怎樣的態度呢？而他對於金錢的使用和支配又是如何？完全可以看出這個人是否變質了。如果他只是大肆揮霍，貪圖享樂，此人不可結交，此乃得志小人一個，自然更不能委以重任。

第二，「達而視其所舉」。當一個人仕途通暢，成了達官顯貴，不僅要看他待人接物方面會不會飛揚跋扈？更重要的是還要看他如何利用手中的權力，他所提拔和重用的都是哪類人？如果能任人為賢，唯才是舉，自然是秉公辦事的有為之士；如果他所提拔和重用的都是一些馬屁精，那麼「物以類聚，人以群分」，此人的廬山真面目也就盡收眼底了。

第三，「窘而視其所謂」。在一個人身陷困境，貧窮潦倒，鬱鬱不得志時，要看他能否不做任何苟且之事。如果他面對逆境，依然自強不息，奮發圖強，這樣的人就可以放心地委以重任了。

第四，「貧而視其所取」。在一個人貧困之時，如果能夠不取不義之財，甘守清貧，則品行高潔。如果他見錢眼開，唯利是圖，那他就是一個小人。

對於識人辨人，孔子也說了幾條原則：

第一，「遠使之」。孔子說，如果是上級要考察一個人，就得把他派得遠遠的，讓他獨立操作，脫離你的視線。試想，一個總公司的經理要提拔一個人，如果把他派到雲林、嘉義、日本或者更遠的地方去獨立運作，這個時候是考察什麼呢？一個字：忠！一個人

即使有天大的才能，如果對公司不忠，也絕對得不到重用。

第二，「近使之」。第一關過了以後，再把他調回身邊。這回考察什麼呢？老闆在裡面辦公，你在外面辦公。有的人就經不起這個考察，開始沒大沒小，不分彼此，甚至勾肩搭背。這就犯了大錯。因為這個時候考驗的就是你是不是敬重老闆！老闆剛剛要提拔你，你就不知輕重了！那將來還得了！

第三，「繁使之」。第一關「忠」考過了，第二關「敬」也考過了。然後就是第三關把麻煩的事情交給你，這個時候觀察你什麼？主要是觀察你是不是有耐性和能力，是否甘於做小事，能否把小事做好。

第四，「委之以財」。交給你一筆財產，觀察你什麼？我們一般會想到廉，但孔子考察的是更高級的仁。

第五，「告之以危」。告訴你危險的事情，看你是不是能守「節」。這裡的「節」並不是節約的意思，而是看你的操守。看看你遇到危險的事情，是否能承擔，不會變節。

第六，「觀其則」。看你是不是堅守原則。我們很多人喝醉了酒就糊裡糊塗的，什麼商業祕密，什麼亂七八糟的人際關係，都口不擇言地說出來了，這就叫不守原則。

總而言之，無論是古代還是現代，看一個人，不要聽他嘴裡說什麼，也不要看他的背景、他的環境、他的立場，而要看他怎麼行動。行動是一個人真正意圖的最好證明。對任何人都要先以善良的心去體會，用眼睛看到的未必是真正的事實，只有用善意的心去感覺，才能得到最準確的資訊！

人生大智慧：人心險惡，所以要用心去看一個人！

第六十二章　探驪得珠

【原文】

　　人有見宋王者①，錫車十乘②，以其十乘驕穉莊子③。莊子曰：「河上有家貧恃緯蕭而食者④，其子沒於淵⑤，得千金之珠。其父謂其子曰：『取石來鍛之⑥！夫千金之珠，必在九重之淵而驪龍頷下⑦，子能得珠者，必遭其睡也⑧。使驪龍而寤⑨，子尚奚微之有哉⑩！』今宋國之深，非直九重之淵也⑪；宋王之猛，非直驪龍也；子能得車者，必遭其睡也。使宋王而寤，子為粉夫⑫！」

　　　　　　　　　　　　　　　　　　——〈列御寇〉

【注釋】

　　①見：拜會。

　　②錫：通「賜」。給予，賜給。車：馬車。乘（ㄕㄥˋ）：古代稱兵車，四馬一車為一乘

　　③驕穉（ㄒㄧ）：炫耀。

　　④恃：依靠。緯蕭：編織蒿草。蕭，蒿類，可以織為簾箔。而食：維生。

　　⑤沒：潛入。淵：深水，潭。

　　⑥鍛：錘擊。

　　⑦九重之淵：很深的水底。驪龍：傳說中黑色的龍。頷：下巴。

　　⑧必：一定。遭：正巧趕上。

　　⑨寤（ㄨˋ）：睡醒。

⑩奚微之有：即有奚微。奚，何，什麼，屬於賓語前置。意為你還會有什麼呢？「之」字複指「微」，微，少，沒有。

⑪直：只，僅僅。

⑫粉：細末，引申為粉身碎骨。

【譯文】

　　有個拜會過宋王的人，宋王賜給他車馬十乘，依仗這些車馬在莊子面前炫耀。莊子說：「河上有一個靠編織葦席維生的貧窮家庭，他的兒子潛入深淵，得到一枚價值千金的寶珠，父親對兒子說：『拿過石塊來錘壞這顆寶珠！價值千金的寶珠，必定出自深深的潭底黑龍的下巴下面，你能輕易地獲得這樣的寶珠，一定是正好黑龍睡著了。倘若黑龍醒過來，你還想活著回來嗎？』如今宋國的險惡，遠不只是深深的潭底；而宋王的兇殘，也遠不只是黑龍那樣。你能從宋王那裡獲得十乘車馬，也一定是遇上宋王睡著了。倘若宋王一旦醒過來，你也就必將粉身碎骨了」。

【寓意】

有膽有識，有冒險精神才能獲得成功。

【延伸閱讀】

　　探驪得珠，這個成語一開始是說一個人獲大利不過比較幸運，不應沾沾自喜。但很多人更認同窮人兒子的勇氣，即「不入虎穴焉得虎子」！只有擁有冒險精神，才能有所收穫。

　　很久很久以前，有一戶人家住在黃河邊上，靠割蘆葦、編簾子、製簸箕維生，日子過得非常貧困。

　　有一天，兒子在河邊割蘆葦，烈日當空，曬得他頭昏

眼花，於是他就坐下來休息。他望著眼前的河水在陽光下閃耀著粼粼波光，想起父親說過，在河的最深處有數不盡的珍寶，可是誰也不敢去拿，因為那裡住著一條兇猛的黑龍，他想，要是潛到河底，找到珍寶，我們一家人就用不著像現在這樣一天工作到晚，三頓還吃不飽，不如冒險去試一試。他把心一橫，三下兩下脫了衣服，一頭潛進冰冷的河裡。

一開始他還看得見四周的小魚在游來游去，再往深處，光線變得越來越暗，水也越來越涼，最後，他什麼都看不見了，四周一片漆黑。他心裡有點害怕，不知該往哪兒游。就在這時，不遠處有一個圓圓的物體在閃閃發光，定睛細看，啊，原來是明珠！於是，他憋足一口氣游過去，雙手抱住明珠，用力一拽，明珠就到了他懷裡。他迅速浮出水面，上岸後立刻就往家跑。

父親一見明珠，就問他是從哪兒得來的。他把經過一五一十地向父親講述一遍。父親聽了說：「好險哪！這顆價值千金的明珠是長在黑龍下巴底下的，你摘它的時候黑龍必定是睡著了。牠要是醒著，你可就沒命了。」

這就是「探驪得珠」的故事。因此說，要想有所收穫，就應當具備冒險精神。

冒險精神尤其適用於今天的創業領域。正所謂「無限風光在險峰」！創業與冒險有著天然的聯繫。只有勇於冒險，行前人未行之路，做前人未竟之事，才能開闢一片新天地。

很多人認為，今天冒險精神仍然是創業的一大法寶。實踐證明，每一個經濟復興期都會造就出一大批富翁，每一個富翁的誕生，無一例外地落在勇者和智者身上。

然而，冒險並不等於冒進，冒險是一種經過深思熟慮的戰略決

定，是一種智慧之舉；而冒進只是一種輕浮草率的蠻幹，是一種盲目之舉。

　　有一個故事：一個人問哲學家，何謂冒險？何謂冒進？哲學家說：「比如有一個山洞，洞裡藏有金銀財寶，誰都想把金銀財寶取出來。如果那洞是狼窩，取寶者是冒險；如果那洞是虎穴，取寶者則是冒進。如果那洞裡只有一捆柴草，那麼，即使那是一個狗洞，取寶者也是冒進。」一位企業家插話說：「還可以再引申一點，即便這個洞是個虎洞，如果你注意觀察分析，摸清洞裡老虎的數量及出入規律，或者你有誘虎出洞及制伏老虎的智慧，照樣可以把寶貝取出來。」

　　由此可見，冒險是這樣一種東西：你經過努力，有可能得到，而且那東西值得你得到。在創業的道路上，不僅需要你有膽量，更要有見識。唯有二者兼備，風險才能變為財富。

　　創業與人生成長都像攀登一座高山一樣，而找山尋路就是一種學習的過程，我們應當在這個過程中，學習篤定、冷靜，學習如何從慌亂中找到生機。

　　人生大智慧：冒險不等於冒進，勇敢不等於蠻幹，果斷不等於武斷，有膽識更要有見識。

健康養生小百科好書推薦

圖解特效養生36大穴
NT：300（附DVD）

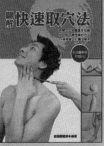

圖解快速取穴法
NT：300（附DVD）

圖解對症手足頭耳按摩
NT：300（附DVD）

圖解刮痧拔罐艾灸養生療法
NT：300（附DVD）

一味中藥補養全家
NT：280

本草綱目食物養生圖鑑
NT：300

選對中藥養好身
NT：300

餐桌上的抗癌食品
NT：280

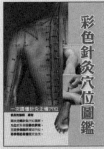

彩色針灸穴位圖鑑
NT：280

鼻病與咳喘的中醫快速療法
NT：300

拍拍打打養五臟
NT：300

五色食物養五臟
NT：280

心理勵志小百科好書推薦

全世界都在用的80個關鍵思維
NT：280

學會寬容
NT：280

用幽默化解沉默
NT：280

學會包容
NT：280

引爆潛能
NT：280

學會逆向思考
NT：280

全世界都在用的智慧定律
NT：300

人生三思
NT：270

陌生開發心理戰
NT：270

人生三談
NT：270

全世界都在學的逆境智商
NT：280

引爆成功的資本
NT：280

華志文化事業有限公司
HUACHIH CULTURE CO., LTD

116 台北市文山區興隆路 4 段 96 巷 3 弄 6 號 4 樓
E-mail： huachihbook@yahoo.com.tw　電話：(886-2)22341779

【華志 2013-1 月圖書目錄】

書號	書名	定價	書號	書名	定價
		健康養生小百科 18K			
A001	圖解特效養生 36 大穴	300 元	A002	圖解快速取穴法	300 元
A003	圖解對症手足頭耳按摩	300 元	A004	圖解刮痧、拔罐、艾灸養生療法	300 元
A005	一味中藥補養全家	280 元	A006	本草綱目食物養生圖鑑	300 元
A007	選對中藥養好身	300 元	A008	餐桌上的抗癌食品	280 元
A009	彩色穴位圖鑑	280 元	A010	鼻病與咳喘的中醫快速療法	300 元
A011	拍拍打打養五臟	300 元	A012	五色食物養五臟	280 元
A013	痠痛革命	300 元			
		心理勵志小百科 18K			
B001	全世界都在用的 80 個關鍵思維	280 元	B002	學會寬容	280 元
B003	用幽默化解沉默	280 元	B004	學會包容	280 元
B005	引爆潛能	280 元	B006	學會逆向思考	280 元
B007	全世界都在用的智慧定律	300 元	B008	人生三思	270 元
B009	陌生開發心理戰	270 元	B010	人生三談	270 元
B011	全世界都在學的逆境智商	280 元	B012	引爆成功的資本+	280 元
B013	每個人都要會的幽默學	280 元	B014	潛意識的智慧	270 元
B015	10 天打造超強的成功智慧	280 元			
		口袋書系列 64K			
C001	易占隨身手冊	230 元	C002	兩岸簡繁體對照手冊	200 元
		諸子百家大講座 18K			
D001	鬼谷子全書	280 元	D002	莊子全書	280 元

【華志 2013-1 月電子書目錄】

書號	書名	定價	書號	書名	定價
			人物館		
E001	影響世界歷史的 100 位帝王	300 元	E002	曾國藩成功全集	350 元
E003	李嘉誠商學全集	300 元			
			歷史館		
E101	世界歷史英雄之謎	280 元	E102	世界歷史宮廷之謎	280 元
E103	為將之道	280 元	E104	世界歷史上的經典戰役	280 元
E105	世界歷史戰事傳奇	280 元	E106	中國歷史人物的讀心術	280 元
E107	中國歷史文化祕辛	280 元	E107	中國人的另類臉譜	280 元
			勵志館		
E201	學會選擇學會放棄	280 元	E202	性格左右一生	280 元
E203	心態決定命運	280 元	E204	給人生的心靈雞湯	280 元
E205	博弈論全集	350 元	E206	給心靈一份平靜	280 元
E207	謀略的故事	300 元	E208	用思考打造成功	260 元
E209	高調處世低調做人	300 元	E210	小故事大口才	260 元
			軍事館		
E301	世界歷史兵家必爭之地	280 元	E302	戰爭的哲學藝術	280 元
E303	兵法的哲學藝術	280 元			
			中華文化館		
E401	中華傳統文化價值觀	260 元	E402	人生智慧寶典	280 元
E403	母慈子孝	220 元	E404	家和萬事興	260 元
E405	找尋中國文化精神	260 元			
			財經館		
E501	員工的士兵精神	250 元			

國家圖書館出版品預行編目資料

莊子全書/莊子原作；司馬志編. -- 初版. --
新北市：華志文化，2013.01
面；　公分. --（諸子百家大講座；2）

ISBN 978-986-5936-30-3（平裝）

1. 莊子　2. 研究考訂

121.337　　　　　　　　　　　　101024151

系列／諸子百家大講座 0 0 2

書名／莊子全書

原　　作　　莊子

編　　者　　司馬志

執行編輯　　林雅婷

美術編輯　　黃美惠

文字校對　　陳麗鳳

企劃執行　　康敏才

總　編　輯　　黃志中

社　　長　　楊凱翔

出　版　者　　華志文化事業有限公司

電子信箱　　huachihbook@yahoo.com.tw

地　　址　　116台北市文山區興隆路四段九十六巷三弄六號四樓

電　　話　　02-86637779

總經銷商　　旭昇圖書有限公司

地　　址　　235新北市中和區中山路二段三五二號二樓

電　　話　　02-22451480

傳　　真　　02-22451479

郵政劃撥　　戶名：旭昇圖書有限公司（帳號：12935041）

電子信箱　　s1686688@ms31.hinet.net

出版日期　　西元二〇一三年一月初版第一刷
　　　　　　西元二〇一八年五月初版第二刷

售　　價　　二八〇元

版權所有　　禁止翻印

Printed in Taiwan

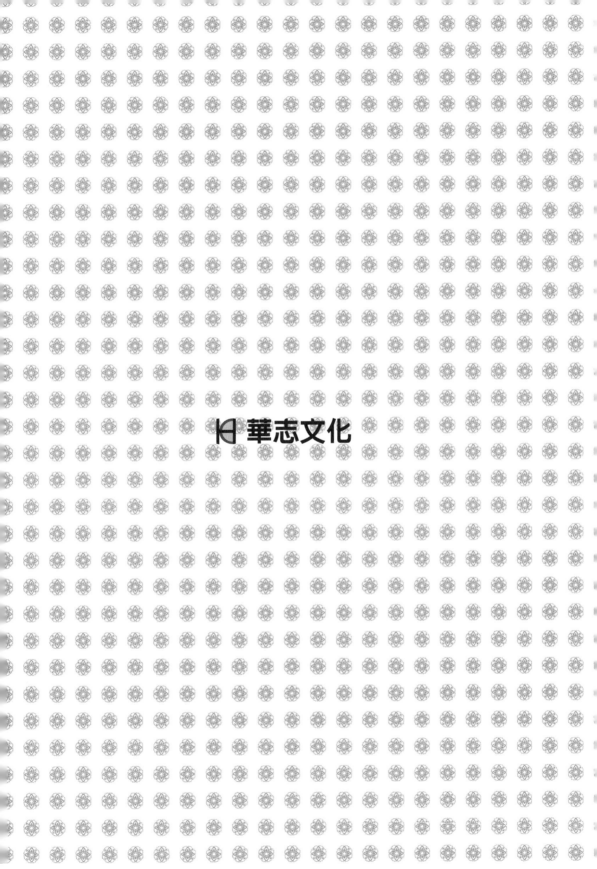

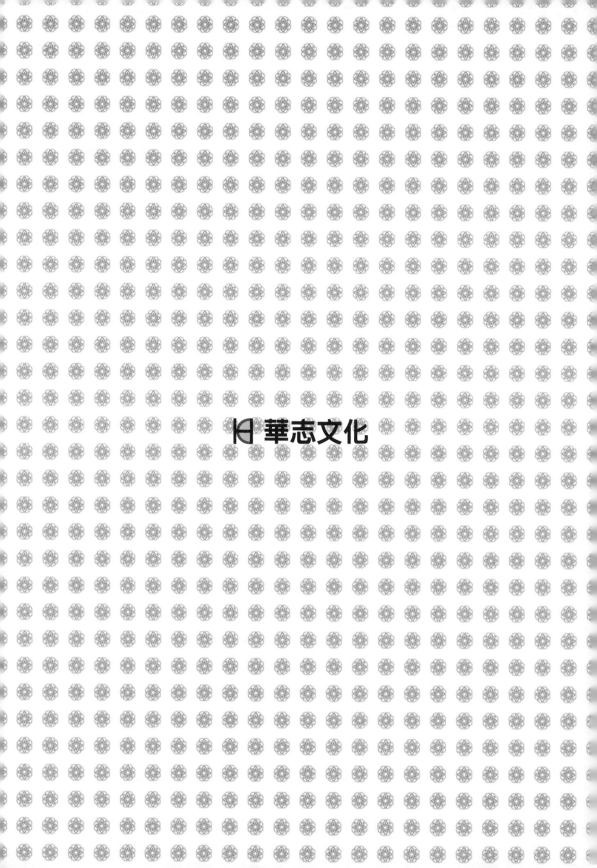

華志文化

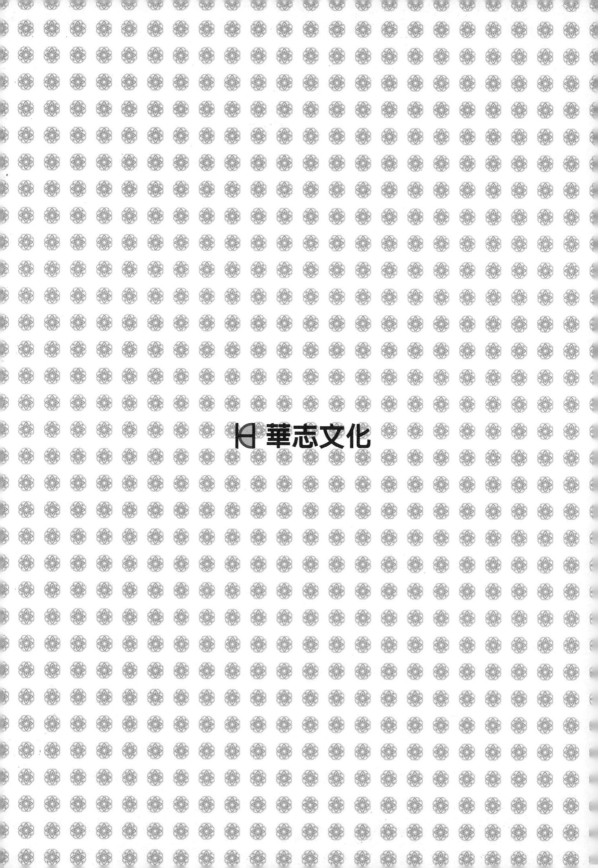

華志文化